Manfred H. Schmitt
Kriegsschäden – Eine Familie im Jahr 1945

Wellhöfer Verlag
Ulrich Wellhöfer
Weinbergstraße 26
68259 Mannheim
Tel. 0621/7188167
info@wellhoefer-verlag.de
www.wellhoefer-verlag.de

Titelgestaltung: Uwe Schnieders, Fa. Pixelhall, Mühlhausen
Satz: Creative Design, Lukas Fieber, Mannheim
Bildnachweis: Verlag und Autor danken dem Stadtarchiv Ludwigshafen für die Abdruckgenehmigung der Bilder im Anhang. Das erste Bild im Anhang ist eine Privataufnahme aus dem Archiv des Autors.

Das vorliegende Buch einschließlich aller seiner Teile ist urheberrechtlich geschützt. Jede Verwertung ist ohne schriftliche Zustimmung des Verlages unzulässig.

© 2013 Wellhöfer Verlag, Mannheim

ISBN 978-3-95428-138-1

Manfred H. Schmitt
Kriegsschäden –
Eine Familie im Jahr 1945

Biografischer Roman

Für meine Mutter, für meinen Vater
und für Erich, Inge und Helmi

Kapitel 1

Januar 1945

Ulrich kam aus dem Hauptbahnhof. Immer wieder, wenn er nach Ludwigshafen zurückkehrte, erschrak er von Neuem. Er hielt sich für hartgesotten und hatte schon einiges erlebt trotz seiner erst sechzehn Jahre. Im Krieg wird man schneller reif.

Aber wenn der Zug aus dem Saargebiet kommend in den Bahnhof einlief, jedes Mal auf einem anderen, noch nicht zerbombten oder notdürftig reparierten Gleis, und er die geschundene Stadt sah, dann überkam ihn ein Frösteln. Beim Aussteigen aus dem Waggon sah er zunächst das stark beschädigte Bahnhofsgebäude, in Teilen ohne Dach. Dem Bahnhof gegenüber lag das einst so imposante Gebäude der Eisenbahndirektion, nun eine ausgebrannte Ruine. Der breite Bau hatte als eines der schönsten Gebäude der jungen Stadt gegolten. Gleich daneben auf der Ecke von Bismarck- und Jägerstraße stand das ehemals königlich-bayrische Hauptpostamt, ein früher auch sehr herrschaftlicher Bau und bekrönt von einer eleganten großen Kuppel. Nun war das Gebäude nicht mehr herrschaftlich, sondern zerbombt und ausgebrannt.

Dieser Platz mit den repräsentativen öffentlichen Bauten hatte den ankommenden Reisenden einen sehr ansprechenden ersten Eindruck von Ludwigshafen vermittelt. Das war nun Vergangenheit! Einige Mauern standen noch, unvollständige Gerippe mit leeren Fensterhöhlen, eine letzte Erinnerung an die einstige Pracht. Nur die hohen grauen Blöcke der Luftschutzbunker dahinter ragten unversehrt wie Kriegsgewinnler vor der Ruinenkulisse der Innenstadt in den Himmel. Ruinen, Schutt, Zerstörung wo man hinsah! Die Stadtmitte Ludwigshafens mit ihren beindruckenden Gebäuden und ansehnlichen Einkaufsstraßen war fast vollständig in Schutt und Asche gelegt worden.

Bis Mitte 1943 war Ludwigshafen von Luftangriffen wenig betroffen gewesen, obwohl die große Badische Anilin- und Soda-Fabrik der IG Farben im Stadtgebiet mit Sicherheit kriegswichtig und Angriffsziel war, ja, sein musste. Ludwigshafen galt genauso wie die Schwesterstadt Mannheim aufgrund ihrer industriellen Bedeutung und der Nähe zu Frankreich als »Luftschutzort erster Ordnung«, also als sehr gefährdet.

Zwischen Ende Oktober 1941 und Anfang August 1943 gab es insgesamt acht Luftangriffe auf die Stadt, die keinen größeren Schaden anrichteten.

Die großen Angriffe kamen erst im Jahr 1943 in der Nacht vom 9. auf den 10. August und in der Nacht vom 5. auf den 6. September. Sie waren schrecklich, besonders der im September, und sie trafen nicht nur die BASF, sondern die ganze Stadt. Hunderte von Bombern, vier- oder fünfhundert sollen es gewesen sein, warfen in der klaren Nacht vom 5. auf den 6. September ihre tödliche Last über der Stadt ab. Der eigentliche Angriff soll nur 40 Minuten gedauert haben, sagte jemand von der Flak, der wohl Zeit gehabt hatte, auf die Uhr zu sehen. Solche Leute hatten auch penibel festgestellt, dass damals neben Tausenden von Stabbrandbomben auch Minen- und Sprengbomben sowie viele Phosphorbomben und auch Phosphorkanister abgeworfen wurden. Viele, die sich unter diesem Angriff duckten, dachten, dass nun die letzte Stunde geschlagen hatte und dass man sich so den Weltuntergang vorstellen müsse.

Die Innenstadt war ein einziges Flammenmeer geworden mit unerträglicher Hitze und unzähligen Bränden, die auch nicht getroffene Häuser erfassten. Aus den starken Temperaturunterschieden zwischen der Hitze der Brände und der kühlen Nachtluft hatte sich ein Sturmwind entwickelt. Dieser entfachte die Brandherde immer wieder neu, Bomben mit Zeitzündern und Blindgänger gingen noch lange nach dem Angriff hoch. Es war ein Inferno aus Lärm, Erschütterungen und Feuer. Das Gefühl mittendrin war: Das ist das Ende! Wir werden alle sterben! Für fast einhundertdreißig Ludwigshafener war es auch die letzte Stunde, sie starben in dieser Nacht, über fünfhundertsechzig Menschen wurden verletzt, über fünfundfünfzigtausend Menschen wurden obdachlos.

Auch Ulrich, der sich für recht unerschrocken hielt, hatte in dieser Nacht Angst gehabt, vor allem um seine Familie. Aber er hatte als ältester »Mann« in der Familie getan, was er konnte, um sie zu schützen. Sein Vater war nicht da gewesen, er war noch spät eingezogen worden und kämpfte zur Zeit in Italien.

Ich sollte Maurer werden oder Architekt, dachte er, das sind Zukunftsberufe, wenn der Krieg mal vorbei ist. Aber er hatte ja andere Pläne! Dieser Krieg war nicht sein Krieg, er stand den Zwängen und der Vereinnahmung aller durch den Nationalsozialismus kritisch gegenüber. So war zum Beispiel die Mitgliedschaft in der »Hitlerjugend« (HJ) für Jungen ab vierzehn Jahren Pflicht. Das Ziel waren junge Männer, die »schnell wie ein Windhund, zäh wie Leder und hart wie Kruppstahl« waren. Ulrich lächelte. Er bildete sich ein, diese Forderungen zu erfüllen, er war sportlich, aber er war eher ein Individualist und wollte nicht mit jedem Wolf heulen. Er suchte sich seine Freunde gerne selbst aus. Wie oft hatte der Scharführer schon gemeckert, dass er nicht regelmäßig zu den Treffen der HJ kam! Seine Mutter hatte aus Angst vor Repressalien deswegen schon oft mit ihm geschimpft. Sie wies ihn darauf hin, dass jeder, der einmal aus der HJ ausgeschlossen wurde, auf eine »schwarze Liste« kam und kaum noch Arbeit und Anstellung fand. Aber er wollte frei sein, er mochte den Zwang in der HJ mit Marschieren und Gleichschritt nicht. Bei der HJ wollten viele doch nur wettmachen, dass sie in der Schule versagten, wollten nur angeben, befehlen und drillen bis zum Gehtnichtmehr. Hoppla, dachte Ulrich auf einmal selbstkritisch, vielleicht war das etwas übertrieben und ungerecht, es hatte auch Lagerfeuerromantik gegeben, und er kannte auch kluge und gerechte Führertypen. Aber der Kasernenhofton war in den letzten Jahren immer deutlicher geworden! Jedenfalls: Die HJ war nichts für ihn.

Da war schon besser, dass er jetzt zum »Schanzen« eingezogen worden war am Westwall im Saargebiet. Nach der Landung der alliierten Truppen am 6. Juni 1944 in der Normandie und ihrem unaufhaltsam scheinenden Vormarsch gegen Osten nach Deutschland waren nach Meinung der Militärstrategen Verstärkungen an der Grenze nötig. Der Westwall, der seit 1940 keine Rolle mehr spielte, als Frankreich überrollt worden war, sollte wieder in volle Verteidigungsbereitschaft gebracht werden. Da es der Wehrmacht an Leuten fehlte, wurden Zivilisten, Kriegsgefangene, Zwangsarbeiter und Häftlinge dorthin befohlen. Darum waren zum Beispiel auch zwölfhundert Jungen der Jahrgänge 1927 bis 1929 aus Ludwigshafen eingezogen und ins Saarland verfrachtet worden. Sie bauten dort am Westwall bei

Rehlingen unter anderem Schanzen, also Abwehrlinien: große Gräben als Hindernisse für Panzer, kleine für die Verteidiger.

Bei diesem »Schanzen« ging es nicht nur um Ordnung, um Disziplin und Aufräumen an der Heimatfront, dort »kämpfte« man im gewissen Sinne an der richtigen Front. Da war man freier, auch wenn man bei dem ständigen Rückzug der deutschen Truppen immer mehr dachte, einer verlorenen Sache zu dienen. Jetzt löste sich dort so langsam alles auf, hatte er den Eindruck. Er hatte sich mit List und Tücke einen Urlaubsschein ergattert, dann einen zugigen Platz in einem Güterzug erkämpft und war so nach Ludwigshafen gekommen.

Mit seinem Rucksack auf dem Rücken machte er sich auf den Weg heimwärts. Seit seinem letzten Besuch im Dezember hatte es Anfang Januar einen weiteren Luftangriff auf die Stadt gegeben. Er glaubte aber, er wäre benachrichtigt worden, wenn seine Familie »ausgebombt« worden wäre, wie es so schön hieß. Darum konnte er damit rechnen, dass ihr Haus in der Humboldtstraße noch stand, im Gegensatz zu dem Haus neben ihnen und anderen Häusern in der Nähe.

Das an ihr Eckhaus angebaute Gebäude neben ihnen in der Rohrlachstraße gehörte einem Bäcker, der dort auch sein Geschäft hatte. Es hatte bei dem ersten Großangriff im August 1943 einen Brandbombentreffer abbekommen. Der Dachstuhl brannte. Viele Häuser brannten damals und der Löschdienst musste Prioritäten setzen, wie man das nannte. Es kam hinzu, dass man kaum Wasser hatte, die Leitungen waren zerbombt. So urteilte man: »Hier brennt's nur ein bisschen, vielleicht geht es von selber aus, woanders ist es nötiger einzugreifen!« Das war ein Irrtum gewesen, man hätte die

Sache ernster nehmen müssen, sagte später der Hausbesitzer. Das Feuer brannte und glimmte verdeckt vor sich hin und für das Feuerlöschen war es irgendwann zu spät. Bald war das ganze Haus verraucht und verqualmt, wurde unbewohnbar und schließlich aufgegeben. Die Bewohner durften das Nötigste herausholen, soweit sie überhaupt noch an dieses Nötigste gelangen konnten. Der Rest wurde allmählich zu Asche, weil das Haus weiter vor sich hin brannte, über eine Woche lang. Die Nachbarn hatten Angst um ihr Haus, aber der Brand griff nicht über. Sie hörten in ihrem Eckhaus Tag für Tag einen Schlag oder einen Krach, dann war wieder ein Stockwerk des vor sich hin brennenden Nachbarhauses eingestürzt. So ging es Stockwerk um Stockwerk. Am Schluss blieb von diesem fünfstöckigen Haus nur ein Schutthaufen übrig.

Dass sie in ihrem Haus davon verschont blieben, war hier der dicken Brandmauer zu verdanken, sonst vielleicht auch einfach dem Glück.

Manchmal war dazu aber auch Geschick notwendig: Nach den unseligen Erfahrungen im benachbarten Bäckerhaus hatte Ulrich bei dem zweiten Großangriff im September 1943 zusammen mit dem Jungen aus der Wohnung nebenan auf dem Trockenspeicher über ihrer Wohnung zwei Brandbomben aus dem Dachfenster geworfen. Sie hätten mindestens das Dach oder gar das ganze Haus in Schutt und Asche gelegt, wenn sie nicht hinausbefördert worden wären. Für jede Wohnung sollten nach den neuesten Luftschutzvorschriften gefüllte Wasserbehälter aufgestellt sein, Tüten mit Sand und Feuerlöschgeräte. Aber was nützen alle bereitgestellten vollen Wassereimer und Feuerpatschen, wenn niemand da ist, der sie benutzt, weil alle im Bunker sind? Nichts!

Um die Wohnung seiner Familie zu schützen, war er daheimgeblieben und es hatte sich ausgezahlt! Das war ein richtiges Abenteuer gewesen!

Die Leute in dem Haus schräg gegenüber in der Humboldtstraße hatten damals nicht so viel Glück gehabt. An der Wand dieses Hauses hatte in Druckbuchstaben LSR gestanden und damit angezeigt, dass im Keller dieses Hauses ein Luftschutzraum eingerichtet worden war. Man hatte dabei daran gedacht, dass die Gefahr bestand, im Keller verschüttet zu werden, wenn das Haus darüber von einer Bombe getroffen zusammenbrach. Dann wäre der Schutzraum zum Grab geworden. Deshalb waren für diese Luftschutzräume in Kellern ein Notausstieg und ein Notausgang vorgeschrieben, also ein Durchbruch zum Nachbarhaus. Man brach dafür die Wand zum direkt angebauten Nachbarhaus heraus. Das machte wiederum die Leute in diesen Häusern unsicher, ob diese Durchgänge nicht Tür und Tor für Diebe öffnen könnten. Also setzte man die Backsteine locker verbunden wieder aufeinander und markierte die Wand. Diese Mauern konnte man notfalls leicht wieder öffnen. Sollte man hier verschüttet werden, gab es damit für die Eingeschlossenen einen Weg nach draußen und für Helfer einen Weg, zu den Leuten im Keller zu gelangen. Erwünscht waren auch Eisentüren zu den Kellereingängen, aber bei Weitem nicht alle Keller mit Luftschutzräumen waren damit ausgerüstet.

Dieses Haus mit dem Luftschutzraum war bei diesem Großangriff im September 1943 völlig zerbombt worden. Nachdem der Angriff vorbei und ihre Wohnung und ihr Haus gerettet war, ging Ulrich hinüber zu dem noch brennenden Haus, die Hinterwand stand noch, noch!, ansonsten war es ein riesengroßer Schutthaufen.

Es war von einer Luftmine mit großer Sprengwirkung und von einer Brandbombe getroffen worden. Wunderbarerweise waren die angebauten beiden stabilen Nachbarhäuser fast unversehrt geblieben. Leute hatten sich versammelt, um noch zu retten, was zu retten war. Sie wurden angeführt vom zuständigen Luftschutzwart im Stahlhelm, er hieß Klinger. Ganz wenige Männer waren dabei. So war Ulrich mit an vorderster Stelle und kämpfte sich durch Rauch und Qualm in den Keller des Nachbarhauses. Im anderen unbeschädigten Nachbarhaus versuchte ein anderer Trupp das gleiche.

Es gelang ihrer Gruppe, bis in den ans brennende Nachbarhaus angrenzenden Keller vorzudringen. Mühsam versuchten sie, in dem Qualm und Staub etwas zu sehen und sich zurechtzufinden. Die Zwischenwand zum Keller des zerbombten Hauses war schon offen, Ziegelsteine lagen in weitem Umkreis umher, die Holzabtrennungen der einzelnen Kellerabteile waren zerbrochen, der Inhalt lag in alle Richtungen zerstreut, Putz lag auf dem Boden und rieselte von der Decke.

Ulrich konnte einen Menschen in der Öffnung zum Nachbarhaus sitzen sehen. Als der gewandteste und schlankste Mann war er der Erste in der Reihe des Rettungstrupps, allerdings hielt ihn Luftschutzwart Klinger an der Kleidung fest. Sie kämpften sich hustend durch die stauberfüllte Luft und das Durcheinander von Brettern, Stühlen, Regalen und Koffern zu dem Durchgang vor. Ulrich hörte aus dem Nachbarkeller ein kleines Kind leise wimmern. Endlich erreichte er den in der Maueröffnung sitzenden Mann, der seinen Kopf allerdings merkwürdig schräg hielt. Ulrich dachte, der Mann ist wohl verletzt, und tippte ihn vorsichtig an. Da kippte der Mann um und fiel Ulrich vor die

Füße. Er war tot. Neben ihm lagen ein Hammer und ein großer dicker Deckenbalken. Der Balken hatte ihn anscheinend im Genick getroffen und erschlagen. Ulrich überlegte, was da passiert sein könnte. Der Mann hatte wahrscheinlich die Ziegelsteine des Durchlasses mit dem Hammer aufgeklopft, um in den anderen Keller zu kommen. Durch diese Erschütterung war ein Balken der durch das Gewicht der darauf liegenden Mauermassen schwer belasteten und beschädigten Kellerdecke heruntergekommen und hatte ihn getroffen. Wie tragisch! Mühsam konnten er und Klinger den Mann in dem Durcheinander des Kellers nach hinten ziehen, um die Wandlücke zum Nachbarhaus freizubekommen. Hinter ihnen nahm ihnen jemand den Mann ab und sie erreichten das Loch in der Wand.

Da gab es einen großen Krach und im Nachbarkeller stürzte etwas ein. Unter der aufgewirbelten Staubwolke konnte Ulrich kurz das Gesicht und das Händchen eines kleinen Kindes sehen, er hatte den Eindruck, es bewegte sich, dann war alles vom Staub eingehüllt, verschluckt. Sie standen im dichtesten Nebel, sahen nichts mehr und bekamen auch kaum noch Luft. Von hinten rief jemand zu ihnen: »Sofort raus hier!« Ulrich warf sich in das Loch und langte nach dem Händchen des Kindes, bekam es zu fassen und zog. Da krachte es wieder, eine Staubwolke blies Ulrich ins Gesicht, er musste husten, die Hand des Kindes war schlaff, er zog trotzdem, schaffte es aber nicht, es zu sich herzuziehen. Er ließ los, schnappte nach Luft und dachte, ich müsste weiter hinein, ich müsste sehen, was mit dem Kind ist, vielleicht ist es nur eingeklemmt. Aber da zerrte ihn der Luftschutzwart Klinger schon mit Gewalt aus dem Loch heraus. »Wir müssen hier raus, es ist zu gefährlich«, schrie er. »Das Kind ...«, sagte Ulrich hustend und mutlos, der Mangel an Frischluft war unerträglich geworden, er ließ sich mitziehen und sie machten sich auf den Weg nach oben.

Ulrich dachte an das Kind, ihm tat der Gedanke weh, nicht alles getan zu haben, ihm und den Menschen dort unten zu helfen. Er hatte nur die Hoffnung, dass der Trupp auf der anderen Seite des zerbombten Hauses mehr erreicht hatte als sie. Als sie schmutzig und rußig draußen in Rauch, Qualm und Staub standen, sahen sie, dass die Rückwand des Hauses inzwischen auch eingestürzt und teilweise auf den Schutt über dem Keller gefallen war. Das war der große Krach gewesen, den er im Keller gehört hatte und der die Leute im Nachbarkeller endgültig begraben hatte. Die Gruppe auf der anderen Seite war natürlich auch nicht erfolgreich gewesen.

Es schlugen wieder hohe Flammen aus der Ruine, man kämpfte gerade darum, dass die Nachbarhäuser nicht nun doch noch in Brand gerieten. Mit Handspritzen benässte man die Brandmauern, das Wasser verdampfte zischend. Die Hitze, die Geräusche waren unerträglich, genauso wie der Gedanken an die Leute dort unten! Sie alle konnten nur hoffen, dass diese Menschen schon tot waren, von den Trümmern erschlagen oder von den Rauchgasen betäubt worden und gestorben waren, bevor die Flammen sie erreichten. Und das Kind? Ihm wollten fast die Tränen kommen, als er da vor dem brennenden Haus stand und zusehen musste, wie das Kind und viele Nachbarn rettungslos begraben wurden.

Ulrich drückte nieder, dass er und alle hier absolut hilflos vor einem ungewissen Schicksal standen. Wenn man sich in den Schutzräumen zu retten suchte, konnte man umkommen. Wenn man hinausging, weil es innen zu gefährlich wurde, konnte man auch umkommen. Die Lage draußen war unübersichtlich und veränderte sich dauernd, Betonblenden vor den Kellerfenstern gegen Splitter versperrten die Sicht nach draußen, man wusste nicht, was draußen drohte: Es konnten noch Bomben fallen oder Zeitzünderbomben hochgehen, Häuser stürzten ein und begruben auch Leute auf der Straße, der Asphalt konnte brennen und vieles mehr. Wo war noch eine Sicherheit, wo konnte man überleben? Gab es eine »Technik des Überlebens«? Nein, wohl nicht. Wer überlebte, der hatte es richtig gemacht, aber das war kein Verdienst, kein Können, der Überlebende hatte nur das Glück, nur den Zufall auf seiner Seite.

Er musste schlimm ausgesehen haben, als er nach dieser Hilfsaktion im September 1943 heimkam. Seine Mutter war mit den anderen Kindern nun wieder daheim in ihrer Wohnung. Sie hatte bei dem Angriff im August des Jahres sehr um seine Schwester bangen müssen und erwartete ihn schon sehnlichst. Als sie ihn sah, erschrak sie fürchterlich, stürzte auf ihn zu und fragte in Panik: »Ist dir was passiert? Bist du verletzt?« Passiert war ihm körperlich nicht viel, er war nur schmutzig und blutig von der Rettungsaktion, bei der er sich ein paar Schrammen geholt hatte. Viel schlimmer war der Schock über das Erlebte. Es war sein erster, ganz direkter Kontakt mit der todbringenden Maschinerie in einem unbarmherzigen Krieg gewesen. Er hatte erst richtig gemerkt, wie ihn das innerlich mitgenommen hatte, als er von den Rettungsversuchen erzählte, aber plötzlich nicht mehr weiterreden konnte und in Tränen ausbrach, als er an das Kind dachte. Seine Mutter schloss ihn in ihre Arme und weinte mit. Beide dachten daran, wie viel Glück Ute, die Tochter der Familie, beim ersten Großangriff auf Ludwigshafen einen Monat zuvor, im August 1943 unter ähnlichen Umständen gehabt hatte. Oder einen guten Schutzengel!

Später hatte sich Ulrich daran erinnert, dass Herr Klinger beim Abschied trotz des ganzen Chaos' um sie herum nicht vergessen hatte, an seine Mutter einen Gruß auszurichten. »Einen schönen Gruß an deine Frau Mutter«, hatte er zackig gesagt, »und vergesse es nicht!« »Frau Mutter«, hatte er vornehm gesagt! Seine Mutter machte ein strenges Gesicht, als er ihr das sagte und nickte nur. Ulrich fragte dann nach: »Der Herr Klinger, woher kennt er dich so gut?« Seine Mutter sagte abwehrend: »Der war mal ein Kamerad deines Vaters. Aber jetzt nicht mehr!« Der Ton in ihrer Stimme ließ ihn nicht weiter nachfragen. Der Gruß war ihr peinlich gewesen. Und seine Frage rührte wohl an etwas, woran sie lieber nicht denken wollte.

Jedenfalls, nach dieser Tragödie im Keller dachte er anders über seine vorherige Aktion, die Bomben aus ihrem Haus zu werfen. Es war natürlich auch ein Abenteuer gewesen, aber es war kein Spiel, es war bitterer Ernst und vor allem lebenswichtig! Und es war sein Beitrag zur Rettung seiner Familie vor der Obdachlosigkeit, die so viele in Ludwigshafen und in anderen Städten Deutschlands in diesen Tagen erleiden mussten. Er fragte sich nur, wie lange das vorhielt. Beim nächsten Angriff konnten sie dran sein!

Seine Familie wohnte in drei Räumen im Dachgeschoss des Hauses, direkt unter dem riesengroßen Speicher, in dem die elf Parteien im Haus ihre Wäsche aufhängen konnten. Seine Schwester Ute war fünfzehn Jahre alt, dann gab es noch den siebenjährigen Bruder Herbert, nach dem Vater benannt und von allen

Berti gerufen, sowie den Säugling Horst, erst im Oktober 1944 auf die Welt gekommen im großen unterirdischen Luftschutzbunker des Städtischen Krankenhauses.

Sie alle wären obdachlos geworden, wenn auch nur das Dach abgebrannt wäre. Nein, berichtigte er sich, wenn nur das Dach, dann nicht. Da hätte es noch einen Ausweg gegeben, den aber seine Mutter absolut ungern gegangen wäre. Sie hätten nämlich zu Großvater in das Erdgeschoss des Hauses ziehen können, der hatte dort eine große Wohnung. Hindernis war nur seine Frau, die zweite Frau des Großvaters, mit der sie nicht zusammenwohnen wollten.

Er wollte sich nicht ausmalen, wenn das in ihrem Haus passiert wäre. Wo hätten sie da sonst hinziehen sollen als zum Großvater? Sie hatten zwar eine große Verwandtschaft, sein Vater hatte acht Geschwister, sieben Brüder und eine Schwester, seine Mutter drei Geschwister. Der ältere Bruder der Mutter lebte in Scheidung, hatte eine neue Frau und wohnte in Berlin. Ihr Siedlungshaus in der Gartenstadt war zerbombt worden. Dieser Bruder war kein Soldat, er arbeitete in der Hauptstadt in einer kaufmännischen Funktion. Ulrich wusste nicht genau, was er machte. Es musste irgendetwas Geheimes im kriegswichtigen Bereich sein. Man sprach davon, dass er bei der »Organisation Todt« arbeitete, die unter anderem für den Rüstungsnachschub zuständig war.

Und die jüngere Schwester der Mutter, die allen am nahesten stand, lebte wie die übrige Verwandtschaft in Wohnverhältnissen in der Hartmannstraße, die die Aufnahme einer Familie mit vier Kindern absolut nicht zuließ.

An den jüngsten Bruder seiner Mutter wollte Ulrich im Moment nicht denken.

Mühsam kam er wieder in die Gegenwart zurück. Sein Heimweg führte über das »Viadukt«, das war die breite Straßenbrücke, die über die Gleisanlagen des Bahnhofs führte, den Stadtteil Mitte mit dem Stadtteil Nord verband und über die auch die Straßenbahn fuhr. Auf diesem Viadukt hatte man eine noch bessere Sicht auf das, was von Ludwigshafens Zentrum übrig geblieben war. Allerdings vernebelte, besser gesagt, verrauchte eben gerade ein durchfahrender Zug die Sicht, die Lokomotive stieß im Anfahren eine dicke Rußwolke aus. Ulrich hustete und rieb aus seinen Augen mühsam die Rußpartikel heraus.

Als er wieder richtig sehen konnte, nahm er den verblüffenden Kontrast zwischen dem Norden und dem Süden der Innenstadt Ludwigshafens wahr: Im Süden waren die repräsentativen Einkaufs- und Wohnstraßen zum größten Teil in Schutt und Asche gefallen. Die Ludwigskirche war zerstört, die Lutherkirche war zerstört, von beiden zeigten nur die Türme Bewahrungswille, der ausgebrannte Turm der Letzteren ragte noch wie ein riesiger spitzer Zeigefinger gegen den Himmel, wie anklagend gegen die Zerstörer.

Im Norden sah es dagegen fast noch gut aus: Direkt vor dem Viadukt stand breit und unerschütterlich der riesige Block des Stadthauses Nord als Querriegel vor dem gleichnamigen Stadtteil. Daneben rechts waren nur ein paar Lücken, dahinter unbeschädigt der große hohe Wasserturm bei der Gräfenau-Schule. Links vom Stadthaus fiel der Blick auf die sich dort an der Humboldtstraße entlangziehenden Werksanlagen von Grünzweig & Hartmann, die auch Schäden hatten, aber ausgerechnet der hoch aufragende Klotz des Korkturms war wie ein Symbol für den

Durchhaltewillen der Industrie in dieser Stadt unversehrt geblieben.

In diese Richtung wandte sich Ulrich. Er ging die Abfahrt des Viadukts Richtung Humboldtstraße hinunter, das Pflaster hatte große Schäden, auch die Gleise der Straßenbahn. Die Humboldtstraße war gerade und lang, begrenzt auf der linken Seite von der jetzt beschädigten langen Mauer des Fabrikgeländes von Grünzweig & Hartmann. Die Firma stellte Isolierstoffe her, häufig wehte die Steinwolle von dort in winzigen weißen Teilchen wie kleine Samen durch die Luft und in die Fenster ihrer Wohnung hinein.

In der Straße waren viele Bombentrichter, auch der Gehweg war betroffen, die feindlichen Flieger hatten nicht richtig gezielt. Sie zielten oft nicht richtig, sie sollten doch Industrieanlagen treffen, oder sollten sie es nicht? Die Propaganda im Radio sprach von Terrorangriffen der Feinde, der Alliierten. Die Propaganda erzählte viel Unsinn, aber da hatte sie wohl recht.

Ulrich ging um einen Bombentrichter herum. Der Trichter war tief, ein Kanalrohr war geborsten. Das Loch war sehr feucht und nass, er sah darin Ratten herumlaufen.

Auf seinem Weg kamen Ulrich auch einige Fahrzeuge entgegen, aber wenige, vor allem waren Fußgänger unterwegs. Sie trugen alle mögliche Dinge bei sich, manche zogen einen Leiterwagen, auf dem hochgetürmt Sachen lagen, wahrscheinlich Ausgebombte bei ihrem Umzug. Hoffentlich bleibt uns das auch weiter erspart, dachte er.

In einem Gebüsch rechts der Straße, einer Brombeerhecke, flatterte etwas. Er sah genauer hin, es war ein Blatt Papier, auf dem etwas gedruckt war. Neugierig geworden setzte er einen Fuß auf eine der stachligen Ranken, die im Wege waren, beugte sich vor und zog das Papier vorsichtig heraus. »Deutsche Frau – Du hast das Wort«, stand als Überschrift darauf. Er überflog das dicht beschriebene Blatt und las auf einmal: »Sage dem heimkehrenden Soldaten, dass Du genug hast von der SS und der Partei ...« Das Flugblatt war also nicht von der Partei, nein, das war von der Feindpropaganda, wie man es im Reich offiziell nannte. Das machte ihn nur noch neugieriger.

Ein älterer Mann kam ihm entgegen und sah ihn an. Blickte der nicht misstrauisch auf das Papier in seiner Hand? Ulrich streckte den Arm aus und grüßte besonders korrekt mit dem »deutschen Gruß«, also mit »Heil Hitler«, faltete das Flugblatt ohne Eile zusammen und steckte es in seine Hosentasche. Der ältere Mann ging weiter, er hatte Erich finster angesehen und auf seinen Gruß nur genickt. War es für diesen Mann nicht der richtige Gruß gewesen?

Als Ulrich weiterging, sah er rechts in der Welserstraße Möbel auf der Straße stehen, direkt vor einer Hausruine. Leute standen etwas ratlos davor, andere wuselten herum: An einem Kellerfenster des Hauses, eigentlich jetzt eher ein Loch zum Keller, war eine kleine Menschenkette gebildet worden, Sachen wurden herausgehoben und hinausgeschoben. Der Keller war offensichtlich noch einigermaßen intakt, er wurde nun ausgeräumt, um zu retten, was noch zu retten war.

Ulrich warf einen Blick die Humboldtstraße entlang zu ihrem Wohnhaus. Man konnte es noch nicht richtig sehen. Ihm wurde mulmig zu Mute. Er musste sich nun unbedingt versichern, dass ihr Haus noch stand, und er konnte sich dessen erst sicher sein, wenn er es leibhaftig vor Augen hatte. Er beschleunigte seine Schritte.

Kapitel 2

Januar 1945

Die Landschaft da draußen war herrlich, Felder, Wiesen, Wälder, alles blendend weiß! Ute sah aus dem Fenster des Zuges hinaus, schneebeladene Bäume, Sträucher, Telegrafenstangen huschten vorbei. Auch Dörfer mit großen und kleinen Häusern, die sich unter der Last des Schnees zu ducken schienen, tauchten auf und verschwanden wieder, die Kirchtürme trugen auf ihren Zwiebeltürmen weiße Hauben, fast wie Zipfelmützen. Sie waren jetzt schon eine ganze Strecke von Ulm weg, sie mussten bald ihr Ziel erreicht haben.

Ute, ihre Familie und andere Familien waren mit Sack und Pack unterwegs »aufs Land«. Nach vielen Stunden anstrengender Fahrt und Umstiegen in Stuttgart und Ulm waren sie nun in diesem Bummelzug auf der letzten Etappe ihrer Reise. Aber immerhin waren sie die ganze Zeit in ganz normalen Personenwagen untergebracht gewesen. Sie hatten schon das Schlimmste befürchtet, als sie gehört hatten, dass sie aus Ludwigshafen evakuiert werden sollten. Es war berichtet worden, dass auch Güterwagen für den Transport verwendet werden würden.

Kinder, Frauen mit Kleinkindern, Alte und Kranke wurden aus den Städten evakuiert, um sie vor den Luftangriffen zu schützen. Man musste gehen, und Ute war froh, dass es so war. Es kann dort auf dem Land nur besser sein als in der zerstörten Stadt am Rhein, in der man Todesangst haben musste. Sie hatte immerfort nur an den nächsten Angriff denken müssen!

Das war so, seit sie vor etwa anderthalb Tagen gerade so am Tod vorbeigeschrammt war! Ihre Mutter hätte sich dann ewig Vorwürfe gemacht. Dabei war es nur gut gemeint gewesen: Tante Erika, die Schwester der Mutter, hatte zwei kleine Kinder und war 1943 zum dritten Mal schwanger. Am 9. August 1943 schickte die Mutter Ute zu dieser damals hochschwangeren Tante in die Hartmannstraße im Stadtteil Nord, um ihr im Falle eines Bombenangriffs zu helfen, rechtzeitig mit ihren Kindern in den Keller zu kommen. Sie wohnte im obersten Stockwerk des Hauses. Ute wollte nicht von daheim fort, sie hatte Angst, sie wehrte sich »mit Händen und Füßen«, aber ihre Mutter bestand darauf, dass sie ihrer Tante helfen sollte, wenn es notwendig war. »Es muss ja gar nichts passieren!«, sagte die Mutter. Aber es passierte, und wie!

In der Nacht kam dieser Luftangriff, wie es vorher noch keinen in Ludwigshafen gegeben hatte. Er dauerte eine Stunde lang, etwa dreihundert britische Flugzeuge warfen ihre Bombenlast auf Ludwigshafen ab. Neunzig Menschen kamen dabei um.

Als es Alarm gab, half Ute der Tante und ihren beiden kleinen Kindern Werner, vier Jahre alt, und Lotte, anderthalb Jahre alt, in den Luftschutzkeller zu gehen. Spreng- und Brandbomben trafen Häuser in der Hartmannstraße, sie brannten, stürzten ein. Die Erde bebte unter ihnen, der Krach war ohrenbetäubend, Feuer und Zerstörung war um sie herum, der Keller drohte zum Grab zu werden. Der Luftschutzwart schrie: »Raus hier! Vorn raus können wir nicht, wir müssen unten durch bis zur Siegfriedstraße! Und dann zum Stadthaus Nord!«

Also kletterten alle durch die Durchbrüche von Keller zu Keller, auch Ute mit ihrer hochschwangeren Tante und den beiden kleinen Kindern. Ute wusste am Schluss nicht mehr, ob es vier oder fünf Keller waren, die sie hatten durchqueren müssen. Es war alles sehr mühsam, sie musste die kleine Lotte tragen, die Tante mit ihrem unförmigen Bauch und dem weinenden Werner an der Hand kam hinterher, aber die Todesangst beflügelte alle. Schließlich kamen sie zu einem Ausgang in der Siegfriedstraße. Auch hier schepperte, krachte und knallte es um sie herum, Häuser brannten lichterloh, es war alles verqualmt, man konnte kaum etwas sehen. Sie rannten trotzdem in Panik über die Straße, rannten buchstäblich um ihr Leben und erreichten mit viel Glück unversehrt das große stabile Stadthaus Nord, das wenig abbekommen hatte. Dort fanden sie in den dicken Mauern des Kellers endlich Zuflucht, konnten sich einigermaßen sicher fühlen und ein bisschen durchatmen.

Die Mutter Utes machte derweil schlimme Stunden mit. Sie hatte sich mit dem kleinen Berti in einen Luftschutzkeller geflüchtet, ihr ältester Sohn Ulrich war auch nicht da, und sie malte sich aus, was alles passieren könnte. Sie machte sich schreckliche Vorwürfe, die Dreizehnjährige weggeschickt zu haben, vielleicht in den Tod. In ihrer Not ging sie zu ihrem Vater und bat ihn, nach Ute und natürlich auch nach ihrer Schwester und deren Kindern zu suchen. Der Großvater fand dann schließlich alle im Luftschutzkeller des Stadthauses Nord. Ute und ihre Mutter schlossen sich weinend in die Arme, als sie sich wiedersahen. »Kind, du musst es geahnt haben«, sagte die Mutter, »ich werde dich nie mehr fortschicken!«

Ja, das war wirklich schlimm gewesen! Aber immerhin: Die schwangere Tante hatte es gut überstanden und das Kind im Bauch der Tante auch. Der kleine Edgar erblickte im Oktober 1943 gesund das Licht der Welt.

Leider erwischte er eine Zeit für diesen ersten Blick, in der dieses Licht bedrohlich flackerte.

Ute hatte seit diesem Erlebnis in der Hartmannstraße fortwährend Angst! Sie schrak bei jedem Sirenenton zusammen, schlief schlecht und hatte Albträume.

Bei dem zweiten großen Angriff, im September 1943, hatte sie auch etwas miterlebt, das ihr nicht aus dem Kopf ging: Als sie aus dem Bunker in der Schanzstraße nach Hause gingen, sahen sie von Weitem, dass ihr Haus noch stand, und freuten sich. Vor dem Haus kam ihrer Gruppe aus Richtung Innenstadt ein älterer Mann mit einem großen Handwagen entgegen, in dem etwas unter einer Plane lag. Der Mann hatte eine Glatze, die Haut war rot, ganz wie ein sehr intensiver Widerschein des Himmels über ihm. Der Himmel leuchtete über der Stadt in grellroten Farben. Es war sehr hell, obwohl es tiefste Nacht war. Kleine Brände in der Nähe und der große Brand in der Innenstadt, die wie eine Fackel brannte, sorgten für diese Beleuchtung. Die Leute aus dem Bunker fragten den Mann, wie es »in der Stadt« aussähe. Er sah die Fragenden nur abwesend an und sagte zusammenhanglos: »Ich bringe meine Frau heim, wir kommen aus Friesenheim.« Er zog die Plane hoch, man sah darunter einen halbverbrannten Körper, es war eindeutig eine Leiche. Alle schreckten zurück. Der Mann fuhr mit der Hand vorsichtig über seinen Kopf: »Gott sei Dank sind nur meine Haare verbrannt! Ich werde meine Frau pflegen!« Er ging schnell weiter, sie blieben alle betreten stehen und sahen diesem unglücklichen Menschen nach. War er wahnsinnig geworden?, hatte sich Ute gefragt. Ihre Mutter hatte sie schließlich weggezogen und gesagt: »Wir müssen nach Ulrich sehen!« Ulrich, ihr großer Bruder, war damals daheim geblieben trotz der Proteste seiner Mutter.

Wie viele solcher Schicksale wie bei diesem Mann gab es?, fragte sich Ute. Auf dem Land würden sie wenigstens mit dem Leben davonkommen.

Die Gefahr war allgegenwärtig und alles erinnerte sie daran: Zum Beispiel, wenn sie an den Ruinengrundstücken vorbeiging und an den noch stehenden Nachbarhäusern die Hauswände mit den Resten der untergegangenen Wohnungen sah: Zimmerwände in allen Farben, mit Tapeten, manchmal noch mit Bildern behängt, oder mit hellen Flecken, die die Bilder hinterlassen hatten, Spiegel, Waschbecken, Handtuchhalter, Klosetts, alles Mögliche... Das zeugte überdeutlich davon, dass hier vor Kurzem Menschen ganz normal gelebt hatten und nun einem ungewissen Schicksal ausgesetzt waren, im günstigsten Fall »nur« ausgebombt, wie man sagte, in ungünstigeren Fällen verletzt oder gar tot. Es war bedrückend.

Der Krieg brachte noch mehr mit sich, aber das waren Ärgernisse und Schrecken, die wenigstens nicht tödlich waren, wenn sie ihnen auch zumindest eine schlaflose Nacht bereitet hatten: So war Ute vor Kurzem daheim in ihrer Wohnung einmal nachts wach geworden, als sie einen Schrei ihrer Mutter hörte. Ute rannte in das Schlafzimmer zu ihrer Mutter und die erzählte, noch ganz erregt von dem Erlebten, dass sie hatte nachsehen wollen, ob der kleine Horst frische Windeln brauche, weil er unruhig war. Da sah sie eine Ratte weghuschen und schrie vor Angst um das kleine Kind und Abscheu vor dem ekligen Tier auf. Sie stürzte hin und hob das Kind aus seinem Bett, aber dem Kleinen war nichts passiert. Allerdings waren die Windeln angefressen. Daraufhin schoben sie sein Gitterbettchen direkt neben das seiner Mutter, sie hatte einen leichten

Schlaf. Und in dieser Nacht schlief sie ohnehin nicht mehr. Außerdem verstopften und verkleisterten sie am nächsten Tag, so gut sie konnten, Risse und Spalten an Wänden und Decken, die durch die Erschütterungen des Hauses durch die Bombeneinschläge ringsherum entstanden waren.

Es gab überall Ratten. Sie waren lange nicht bekämpft worden, die Menschen hatten anderes zu tun. Die Kanalisation lag offen da, zerbombt und marode. Es gab weniger Menschen und viele Ruinen, und damit viel Freiraum und viele Unterschlupfmöglichkeiten für diese anpassungsfähigen Tiere. Die Ratten waren wirklich eklig, fand Ute, aber vor ihnen kann man sich in Acht nehmen. Was war die Gefahr durch diese Tiere gegen die Gefahr aus der Luft?

Auch für ihr Haus! Ob sie nach der Evakuierung das Haus, ihre Wohnung, heil wiedersehen würden, war vollkommen ungewiss. Das Leben war zwar noch wichtiger als das Haus, aber trotzdem wollte sie nicht daran denken, ohne Heim dazustehen. Aber vielleicht war das Glück weiterhin auf ihrer Seite!

Bei der Vorbereitung der Evakuierung war genau festgehalten worden, wie viele Personen mitgehen, Kinder welchen Alters, ob andere Verwandte dabei waren oder nicht. Und es war festgelegt worden, wo man hinkam: Die eine Familie steigt dort aus, die andere Familie da ... Sie hatte zu Hause im Schulatlas nachgesehen, wo dieser Ort Balzheim liegt, in den ihre Restfamilie umziehen sollte. Sie wusste nur: irgendwo in Schwaben, südlich von Ulm, bei Illertissen und Altenstadt. Sie hatte den Ort auf der Karte nicht gefunden, er war wohl zu klein. Aber Illertissen hatte sie entdeckt, sie konnte sich an diesen komischen Namen erinnern, und gleich das nächste Örtchen mit Bahnstation nach der Kreisstadt Illertissen war Altenstadt.

Bis sie da waren, machten sie regelrechte Abenteuer mit: Der Fahrplan, wenn es überhaupt noch einen gab, war vollkommen durcheinander, es war ein Chaos auf den Bahnhöfen, die Bahnhofsgebäude immer beschädigt, oft ganz zerbombt, genauso viele Bahngleise, die kalten Wartesäle überfüllt mit Menschen, Soldaten, Frauen, Kindern, teilweise große Familien mit weinenden Kindern, schreienden Säuglingen, dazu die allgegenwärtige Gefahr aus der Luft. Aus irgendwelchen Zufällen heraus gab es keinen Fliegerangriff auf ihren Zug, es sah aus, als begünstige ein gnädiges Schicksal ihre Reise weg von der bedrängten Stadt.

Aber auch auf der Reise, in Stuttgart, hatte Ute etwas Besonderes erlebt: Sie waren im riesengroßen Wartesaal des ziemlich neuen Bahnhofs gesessen, viele Familien rundherum. Das Gebäude hatte einige Schäden, aber der Wartesaal war noch intakt, wenn es auch schon hier kalt war wie in Sibirien. Ute grub sich in ihren Stoffmantel ein, trotzdem fror sie.

In der Nähe saß eine Frau in einem blauen Mantel und stillte ihr Kind. Ein Kinderwagen stand neben ihr. Drei Kinder, die offensichtlich zu ihr gehörten, waren gerade zu ihr gegangen, sie kamen von einer anderen Ecke des Raums. Ute hatte die Mutter und ihr Kind angesehen, es war ein Bild des Friedens. Die Mutter war allerdings etwas nervös, sie schaute ständig zum Eingang des Saals hin. Vielleicht wartet sie auf ein größeres Kind, das sie für Besorgungen fortgeschickt hat, dachte Ute, es war eine große Familie. Aber das gab es ja öfters, ihre Familie war ja jetzt auch immer noch zu viert, und dazu kamen noch Großvater und seine Frau.

»Was machen Sie denn da mit meinem Kind«, schrie plötzlich jemand. Ute schaute wieder hin. Eine junge Frau hatte sich auf die Frau mit dem Kind an der Brust gestürzt und wollte ihr das Kind entreißen. Ute machte unauffällig einige Schritte und konnte nun die Szene aus nächster Nähe beobachten.

»Bitte, entschuldigen Sie!«, sagte die stillende Frau, nahm das Kind von ihrer Brust weg und hielt ihr Kleid oben mit der Hand zu. Das Kleine fing sofort an zu schreien. Die dazugekommene Frau griff nach dem Kind, aber die Frau im blauen Mantel ließ das Kind nicht los. »Warten Sie doch einen Moment, ich will es Ihnen erklären«, sagte sie, »ich bin aus Hamburg und werde mit meinen Kindern nach Südbayern evakuiert. Ich habe einen Säugling krank zurücklassen müssen, den ich stille. Zwei Tage bin ich schon unterwegs, die Milch ist eingeschossen, die Brust tut mir weh, es drückt und drückt, ich habe nichts zum Abpumpen, ich werde noch verrückt vor Schmerzen, wenn ich nicht ... Und deshalb ...«

Die andere Frau beruhigte sich nicht: »Aber Sie können doch deshalb nicht einfach mein Kind aus dem Kinderwagen reißen und dafür benutzen. Das ist doch nicht gesund für ihn. Und ich weiß doch gar nicht, wer Sie sind!« Sie riss nun endgültig das Kind von der Frau weg und nahm es schützend in die Arme. Es schrie weiter.

»Sehen Sie doch«, sagte die sitzende Frau flehend und deutete auf die drei Kinder, die betreten neben ihr standen, »das sind meine Kinder, es sind gesunde Kinder! Auch ich bin gesund. Meine Milch schadet Ihrem Kind bestimmt nicht! Ich habe noch eine Brust voll.« Sie fing an zu weinen, die Kinder drängten sich an sie, der kleinste, ein vielleicht Dreijähriger fing auch an zu weinen.

Um sie herum hatten sich inzwischen viele Menschen versammelt, Ute war dazwischen eingekeilt und konnte weder vor noch zurück.

Eine Frau aus der Menge sagte: »In dem Flur rechter Hand ist irgendwo ein Zimmer, in dem ein Arzt und eine Krankenschwester sind. Die haben zwar alle Hände voll zu tun, ich war vorhin auch dort wegen meiner Kleinen, aber wenn man die mal holt oder fragt?«

Irgendjemand ging und nach einigen Minuten kam ein alter Arzt, der müde und missmutig fragte, was da los sei. Er wurde aufgeklärt, sah die Frauen an, beugte sich zu ihnen hinunter, fragte sie Verschiedenes, was man nicht verstand, drückte dann dem schreienden Säugling auf den Bauch, worauf der aufhörte zu schreien, die Augen aufriss, ein »Bäuerchen« machte, dabei spuckte und dann munter und neugierig in die Runde blickte. Alles ringsherum lachte.

Der Arzt sagte laut: »Ich glaube, die Zwischenmahlzeit war für das Kleine ganz gut!« Er verschwand und die beiden Frauen sahen sich an. Die Menge um sie herum verlief sich.

Dann fing der Kleine wieder an zu schreien. Ute wollte schon zurückgehen, ihre Mutter hatte sie gerufen, aber nun war sie gespannt, wie es weiterging, und blieb stehen.

Die Mutter des Säuglings sagte: »Legen Sie ihn ruhig noch mal an.«

Die Frau im blauen Mantel sah sie dankbar an und gab dem Kind die andere Brust. Schmatzend machte es sich wieder ans Werk.

Ute ging zurück zu ihrer Familie. Ihre Mutter hatte sie gesucht und machte ihr Vorwürfe. Als sie aber die kleine Begebenheit erzählte, war ihr niemand mehr böse.

Und noch etwas Sonderbares erfuhr sie bei ihren Streifzügen im Stuttgarter Bahnhof während der langen Wartezeit auf einen Zug nach Ulm: Man hatte bei Lauffen am Neckar den Bahnhof von Stuttgart irgendwie nachgebaut, als Attrappe, damit die Flieger das für Stuttgart halten sollten, mit 16 Bahnsteigen und einem Teil der Umgebung in Stuttgart. Der Ort dort sei auch so eine Tallage, das sollte die Flieger ablenken. Neben diesem Scheinbahnhof sei die Flak mit vierzehn bis sechzehn Scheinwerfern aufgestellt, die bei Alarm den Himmel absuchten und die Flieger herunterholen sollten. Was sagten da die Leute in Lauffen dazu?

Der Stuttgarter Bahnhof war noch ziemlich intakt, vielleicht wegen dieser Täuschung. Aber der Stadt Stuttgart hatte das nichts genützt. Es habe im Juli und im September 1944 verheerende Angriffe auf die Innenstadt gegeben, erfuhr sie. Man erzählte, der Septemberangriff habe sogar zu einem Feuersturm geführt. »Oh«, sagte Ute, aber sie konnte sich nichts darunter vorstellen und sie wollte nicht darüber nachdenken. In der letzten Zeit stürmte soviel Schreckliches auf sie ein, es war einfach zu viel! Manche stumpften ab gegenüber dem Grauen, bei manchen war es einfach nur Erschöpfung. Sie wollte nur an das Nächstliegende denken: Sie wollte mit ihrer Familie den Evakuierungsort erreichen und dort sicher sein vor dem Tod.

Als sie in Ulm angekommen waren, hatte sie auch Ratten gesehen: zwischen den Gleisen. In Ulm hatten sie lange warten müssen, da der Bahnhof und viele Gleise zerstört waren. Man erzählte, dass vor Kurzem bei einem großen Fliegerangriff die ganze Altstadt ausgelöscht worden sei, nur das weltbekannte Münster, der höchste Kirchturm der Welt, stehe noch.

Ute war zu müde gewesen, um danach zu sehen, sie war während des Wartens in Ulm eingeschlafen, an die Schulter ihrer Mutter gelehnt. Sie schlief aber unruhig, sie träumte von Ratten, die aus der Luft angriffen, ein absolut unmöglicher Traum!

Halb schlafend und benommen hatte sie später geholfen, die Sachen der Familie in den Bummelzug zu verstauen, der sie nach Altenstadt bringen sollte. Aber dieses Städtchen war ja nur die letzte Bahnstation, nicht der Endpunkt ihrer Reise. Sie war gespannt, wie es dann weitergehen würde.

Kapitel 3

Januar 1945

Ulrich kam an am Haus Humboldtstraße 59 und atmete auf: Das Haus stand noch und war so gut wie unbeschädigt. Es war das große Eckhaus zur Rohrlachstraße, ein schönes, solides Wohnhaus, mit Erkern und Balkonen aufgelockert und geschmückt. Es war um die Jahrhundertwende von seinem Eigentümer, einem Architekten, mit viel Liebe zum Detail geplant und gebaut worden. Das große, auch sehr repräsentative Eckhaus gegenüber mit der Gaststätte »Zum frischen Fass« im Erdgeschoss gehörte ihm auch. Ulrich stellte fest, dass auch dieses Haus und die daneben nur vereinzelt beschädigt, aber nicht zerstört waren. Mit einer Ausnahme: Er betrachtete die Hausruine schräg gegenüber in der Häuserzeile, eigentlich nur noch ein Trümmerfeld, in dem seine Rettungsversuche so vergeblich geblieben waren. Wenn man über die Kreuzung blickte, sah man, dass der langgestreckte Bau der ziemlich neuen Marienkirche oder auch St. Maria, wie die Katholiken sagten, bisher auch verschont geblieben war.

Die schwere Eingangstür zu ihrem Haus stand einen Spalt offen. Durch den breiten Flur mit Granitboden, der ein Rahmenmuster hatte, erreichte man das bemerkenswert großzügige Treppenhaus. Die sehr stabile Holztreppe zog sich bis in das 5. Obergeschoss hoch, rund mit weitem Ausschnitt in der Mitte zum Runtersehen, was manche nicht so gerne taten. Es wurde von zum Hof hin gehenden Fenstern mit farbigem Glas hell belichtet. Ulrich war schon öfter den glatten Handlauf heruntergerutscht, allerdings waren die Endknaufe an den einzelnen Stockwerken ärgerliche Hindernisse. Dafür hatte er auch schon öfter eine Ohrfeige eingefangen, weil das seine Mutter nicht sehen konnte. Sie hielt das in ihrer mütterlichen Einfalt für viel zu gefährlich, außerdem mache man das nicht, sagte sie.

Im Erdgeschoss kam er an der Wohnung seines Großvaters vorbei. Dort rührte sich nichts. Er ging die Treppe zum 5. Stock hoch, es waren 92 Stufen, er hatte sie oft genug gezählt. Wenn man oben ankam, führte eine einfachere Treppe rechts weiter hoch zum Trockenspeicher. Neben dieser Treppe ging es zu ihrer Wohnung, ein hochtrabendes Wort für zwei nebeneinanderliegende Mansardenzimmer und einen gegenüberliegenden großen Raum, der als Küche diente. Es waren die ehemaligen Zimmer der Dienstboten für die großzügigen Wohnungen in den »normalen« Stockwerken des Hauses. Einen Wohnungsabschluss gab es deshalb nicht, genauso wenig wie es fließendes Wasser in den Zimmern gab. Das gab es nur in der Toilette am anderen Ende des Stockwerks. Diese Toilette musste mit zwei weiteren Familien geteilt werden, die in den anderen Räumen dieses Stockwerks wohnten.

Die Küche gleich rechter Hand war der Mittelpunkt der Familie. Diese Küche war der Aufenthaltsraum für die Familie, Wohnzimmer, Festzimmer, Arbeitszimmer und Schulzimmer, ein großer Raum, dessen Decke in der Mitte des Zimmers von einem Balken gestützt wurde. An diesem Balken war der große Küchentisch angeschoben, in der einen Ecke neben dem Fenster stand eine Chaiselongue, der große Kochherd gegenüber an der Innenwand war natürlich auch die Heizung im Zimmer.

Ulrich hörte nichts aus den Zimmern. Er klopfte an die Küchentür. Es rührte sich nichts. Er rüttelte an der Klinke, verschlossen!, auch die Tür der beiden anderen Zimmer. Es war niemand da. Er wusste, wo ein Schlüssel für Notfälle aufbewahrt wurde. Unter der Speichertreppe in einer Mauerspalte war auch wirklich ein Schlüssel, er klaubte ihn heraus und schloss die Küche auf. Dort sah es richtig verlassen aus.

Da sah er auf dem Küchenschrank neben der Eingangstür einen großen Zettel, der mit der akkuraten Schrift seiner Mutter beschrieben war:

Lieber Herbert! Lieber Ulrich!
Für den Fall, dass Ihr heimkommen solltet: Wir sind evakuiert worden nach Schwaben, auch Vater und seine Frau, es ist bei Ulm. Wir sind wahrscheinlich in Balzheim. Illertissen und Altenstadt sind Orte in der Nähe, mehr weiß ich leider auch nicht. Wenn Ihr nachkommen solltet, müsst Ihr Euch wegen der genauen Adresse bei der Gemeindeverwaltung dort erkundigen. Es geht uns gut, wir sind gesund, was ich auch von Euch hoffe.
Herzliche Grüße, Mutter.

Nun war alles klar, seine immer vorausdenkende und fürsorgliche Mutter hatte ihrem Mann Herbert und ihm die Nachricht hinterlassen, die er brauchte. Sie waren also weit fort und wahrscheinlich in Sicherheit. Die Mütter mit kleinen Kindern, die niemand sonst zu versorgen hatten, wurden in ländliche Gebiete evakuiert, in denen keine Bombenangriffe zu befürchten waren. Nachdem er wegen Schanzens am Westwall nun nicht mehr daheim war, ihn also seine Mutter nicht mehr versorgen musste (er wurde ja nun vom Reich mehr oder weniger gut versorgt, dachte er grinsend), war nun diese Evakuierung eingetreten. Man hatte bei seinem letzten Besuch daheim davon gesprochen.

Seine Schwester Ute mit ihren besonderen Erfahrungen im Bombenkrieg litt besonders unter den ständigen Bedrohungen durch die Luftangriffe, die die Stadt nun nicht nur nachts sondern auch tagsüber heimsuchten, und das Tag für Tag. Wenn ein Angriff in ihrem Radio, einem »Volksempfänger«, vorangekündigt wurde, war sie die erste, die in den Bunker strebte, und nicht warten wollte, bis die Sirenen in Ludwigshafen warnten. Sie hatte Angst, dass sie keinen Platz im Bunker mehr bekämen, dass sie um den Eingang in den Bunker drängeln mussten oder dass der Eingang schon verschlossen sein würde.

Es war schon vorgekommen, dass Menschen sich vor den Eingängen zu Tode trampelten, wenn die Bombenflugzeuge schon über der Stadt waren und die Leute vor Todesangst in Panik gerieten. Auch der Weg dorthin war nicht ungefährlich, wenn man sich nicht gleich nach der Sirenenwarnung auf den Weg machte, oder wenn alles zu schnell ging, keine Warnung erfolgt war und die Bomben schon fielen. Es konnte ein Wettlauf mit der

Zeit und mit dem Tod sein! Es war auch deshalb gefährlich, weil man in der Nacht ohne Licht zum Bunker unterwegs war, die Stadt war verdunkelt, keine Laternen, kein Licht aus den Fenstern, nichts, nur Schwärze und Düsternis. Auch Taschenlampen durften nicht verwendet werden, manche klebten schwarzes Papier vorne über deren Scheiben und benutzten dann diese schwache Lichtquelle auf dem Weg in die Sicherheit.

Wenn aber das Licht von oben kam, dann wurde es besonders gefährlich. Dann war nämlich mindestens schon die Vorhut der feindlichen Flugzeuge da. Diese setzten nämlich oft Lichtmarken an den Himmel, »Zielmarkierungsbomben«, teilweise wie Weihnachtsbäume mit strahlenden Lichtkaskaden, im Volksmund »Christbäume« genannt. Es gab auch farbige Leuchtzeichen, die den Bereich markierten, wo die Bomben fallen sollten. »Es gibt Grob- und Feinmarkierungen«, hatte ihm ein kundiger Mann von der Flak gesagt. Da nutzte auch wenig oder gar nichts, dass besonders wichtige und gefährdete Anlagen »vernebelt« oder »getarnt« worden waren und Ballons gegen Tiefflieger aufstiegen. Er hatte gestaunt und gedacht: Was ist der Mensch doch erfindungsreich im Töten und Zerstören, er macht eine Wissenschaft daraus!

Darum war es so zwingend, rechtzeitig den Bunker aufzusuchen. Die Mutter war seiner Schwester dabei aber nicht schnell genug. Dies hatte natürlich auch seinen Grund: In den Bunker zu flüchten mit der ganzen Familie war nicht so ganz einfach. Das tägliche und nächtliche »In-den-Bunker-rennen« war sogar sehr beschwerlich mit einer halbwüchsigen Tochter und zwei kleinen Kindern, beladen mit dem notwendigsten, was man von daheim retten wollte und was man im Bunker brauchte. Aber auch sie musste ihrer Tochter und ihrer Verantwortung den anderen Kindern gegenüber gerecht werden und Schutz suchen.

Ulrich wusste, wie das ablief, er war auch schon dabei gewesen: Ute hatte auf dem Weg zum Bunker in der Schanzstraße ihren kleinen Bruder Berti an der Hand, trug eine Tasche, in der auch Windeln waren, die Mutter hatte den Säugling in einem Kissen bei sich und war noch mit allerlei anderen Sachen bepackt.

Im Bunker angekommen, wurde der kleine Horst in seinem Kissen über die Menschen gehoben und weiter und weiter gereicht, einige Stockwerke hoch. Der Rest der Familie musste sich einen Weg in dem engen Bunker durch die dichtgedrängte Menge der Schutzsuchenden bahnen, bis sie zu einem »Familienabteil« durchgedrungen waren, das mit Stockbetten versehen war. Dort war schon längst das jüngste Familienmitglied in seinem Kissen hineingelegt worden, Seite an Seite mit anderen Kleinkindern. Der Kleine war Gott sei Dank ein ruhiges Kind und verschlief meistens diese Zeit im Bunker. Draußen krachte und knallte es, wenn dann der Fliegerangriff wütete, der Bunker wackelte und bebte und die Leute je nach ihrer Gemütslage, ihrem Temperament und ihrer Gläubigkeit verstummten, beteten, schimpften, weinten, schrien oder fluchten.

Das hatten sie nun hinter sich, dachte Ulrich. Seine Mutter war also mit den Geschwistern an einen hoffentlich sicheren Ort weggebracht worden, dahin, wo man keinen Bunker brauchte und wo es auch die bessere Versorgung gab: aufs Land.

Vor etwa zwei Jahren waren sie schon einmal für ein paar Monate alle zusammen evakuiert worden, in die Südpfalz nach Nussdorf bei Landau. Er erinnerte sich, dass es in dem Sommer damals so viele Schnaken gegeben hatte, alle war total zerstochen gewesen. Und dann hieß es, die Evakuierung sei nicht mehr notwendig, es gibt keine Fliegerangriffe mehr in Ludwigshafen, wir gehen wieder zurück. Seine Familie ging zurück, nur Tante Erika, die Schwester seiner Mutter, blieb, weil sie nur kleine Kinder hatte. Das mit den Fliegerangriffen war natürlich eine Fehleinschätzung gewesen, und zwar eine gewaltige!

Er war erst sechzehn Jahre alt, er vermisste seine Familie, die Fürsorge seiner Mutter, die manchmal zänkische und doch liebe Schwester Ute, den kleinen Bruder Berti und den noch kleineren Horst, der nur aß und schlief. Ich werde sie besuchen, beschloss er.

Ulrich sah sich in der Küche und in den Zimmern um. Im elterlichen Schlafzimmer war es ziemlich leer. Die wertvolleren Möbel, so das Schlafzimmer aus Eichenholz, das die Eltern im Kaufhaus Vetter in Mannheim gekauft und mühsam in Raten abbezahlt hatten, waren aus Sicherheitsgründen in den stabilen hohen Keller des Hauses geschafft worden.

Auf dem Küchenschrank stand der Volksempfänger, dessen Bakelitgehäuse oben teilweise abgebrochen war. Er konnte sich an die Plakate erinnern, auf denen für diesen Radio geworben worden war: »Ganz Deutschland hört den Führer mit dem Volksempfänger«. Da der Strom in ihrer Wohnung abgestellt war, konnte er aber weder den Führer noch irgendwas anderes hören. Die Stimme Adolf Hitlers bräuchte er jetzt auch nicht, aber etwas Unterhaltungsmusik wäre nicht schlecht gewesen.

Zur Zeit waren ja sehr beziehungsvolle Schlager in Mode: »Schau nicht hin, schau nicht her, schau nur gradeaus, und was dann noch kommt, mach dir nichts daraus«. In die Zeit passte auch sehr gut: »Es geht alles vorüber, es geht alles vorbei, auf jeden Dezember folgt wieder ein Mai«. Ob das wirklich so gemeint war, wie es bei vielen aufgefasst wurde?

Und dann gab es natürlich noch das wehmütige Lied von der »Lili Marleen«, das durch die tägliche Ausstrahlung durch den Soldatensender Belgrad so bekannt geworden war. Seine Mutter weinte regelmäßig, wenn sie das Lied hörte.

Auf einmal merkte er, dass er selbst in eine etwas seltsame Stimmung kam. Er setzte sich an den großen Küchentisch und las das Flugblatt, das er auf der Straße gefunden hatte. Es war auf beiden Seiten bedruckt:

Deutsche Frau, Du hast das Wort !

Das ist das sechste Kriegsjahr. Der deutsche Soldat ist zurückgekehrt. Er hat Unmenschliches erduldet auf den Schlachtfeldern Russlands, den Wüsten Afrikas, unter dem Trommelfeuer der Alliierten, in Italien und dem Bombenhagel an der Westfront. Aufs neue, auf Heimatboden, solle er nun den Kampf gegen die ungeheure Übermacht der anglo-amerikanischen Kriegsmaschine aufnehmen. Ohne genügend Panzer und Luftwaffe. Du, deutsche Frau, hast die Macht, unendliches Leid, Schrecken und Tod zu verhüten. Sage dem heimgekehrten deutschen Soldaten:

1. Dass Du diesen sinnlosen letzten Widerstand nicht willst.
2. Dass Du nicht willst, dass Deine Städte und Dörfer in Grund und Boden geschossen werden.
3. Dass Du genug hast von der SS und der Partei, die die Zerstörung der Heimat befehlen, nur um sich selber noch ein paar Tage länger im Sattel zu halten.
4. Dass darum Soldatentreue ausschließlich dem Volke gehört.
5. Dass dieses Volk verlangt:

Schluss mit dem Krieg!

Weg mit den Kriegsverlängerern!

Sofortfriede und Wiederaufbau Deutschlands!

An die deutsche Frau!

Deutschland selbst wird nun zum Kriegsschauplatz. Von jetzt an wird jede Bombe und jede Granate auf deutschem Boden explodieren. Deutsches Blut wird deutsche Erde tränken. Städte, Dörfer und Felder werden in Rauch und Flammen aufgehen. So wollen es Hitler und seine Partei-Fanatiker.
Willst Du den Krieg im Lande?

Frage den heimkehrenden deutschen Soldaten,
ob persönlicher Opfermut und Heldentum die anglo-amerikanische Kriegsmaschine zum Stehen bringen können.

Frage den heimkehrenden deutschen Soldaten,
ob er für deutsche Frauen und Kinder das gleiche Los wünscht wie das der Zivilbevölkerung der Normandie, Italiens und Russlands.

Frage den heimkehrenden deutschen Soldaten,
ob er will, dass sein Heimatort so aussieht wie die zerschossenen Dörfer und Städte der Normandie, Italiens und Russlands.

Die Treue des deutschen Soldaten gehört nicht der bankrotten Partei, sondern Dir, deutsche Frau, Deinen Kindern und der Heimat. Und Du kannst den deutschen Soldaten, Deine Kinder und die Heimat vor sinnloser Vernichtung bewahren, wenn Du forderst:

SCHLUSS !

»Ungeheure Übermacht der anglo-amerikanischen Kriegsmaschine« stand da. Das entsprach dem, was er von Soldaten von der Westfront schon gehört hatte: Die Amis würden mit ungeheurem Aufwand an Waffen und Fahrzeugen unaufhaltsam vorwärtskommen und die deutschen Linien immer wieder überrollen. Die deutsche Wehrmacht habe ihr nichts mehr entgegenzusetzen. Es hatte zu viele Verluste gegeben, es herrschte Mangel an Männern und Material. Es sei nur noch eine Frage der Zeit, bis die Verteidigung zusammenbrechen würde. Wenn Hitler nicht bald die angekündigte Wunderwaffe einsetzt! Aber die meisten Leute glaubten nicht mehr daran. Sie glaubten weder an die Wunderwaffe noch an den Endsieg.

Es gab auch schon längst keine Aufmärsche mehr mit vielen Uniformen, Pauken und Trompeten, Marschmusik, vaterländischen Gesängen oder Liedern wie »Denn wir fahren gegen Engelland, Engelland«. Alle, auch die Partei, hatten etwas anderes zu tun. Und ob die Wacht am Rhein so fest und treu stand wie in dem beliebten Lied, das würde sich bald zeigen müssen.

Das Flugblatt wandte sich an die Frauen. Sie sollten die Männer, ihre Männer beeinflussen, Schluss mit dem Krieg zu machen, damit die Zerstörung Deutschlands nicht noch schlimmer werden würde. Das Blatt musste also von der Feindpropaganda sein. Aber das, was da drin stand, war doch eigentlich ziemlich vernünftig. Wenn der Krieg entschieden war, für Deutschland verloren war, dann war es doch sinnvoll, aufzuhören, Frieden zu schließen, bevor noch mehr Menschen sterben mussten und noch mehr kaputt ging. Zum Beispiel könnte dann auch sein Vater aus seinem Einsatz in Italien zurückkehren. Dieser war bis jetzt noch gesund und unversehrt. Sie könnten dann wieder eine vollständige Familie sein.

Er zuckte die Schultern. Nach meiner Meinung wird nicht gefragt, ich halte besser meinen Mund, sagte er sich. Es gibt immer Übereifrige, die liefern einen ans Messer, wenn man irgendwelche Zweifel am Endsieg äußert. Sie glaubten (oder wollten glauben) an den »GröFaZ«, den »Größten Feldherrn aller Zeiten«: Adolf Hitler. Ulrich lächelte.

Kapitel 4

Januar 1945

Bei seiner Suche hatte Ulrich in einer Schublade des Küchenschranks auch Briefe gefunden, die er kannte. Sie waren vom jüngsten Bruder seiner Mutter, Edgar. Seine Mutter hatte vor ihrer Heirat als 13 Jahre ältere Schwester den elterlichen Haushalt versorgt und Mutterstelle an diesem Bruder vertreten, weil ihre Mutter lange Zeit krank war und 1924 starb. Der Bruder war damals erst sieben Jahre alt.

Ulrich kam die Erinnerung an einige Briefe, die er schon früher mit großem Interesse gelesen hatte. Edgar, der nur elf Jahre älter war als er selbst, war eher ein älterer Bruder als ein Onkel gewesen, ein guter Kamerad! 1938 war er zum Reichsarbeitsdienst eingezogen worden, an den sich sein Wehrdienst anschloss, bis dann der Krieg im September 1939 begann und der Wehrdienst nahtlos zum Kriegsdienst wurde. Vom Arbeitsdienst über den Wehrdienst zum Kriegsdienst, soviel Dienst für das Vaterland war nicht nur das Schicksal seines Onkels, sondern vieler junger Männer in diesen Tagen. Oft war sogar noch »Dienst« bei der »Hitlerjugend« vorangegangen.

Ulrich nahm einen Brief heraus. Es war der erste Brief von Edgar aus seinem Arbeitsdienst an seine Schwester. Edgar war zum ersten Mal überhaupt von zu Hause fort. Er hatte damals geschrieben:

Bergzabern, den 18. 4. 1938
Liebe Schwester!

Habe Euern Brief heute erhalten, nun will ich aber gleich mal schreiben. Also, als wir Montags ankamen, wurden wir gleich eingeteilt in die einzelnen Trupps u. danach mussten wir Strohsäcke stopfen. Die erste Nacht konnten wir alle nicht schlafen, weil wir nicht gewohnt waren auf Strohsäcken zu schlafen, jetzt schlafen wir selig. Dienstags mußten wir Betten bauen, Spinde ausschlagen u. sauber einräumen, dann wurde Kleidung gefasst, alles nagelneu. Morgens 5 h Wecken, ½ 7 Kaffee, 10 h Frühstück, 2 h Mittagessen, 7 h Abendessen. 9 h ist Zapfenstreich, da muß alles im Nest liegen. Ich habe bestimmt schon zugenommen, seit dem ich da bin, denn wir bekommen so viel zu essen wie wir wollen u. es ist sehr gut.

Mittwochs ging es los mit exerzieren bis heute. Das war hart aber jetzt geht es. Samstag den 9. hatten wir Propagandamarsch durch Bergzabern mit unsern neuen Uniformen u. danach hörten wir die Führerrede. Es hat alles prima geklappt daß unser Oberstfeldmeister uns sogar gelobt hat. Sonntags den 10. wurden wir ausgeführt zum Wählen. Das Lager selbst ist erst halber fertig u. da können wir noch schön arbeiten bis alles so weit ist. In unserer Stube sind 17 Mann mit Truppführer. Das einzige, was wir nicht haben ist Zeitung, Radio, Licht, aber das kommt noch, wir sind so 200 Mann im Lager, das sind 12 Trupps, lauter Mannheimer und Ludwigshafener. Bei uns ist es Morgens noch ziemlich kalt u. einmal ist sogar unsere Wasserleitung eingefroren. Am Ostersonntag hatten wir einen Ausmarsch in die Umgegend. Morgens um 7 h ging es los u. um 11 h waren wir wieder daheim. Es war sehr schön u. gesungen haben wir, dass die Häuser gewackelt haben u. eingekehrt sind wir auch. Mein Osterpaket von Böblingen habe ich schon Freitags erhalten, das war ganz groß, aber leider ist es heute schon alle. Wenn wir abends so im Bett liegen, muß ich an den 5ten denken, es war halt doch schön, aber wenn ich Urlaub kriege dann wird aber einer rein gemacht. In unserer Kantine bekommen wir ja was wir wollen, aber am 5ten wars doch gemütlicher. Will nur mal sehen ob ich jetzt da rüber komm zu dem Panzerregiment. Ostersonntag und Montag hatten wir viel Besuch in unserem Lager. Ostersonntag sind 850 Flaschen Bier getrunken worden, so Süffer sind wir. Auch haben wir eine Musikkapelle im Lager. Am 1. Mai glaub ich werden wir das erstemal richtig ausgeführt. Hoffentlich, denn ich möchte doch mal wieder tanzen. Meiner „Braut" habe ich erst einmal geschrieben, aber unser Dienst geht bis 7 h abends u. da kann man nur Sonntags schreiben. Heute haben wir unsere Tornister gepackt u. Decken gerollt. So haben wir halt immer zu tun, Sonntags auch. Nächsten Sonntag geht es wahrscheinlich auf die Baustelle, Exerzierplatz bauen, Waldwege herrichten etc. Auch waren Leute von der Zeitung hier und fragten uns nach unsern ersten Eindrücken u. wie es uns hier gefällt. Nächsten Tag war es schon in der Bergzaberner Zeitung mit Bildern von uns. Auch kommen von uns 60 Mann auf den Parteitag, denn unser Lager soll ein Musterlager werden. Hoffentlich ist wieder alles gesund u. munter, wenn ihr diesen Brief erhält.

Es grüßt Euch recht
herzlich
Edgar

Auf die Adresse müsst Ihr immer schreiben
Arbeitsmann E. W. und nicht Herr!

Der liebe Onkel, er war kein Herr mehr, er war nun Arbeitsmann geworden. Ulrich lächelte schmerzlich. Trotzdem, das waren noch Zeiten! Friedenszeiten! Damals ging es Edgar noch gut, trotz allen Zwängen, in denen er steckte. Wer hätte damals, 1938, daran gedacht, dass bald Krieg herrschen würde, wo man doch immer die Wichtigkeit der Bewahrung des Friedens betonte. Aber alle, die etwas zu sagen hatten, sprachen auch davon, dass man den Schandvertrag von Versailles auslöschen, den Erbfeind Frankreich bezwingen, Elsaß-Lothringen wieder heimholen und für das Volk ohne Raum im Osten Platz schaffen müsse.

Er setzte sich hin. Dieser Brief war eine Nachricht aus einer friedlichen Zeit, einer noch friedlichen Zeit, musste man sagen. Nicht alle Briefe Edgars waren so sorglos, leider! Ulrich sah auf den Stapel und nahm einen weiteren Brief in die Hand. Der passte besser zu der Zeit, in der hier alle heute lebten. Der Krieg hatte damals gerade angefangen:

Westfront, den 25. Sept. 1939

Liebe Schwester!

Möchte Dir auch einige Zeilen zukommen lassen, denn Ihr denkt ja doch nicht daran mir mal zu schreiben. Bin jetzt schon 6 Wochen unterwegs, überall in allen Gegenden schon rumgeflogen u. schon viel gesehen u. erlebt. Morgen geht's wieder vor an die Front. Seid Ihr noch alle gesund, was machen die Kinder? Erika hat einen Buben gekriegt, gratuliere Ihr in meinem Namen u. richte Ihr herzliche Grüße aus. Mir geht es so weit gut. Verpflegung ist gut u. krank war ich auch noch nicht. Seid froh, dass Ihr nicht ausziehen braucht, denn wenn man das so sieht, das ist furchtbar. Bis jetzt waren wir in Bunker, mal vorn an der Front im Unterstand, wo man nichts hört als das Pfeifen der Granaten Tag und Nacht u morgen geht's wieder raus, na mir ists egal man gewöhnt sich an alles, nur regnen solls nicht, dann ist schlimm da draußen. Wenns nicht schlimmer wird, wie jetzt ist, dann gehts noch, aber bald muß die Entscheidung kommen, so oder so. Wenns davorne mal richtig losgeht, dann oweh. Na Hoffnung haben wir immer noch, dass es sich doch zum Guten wendet, wenn nicht kommen wir nicht mehr heim. Wenn man Nachts so Posten hat vorn an der Grenze u. die Leuchtkugeln gehen als hoch, so denkt man als an daheim, wie habt Ihrs doch noch so schön, na dafür sind wir Soldaten. Hoffen wir dass alles gut rum geht. Du kannst mir ruhig mal schreiben, wie es bei Euch aussieht, denn Du hast bestimmt mehr Zeit wie ich. Nun will ich schließen.

*Seid alle herzlich gegrüßt
von Euerm Edgar*

*Meine Adresse
Soldat Edgar W.
Feldpostnummer 19106
Postsammelstelle Ffm.*

Ulrich seufzte. Damals ging alles noch wie geschmiert! Polen hatte man 1939 gewissermaßen im Handumdrehen besiegt, Frankreich wurde in einem Blitzkrieg 1940 bezwungen, Aber das war Vergangenheit, jetzt war der erbarmungslose Krieg auch hier, mitten in Deutschland!

Ulrichs Blick fiel nochmals auf den Text des ersten Briefs. Ihm fielen die Worte Frühstück, Mittagessen und

Abendessen auf. Der liebe Onkel schrieb eindeutig zuviel vom Essen morgens, mittags, abends, und auch von Fresspaketen, es war richtig unverschämt! Ulrichs Magen fing an zu knurren. Er ließ den Brief sinken. Sein Frühstück war nicht reichlich gewesen, seine Reiseration sehr karg und schon längst vertilgt. Er hatte Hunger, großen Hunger! Natürlich hatte er in der leeren Wohnung nichts zu essen gefunden. Das war ja auch ein bisschen viel verlangt, dachte er, sie haben natürlich die Lebensmittel mitnehmen müssen, sie wussten ja nicht, ob jemand kommt. Essen verderben lassen, das konnte man sich wirklich nicht leisten bei dem wenigen, was man hatte.

Er sah aus dem Fenster der Küche hinaus, von dem aus man einen weiten Ausblick nach Westen hatte. Der Ausblick ging über die Bahnlinie, die auf einem hohen Damm in zweihundert Meter Entfernung vorbeiführte. Dort hatten sie in den letzten Jahren oft die Militärtransporte mit Panzern, Kanonen und allem möglichen anderen Kriegsgerät vorbeifahren sehen.

Die Wintersonne stand fahl und kalt am Himmel. Sie wärmte nicht. Im Sommer dagegen brannte die Sonne vom Mittag bis zum Abend ins Zimmer. Wenn es unerträglich heiß wurde, hängten sie ein Leintuch vor das Fenster, das sie mit Wasser benetzten. Dann wurde es bald kühler.

Ihr Eckhaus war rechts und links an andere Häuser angebaut. Das linke in der Humboldtstraße stand noch, vom anderen in der Rohrlachstraße war von ihrem Fenster aus nur noch ein riesiger Schutthaufen zu sehen, aus dem bröckelige Mauern heraussahen. Was hatten sie für ein Glück in ihrem Haus, dachte er wieder. Gegenüber hatte es eingeschlagen, nebenan hatte es eingeschlagen, nur ihr Haus war wie durch ein Wunder so gut wie unversehrt.

Er riss sich los und ging zu der Wohnung seines Großvaters ins Erdgeschoss zurück und klingelte dort sicherheitshalber. Mama hat zwar geschrieben, dass der Großvater mitgegangen ist, aber ... Erwartungsgemäß machte niemand auf. Aber gegenüber öffnete sich auf einmal die Tür der anderen Wohnung, Frau Berthold sah ihn an, sie war gerade beim Essen, sie kaute noch, sah Ulrich mit Interesse an.

»Ulrich! Wo kommst du denn her?« Er kannte die Familie Berthold gut, der jüngere der Söhne war sein Freund.

»Ich habe Urlaub vom Schanzen«, sagte Ulrich, »aber daheim«, sein Finger zeigte in die oberen Stockwerke, »und auch hier bei meinem Großvater ist niemand da.«

»Die sind evakuiert worden«, sagte Frau Berthold, »aber frag' mich nicht, wohin genau, ich glaube, irgendwo ins Schwäbische. Alle zusammen, ich meine, auch mit deinem Großvater. Du musst auf dem Amt fragen oder in der Amtstraße!« Das Amt war im Stadthaus Nord, mit der Amtstraße war die Kreisleitung der NSDAP gemeint, die dort residierte, der Kreisleiter Horn war gleichzeitig Oberbürgermeister der Stadt.

»Ich weiß«, sagte Ulrich, als er zu Wort kam, »meine Mutter hat mir eine Nachricht hinterlassen.«

»Gut«, sagte Frau Berthold und hielt überlegend inne: »Hoffentlich bekommst du auf dem Amt oder bei der Partei noch eine gescheite Auskunft! Seit dem letzten Angriff am 5. Januar herrscht in Ludwigshafen das reine Chaos.«

»Ich habe hier bei uns eigentlich nichts Neues entdeckt. War es so schlimm?«, fragte Ulrich.

»Schlimm ist gar kein Ausdruck!«, sagte Frau Berthold. »Wir haben reines Glück gehabt, hier im Haus ist nichts passiert, aber ganz in der Nähe. Guck dich mal richtig um! Viele Häuser über der Kreuzung in der Humboldtstraße, in der Rohrlachstraße, in der Welserstraße sind schlimm getroffen worden, und in der ganzen Stadt. Im Bunker habe ich später gehört, dass es 275 Tote gab und über 170 Verletzte. Einige Stadthäuser hat es auch erwischt, auf dem Amt läuft nicht mehr viel!«

Frau Berthold seufzte. Sie war eine große, mütterliche Frau in den mittleren Jahren und hatte seinen hungrigen Blick gesehen. »Hast du etwas zu essen dabei?«

»Ich habe erst heute morgen ...«, sagte Ulrich halbherzig.

»Komm rein«, sagte Frau Berthold resolut, »ich habe zwar nicht viel, aber für ein Butterbrot und ein Musebrot für dich reicht es noch.«

Ulrich nahm das Angebot sehr dankbar an. Das Butterbrot, das ihm in Frau Bertholds Küche gereicht wurde, war natürlich ein Margarinebrot und der Marmeladenaufstrich auf der dicken Brotscheibe, das »Musebrot«, war auch nicht so üppig geraten, aber Ulrich war hungrig und aß mit großem Appetit. Er konnte immer essen, er wurde selten richtig satt.

»Ich werde zu meiner Familie fahren«, verkündete er Frau Berthold und biss in das zweite Brot. Er musste nur noch herausfinden, wo seine Familie genau untergebracht war, aber er würde sich schon durchschlagen. Er würde seine Familie finden und besuchen. Die Sehnsucht nach ihr, nach seiner Mutter, seiner Schwester und nach seinen kleinen Geschwistern wühlte wieder in ihm. Aber so genau wollte er das Frau Berthold nicht erklären.

»Da hast du dir aber viel vorgenommen«, sagte Frau Berthold skeptisch. Ihr Mann und ihre beiden Söhne waren bei der Wehrmacht, der jüngere Sohn, der Freund Ulrichs, war etwas älter als er und vor Kurzem noch eingezogen worden. »Bist du dir ganz sicher?«, fragte sie. »Es ist gefährlich, mit der Bahn zu fahren. Die Tiefflieger! Und alles ist kaputt! Ob die Reichsbahn überhaupt fährt, und wenn, wann sie fährt, das ist vollkommen unsicher. Und du bist noch so jung! Ob du da zurechtkommst?« Sie strich ihm gedankenverloren über den dunklen Schopf und dachte an ihre Söhne.

Ulrich wich mit dem Kopf der Hand von Frau Berthold aus. »Immerhin wurden bei der Ardennenoffensive im Dezember 1944 noch Panzerverbände aus Ungarn mit der Bahn dorthin verlegt!«, sagte er trotzig. Das war die Information eines Kameraden beim Schanzen gewesen, der bei der Reichsbahn als Lehrling anfangen wollte und auf »seine« Bahn nichts kommen ließ. Er behauptete stolz, die Vorbereitung des Angriffs auf die Sowjetunion sei der größte Eisenbahnaufmarsch der Geschichte gewesen. Er war jetzt schon Eisenbahner durch und durch, er war der Sohn eines Eisenbahners, wahrscheinlich würden auch seine Söhne Eisenbahner sein. Normalerweise ging er Ulrich damit auf die Nerven, aber jetzt zitierte er ihn gern. Frau Berthold gab keine Antwort und putzte sich die Nase.

Ulrich schluckte den letzten Bissen seines Brotes hinunter. »Ich muss jetzt gehen«, sagte er, trank das Glas Wasser aus, das ihm Frau Berthold hingestellt hatte, und stand auf.

Frau Berthold sah ihn an, seufzte, und sagte leise etwas, was wie »Männer sind alle gleich, auch die Jüngelchen« klang. Sie machte ihm noch ein kleines Essenspaket »für die Reise« und verabschiedete sich dann von ihm mit einer Träne im Augenwinkel. Sie wollte ihn offensichtlich zum Abschied umarmen, aber das wollte er nicht, er entzog sich ihr und streckte ihr nur die Hand hin, die sie mit beiden Händen ergriff.

»Viel Erfolg und alles Gute«, wünschte sie, »und herzliche Grüße an deine Mutter!«

Ulrich dankte etwas beklommen. Er hatte sich nun doch klar gemacht, dass einiges vor ihm lag, was nicht so leicht zu bewältigen war. Als Frau Berthold die Abschlusstür zu ihrer Wohnung hinter ihm schloss, besann er sich und ging nochmals die Treppe hoch in die Wohnung seiner Familie. Er hatte daran gedacht, dass er ja noch etwas Kleidung mitnehmen sollte. Auf der Reise, die er vor sich hatte, war es sicher kalt.

Außerdem sah er im Schulatlas nach, wo der Ort Balzheim lag. Er fand ihn nicht, nur südlich von Ulm den Ort Illertissen. Aber nun wusste er Bescheid, in welche Richtung er fahren musste. Die Reise dorthin war nicht nur kalt, sondern auch lang.

Bevor er zum Bahnhof zurückging, marschierte er über die Kreuzung auf den Vorplatz der Marienkirche und sah sich dabei neugierig die Umgebung an: Es gab wirklich einige neue Ruinen. Nachdenklich machte er sich auf in Richtung Hauptbahnhof.

Kapitel 5

Januar 1945

Das war schön! Ute sah mit Erstaunen durch das Fenster die großen Schlitten auf dem verschneiten Platz vor dem kleinen Bahnhof in Altenstadt in Bayrisch Schwaben. Die Schlitten waren wie Kutschen und wurden von Pferden gezogen. Schlitten mit Pferden! Es war wie im Märchen! Oder wie im Film! So was gab es zu Hause in der Stadt nicht. Dort schmolz ja auch der Schnee sofort weg oder er wurde zu grauem Matsch. Hier war es auch jetzt, Ende Januar 1945, viel kälter als in Ludwigshafen! Der Ort liege auch einige hundert Meter höher, hatte Großvater gesagt. »Zieht euch warm an«, riet er in scherzendem Ton, so redete er gerne. Aber er hatte es wohl ernst gemeint.

Ein großer kräftiger Mann mit einer dicken Pudelmütze und einer Jacke mit Pelzkragen stellte sich vor Utes Familie auf, die immer noch mit anderen Evakuierten fröstelnd in dem kleinen Warteraum des Bahnhofs Altenstadt standen und darauf warteten, dass es endlich weiterginge. Vielleicht mit diesen märchenhaften Schlitten, hoffte Ute. Sie dachte an ihren großen Bruder, mit dem sie schon oft Schlitten gefahren war. Ute lächelte. Wie das klang! Das war wirklich mehrdeutig. Eine Schneeballschlacht hätten sie jetzt miteinander machen können. Aber dafür waren sie eigentlich jetzt schon zu erwachsen. Außerdem war er ihr da überlegen, besser gesagt, er war ihr zu grob! Warum dachte sie eigentlich jetzt an ihn? Während sie sich hier mit kalten Füßen die Beine in den Leib standen, war er ganz weit weg, beim Schanzen im Saargebiet. Wahrscheinlich fror er dort auch.

Der große Mann fing an zu reden. Ute verstand kaum etwas, er hatte einen breiten schwäbischen Dialekt, sie kriegte nur mit, dass er der Bürgermeister war. Sie sah ihre Mutter an. Die hörte angestrengt zu und wiegte dabei den kleinen Horst im Kissen auf ihrem Arm, weil er ausgerechnet jetzt anfangen wollte zu schreien. Auch der Großvater reckte seinen Kopf, fuhr über seinen Schnurrbart und runzelte die Stirn. Ute hörte wieder zu, als der Bürgermeister den Namen ihrer Familie sagte und etwas von Unterbalzheim. Darauf folgte der Name des Großvaters und Oberbalzheim.

»Wir werden getrennt«, sagte ihre Mutter zu ihrem Vater. Beide wirkten betroffen. Der Großvater zögerte kurz und ging dann auf den Bürgermeister zu. Sie verhandelten miteinander. Ihre Mutter überließ Ute den kleinen Horst und beteiligte sich dann auch noch an der Unterredung der beiden Männer. Ute hörte, wie ihre Mutter ihr bestes Hochdeutsch verwendete, genauer gesagt, das Schriftdeutsch, das sie immer sprach, wenn ihr Gegenüber nicht pfälzisch redete.

Ihre Mutter und der Großvater kamen zurück. Sie wirkten enttäuscht. »Wir kommen nach Unterbalzheim« sagte ihre Mutter, »und der Vater kommt nach Oberbalzheim. Das ist so festgelegt wegen der Unterkünfte, sagt der Mann: Familien nach Unter-, Ehepaare nach Oberbalzheim. Die Zimmer dort sind beschlagnahmt worden für bestimmte Personen und für bestimmte Familien. Die Orte seien auch nahe beieinander, hat er gesagt.«

Und dann kam die Aufforderung: Es geht los! Mit den Schlitten sollten sie fahren!, hörte Ute und war entzückt.

Sie nahmen Abschied vom Großvater und seiner Frau. Es war seine zweite Frau und das Verhältnis zu ihr war nicht besonders gut. Man wurde mit ihr nicht warm. Heute war sie aber nur müde und deprimiert.

Dann wurde die Familie mit ihrem Gepäck in die Schlitten verfrachtet, der kleine Horst wie immer gut eingepackt in einem Kopfkissen, und die Fahrt ging los.

Es war eine schöne Fahrt durch eine herrliche Winterlandschaft, aber es war einfach zu kalt, um es richtig zu genießen, fand Ute. Sie fuhren an der Kirche vorbei aus dem Ort. Ute sah, dass sie durch die Unterbalzheimer Straße fuhren, es konnte also nicht mehr weit sein bis zu ihrem Bestimmungsort. Zweimal überquerten sie einen Fluss, später erfuhr sie, dass das zuerst der Illerkanal und dann das Flüsschen Iller gewesen waren.

In Unterbalzheim angekommen wurden sie direkt zum Bürgermeisteramt gefahren, das neben einem großen Gasthaus lag. In dieses Gasthaus wurden sie zunächst einquartiert. Von dort wurde weiter festgelegt, wo man dann im Ort untergebracht werden würde. Es war ein großes Gasthaus, in dem sie auch Essen bekamen. Es gab Spätzle, die ihre Mutter daheim auch ab und zu machte, und Soße dazu. Sie alle langten beim Essen kräftig zu, die lange Reise in der Kälte hatte sie hungrig gemacht, und sie wussten nicht, wann sie wieder etwas zu essen bekommen würden. Die mitgebrachten Vorräte waren fast aufgebraucht. Viel war es sowieso nicht gewesen, was sie mit ihren Lebensmittelmarken in Ludwigshafen noch bekommen hatten. Als sie müde von der Reise schlafen gingen, waren sie begeistert: Die Betten waren weich und bequem, die Decken und das Deckbett groß und warm, es waren richtige Luxusbetten! Es war eine Wonne, in ihnen zu schlafen. In diesem Gasthaus konnte man es aushalten!

Ein paar Tage später wurden sie aber in ein Haus am Rande des Ortes »eingewiesen«, das dem Ehepaar Köberle gehörte. Als sie das Haus erreichten, machte eine dicke Frau mit einem dunklen Kopftuch die Tür auf und rief nach hinten: »Die Bombemenscher sin do!« Das war die erste Begrüßung. Hinter ihr kam dann einarmig der Herr des Hauses, der etwa 60-jährige Herr Köberle, der die eingewiesene große Familie zunächst misstrauisch beäugte. Später zeigte sich dann noch ein Mädchen, fast schon eine junge Frau, Anneliese, eine der beiden Töchter des Hauses.

Frau Köberle fragte als Erstes: »Habt ihr Läuse?«

Utes Mutter war befremdet, nahm sich aber zusammen: »Wir haben keine Läuse.«

Nun endlich war Frau Köberle bereit, den »Bombemenscher« die ihnen zugedachte »große Stub« zu zeigen und auch die Stelle, wo das Brennholz lag. Sie hatten von der Gemeinde Lebensmittel bekommen, die man auf dem Ofen zubereiten konnte.

Die »große Stub« war tatsächlich nur eine Stube, die für alle reichen musste, für Mutter, Ute, Berti und Horst. Es war allerdings ein großer Raum, in dem zwei Betten, ein Schrank, ein Tisch und Stühle standen. Die Betten hatten Strohsäcke als Matratzen. Wehmütig nahmen sie Abschied von ihren »Luxusbetten« im Gasthaus. Ein viereckiger eisengrauer Holzofen diente zum Heizen und Kochen. Ein kleiner schmaler Korridor führte zur Toilette, einem Plumpsklo. Wenn man den Korridor weiterging, führte eine Tür zum Hof hinaus. Dort gab es Wasser an einem Hahn, der auch der Gartenbewässerung diente.

Ute war dabei, als ihre Mutter einen Tag später mit Frau Köberle ein Gespräch führte. Es fand auf dem kleinen Flur vor ihrem Zimmer statt. Die Müllerin fragte: »Seid ihr ausgebombt?«

Die Mutter sagte: »Nein.«

Frau Köberle wandte sich ab und sagte: »Da habt ihr also nur aufs Land g'wollt!« So wie sie das sagte, war es klar, dass die Frau meinte, sie hätten nur das ruhigere, bequeme Leben auf dem Land gesucht, gewissermaßen »Urlaub auf dem Bauernhof« machen wollen. Das fiel selbst der halbwüchsigen Ute auf, und sie war gespannt, was ihre Mutter darauf sagen würde.

Ihre Mutter war eine ruhige Frau, die selten aufbrauste, aber bei manchen Gelegenheiten, besonders wenn sie sich ungerechtfertigt behandelt fühlte, gab sie nicht nach und konnte sehr beredt sein.

Sie ärgerte sich über diese Bemerkung und erzählte der Müllerin, was die wohl noch nicht gehört hatte, nämlich wie es in einer bombardierten Stadt zuging: »Wissen Sie, dass man dort nachts nicht schlafen kann vor lauter Alarmen? Man ist nur sicher im Bunker, und der Aufenthalt dort ist bestimmt kein Zuckerschlecken. Viele haben sich dort auf Dauer einquartiert oder einquartieren müssen. Sie können sich vorstellen oder vielleicht auch nicht, wie da jetzt die Verhältnisse sind. Die Bunker sind viel zu klein für die vielen Leute, es ist dort eng und stickig, man kann leicht Atemnot und Platzangst bekommen. Bei Angriffen treten sich die Leute fast tot, bevor die Eingangstür zugemacht wird. Und bei einem Angriff wackelt und bebt sogar der Bunker, das Licht geht manchmal aus, es kracht und scheppert.

Wenn Entwarnung ist, geht man erst ganz schnell nach Hause mit der Angst tief innen drin, dass es dieses Zuhause nicht mehr gibt, dass das Haus nicht mehr steht! Und nach den durchwachten Bombennächten muss man dann trotzdem wieder arbeiten. Aber wie zur Arbeit kommen? Die städtischen Verkehrsmittel, Straßenbahn, Bus, gehen nicht mehr, die Schienen sind kaputt, viele Straßen sind vor Schutt nicht passierbar, manchmal unter Schutt und Asche überhaupt nicht mehr erkennbar.

Wir mussten weg! Der letzte Bombenangriff, den wir hatten, war am 5. Januar 1945. Die meisten Geschäfte sind inzwischen zerstört, die Geschäftsleute haben den Verkauf eingestellt oder sind tot oder obdachlos oder haben die Stadt verlassen. Auch Metzgereien und Bäckereien sind außer Betrieb. Es sind zwar noch Lebensmittel ausgegeben worden, aber die Gasleitungen sind kaputt, auch Wasser und Strom gibt es nicht mehr. Man kann weder kochen noch sich waschen.

Und ich bin allein mit den drei Kindern, mein Mann kämpft in Italien, mein ältester Sohn ist beim Schanzen im Saargebiet. Und die zwei jüngsten sind noch so klein. Es ist so schwer!« Mutter war nahe daran, in Tränen auszubrechen. Der kleine Berti drückte sich an sie, er merkte, dass hier etwas nicht in Ordnung war.

Utes Mutter hielt inne und fasste sich. »Wobei ich so froh bin, dass ich eine große Tochter habe, die mir so viel hilft und mir alles leichter macht.« Sie legte ihre Hand auf Utes Arm.

Ute war sehr stolz über dieses Lob und wollte auch etwas sagen: »Ich habe so viel Angst gehabt in Ludwigshafen. Ob wir rechtzeitig in den Bunker kommen, Mama kann auch nicht immer sofort oder manchmal wird zu spät gewarnt, und wir müssen ein ganzes Stück laufen, bis wir an unserem Bunker sind. Einmal sind wir auch spät gewesen, da ist auf unserem Weg in der Rohrlachstraße, weißt du noch, Mama?«, ihre Mutter nickte bestätigend, »da ist auf dem Weg ein Haus eingestürzt. Auf die Straße! Wir waren gerade daran vorbeigelaufen, da sind ein paar Meter hinter uns die Mauerbrocken heruntergekommen. Wenn wir nur einen Moment später gekommen wären, wenn uns irgendwas aufgehalten hätte, wenn zum Beispiel nur ein Schnürsenkel aufgegangen wäre, den wir hätten binden müssen, dann wäre es passiert ..., dann wären wir heute nicht da, zumindest nicht alle.« Ute schüttelte sich mit Grauen. Frau Köberle stand der Mund offen, sie sah Ute starr und beeindruckt an. Ute bemerkte es und bekam neuen Auftrieb: »Und wenn die Bomber weg sind, ist es ja nicht vorbei. Häuser können auch später einstürzen, es gehen laufend Zeitzünder hoch, jeder Schritt ist gefährlich. Und darum bin ich so froh, dass wir evakuiert worden sind. Übrigens: Die Bomben haben auch unsere Wohnung kaputt gemacht. Wissen Sie, dass wir kaum noch Glas in den Fenstern haben? Der Luftdruck der Bomben drückt uns die Fenster ein, wir haben viele Fenster notdürftig mit Pappe verklebt!« Ute sah zu ihrer Mutter, ihr fiel nichts mehr ein, aber das hatte sie sagen müssen.

Ihre Mutter nickte ihr zu und sah Frau Köberle an. »Ute hat recht. Natürlich könnten wir noch schlimmer dran sein, das ist wahr! Als Ausgebombter ist man obdachlos, man kriegt vielleicht eine Schlafstelle in einer Schule oder der Turnhalle zugewiesen, oder man schläft in einem Keller, man hat nichts mehr, man ist froh um jeden geretteten Teller und jeden Esslöffel, den man retten konnte. Aber glauben Sie mir, auch so ist es schlimm genug!«

Frau Köberle hatte sich wie Halt suchend an die Wand des Flurs gelehnt. Sie schien etwas verwirrt. Diese Reden hatten wirklich Eindruck auf sie gemacht. Aber sie hatte doch noch etwas zu sagen: »I hab nur g'hört, dass manche Städter die Nas hebet über uns, übers Klo draußé, über unsere schwere Arbeit, unsere Arbeitskleider, über alles ...« Sie stockte, und fügte dann hinzu. »Und mei Mann kann net mehr viel arbeite, er ist 1918, s' letzte Jahr vom Krieg, vor Verdun noch schwer verletzt worn!

Und unsere ältere Tochter ... I hab's au net leicht!« Sie putzte sich die Nase mit ihrer Schürze.

Utes Mutter wartete das Naseputzen ab und antwortete: »Ich verstehe Sie. Mein Mann war auch im Weltkrieg, 1918 ist er noch eingezogen worden und hat die letzten Monate noch mitmachen müssen. Und nun musste er wieder in den Krieg. Aber wir sind nicht so wie die, von denen Sie gehört haben. Es tut mir leid, dass wir Ihnen so viel Mühe machen! Wir sind gewohnt, bescheiden zu leben. Ich glaube, wir kommen gut miteinander aus, wenn jeder ein bisschen Rücksicht auf den anderen nimmt. Wir werden uns schon zusammenraufen, meinen Sie nicht?«

Frau Köberle fühlte sich nach alldem bemüßigt, in bestem Schwäbisch zu sagen: »Des mein i au!« (»Das meine ich auch!«) Sie lachten sich dann beide vorsichtig an. Daraufhin verschwand Frau Köberle und beratschlagte sich dann wohl mit ihrem Mann. Die ältere Tochter sah man fast nie, sie blieb immer in ihrem Zimmer. Es hieß, sie sei zurückgeblieben, »geistig nicht normal«, sie würde noch nicht einmal wissen, wann sie auf die Toilette gehen müsse.

Der invalide Herr Köberle, der nur noch seinen linken Arm hatte, entpuppte sich dann doch nicht als ganz so bärbeißig, wie sie zunächst angenommen hatten. Bald darauf stellte er den Einquartierten aus Ludwigshafen ein Stück Garten bei der Mühle zur Verfügung, in dem sie etwas für sich anpflanzen konnten, Gemüse, Obst, unter anderem auch Erdbeeren. Sie dachten darüber nach, sie wussten nicht genau, ob sie lange genug hierbleiben würden, um noch ernten zu können. Ihr tägliches Leben würde sich aber etwas verbessern, wenn sie irgendwann über das hinaus, was man für ihre schmale

Kasse und die Lebensmittelmarken bekam, noch zusätzlich über einige frische Lebensmittel verfügen könnten.

Ute hatte nach ihrem Schulabschluss 1944 ein »Pflichtjahr« machen müssen und hatte in einer Gärtnerei gearbeitet. Dort hatte sie einiges gelernt über Pflanzen und wusste nun mit Blumen, Obst und Gemüse einigermaßen umzugehen. Ihre Mutter hatte schon damals gesagt, als sie anfangs den Pflichtdienst in der Gärtnerei mürrisch antrat: »Es kann dir nichts schaden, wenn du die Gartenarbeit lernst. Wer weiß, wann du das mal gebrauchen kannst!« Es hatte wirklich nicht lange gedauert, bis sie ihr Wissen anwenden konnte, sie hatte sogar das Pflichtjahr gar nicht beenden können wegen der Evakuierung.

Eigentlich erinnerte sie sich ganz gern an ihre Arbeit in der Gärtnerei, zu der sie jeden Tag ein paar Kilometer hinlaufen musste auf der Allee in Richtung Oggersheim. Die Arbeit dort war körperlich anstrengend gewesen, abends war sie sehr müde und fiel ins Bett. Interessant war, dass in der Gärtnerei auch zwei Ausländer halfen, ein Mann aus Holland und einer aus Frankreich. Ob es arbeitsverpflichtete »Fremdarbeiter« waren oder normale Arbeiter, wusste sie nicht. Die beiden Männer wohnten im Haus des Gärtnereibesitzers. Bei Alarm waren alle von den Feldern oder den Gewächshäusern der Gärtnerei in den Bunker gerannt, der am Bahnhof Oggersheim stand.

Aber eine Geschichte war in diesem Bombenkrieg doch zum Schmunzeln gewesen: Hinter der Gärtnerei war ein kleines Wohnhaus, in dem eine Familie mit drei Kindern wohnte. Bei einem Angriff während ihrer Arbeitszeit in der Gärtnerei waren alle im Bunker gewesen und dann bei Entwarnung zurückgegangen, auch die Familie aus dem Haus. Als sie wieder zurück waren und im großen Gewächshaus weiterarbeiteten, hörten sie auf einmal lautes Hühnergegacker. Das hatten sie hier noch nie gehört. Der Holländer und Ute gingen neugierig dorthin, wo auf einmal Hühner sein sollten. Die Glasscheiben im hinteren Bereich waren ziemlich blind, es gab zur Zeit kein Glas zum Austauschen. Sie sahen, dass einige dieser Scheiben eingedrückt waren und man zu dem Haus dahinter sehen konnte. Direkt vor dem Haus war ein offensichtlich neuer Bombentrichter, in dem sich eifrige Hühner tummelten, pickten, Würmer aus der frisch aufgeworfenen Erde zogen, darum stritten und sich dabei offensichtlich äußerst wohlfühlten. Der Besitzer des Hauses, der auch eben erst aus dem Bunker zurückgekommen war, stand daneben und versuchte, die Tiere einzufangen und wieder in den Stall zu bringen. Als er die Zuschauer sah, stand er zunächst wie angewurzelt da, ging dann zu ihnen hin und sagte: »Ich halte nur ein paar Hühner für den Eigenbedarf, ihr verratet doch nichts?«

»Wat ist passiert?«, fragte der Holländer neben ihr, der Hendrik hieß.

»Die Bombe da«, der Mann wies auf den Bombentrichter, »hat unser Kellerfenster und den kleinen Verschlag davor zerstört. Da haben die Hühner dann ausbüxen können.«

Da verstand Ute erst: Der Mann hielt die Hühner schwarz! Er wohnte so verdeckt hinter der Gärtnerei, dass er hoffte, die Hühner in seinem Keller und in dem kleinen Freilauf davor würden nicht auffallen. Die Bombe hatte ihm einen Strich durch die Rechnung gemacht. Es herrschte Kriegswirtschaft, es war nicht erlaubt, ohne Genehmigung Vieh zu halten, auch keine Hühner. Alles musste den Ämtern gemeldet werden, damit alle Volksgenossen möglichst gleichmäßig versorgt werden konnten. Ute hatte sogar mal schon ein Buch gesehen, das den Titel trug: »Das Huhn in der Erzeugungsschlacht«. Damit war natürlich nur das erlaubte Huhn gemeint. Unerlaubte Hühnerhaltung war eine Straftat, wurde als Frevel gegen die Volksgemeinschaft angesehen! Die Hühnerhaltung hätte zumindest bei der Zuweisung der Lebensmittelkarten berücksichtigt werden müssen. Ute sah den Holländer an. Hendrik sah sie an und verstand auch. Mit seinem besonderen Deutsch und seinem merkwürdigen Akzent fragte er den Mann: »Haben die Huhne viele Eier?«

»Wollt ihr ein paar haben?«, fragte der Mann beflissen.

»Wir sagen niet nein!«, antwortete Hendrik und sah wieder Ute an. Ute wusste nicht, ob sie jetzt den Kopf schütteln oder nicken sollte, ihr war die Sache nicht geheuer. Würde sie ins Gefängnis geworfen werden, wenn es herauskommen würde, dass sie die »schwarzen Eier« angenommen hatte? Da war es schon zu spät: Der Mann war weg und brachte ihnen in Eierkartons je sechs Eier für jeden von ihnen beiden. Ute war so angetan von dieser Menge, dass sie nichts mehr sagte. Darüber würde man sich daheim wahnsinnig freuen, konnte sie nur denken.

Der »Eiermann« sagte noch beschwörend: »Es bleibt unter uns!?«, und das klang eher wie eine Feststellung, nicht wie eine Frage. Ute und Hendrik nickten und steckten die Eier ein. Sie wurden alle bald einem guten Zweck zugeführt, ihrem Hunger und dem ihrer Familie. Was Bomben alles bewirken können! Hier auch mal in ihrer Folgewirkung Positives, aber das ist eindeutig selten.

Das erinnerte sie wieder daran, wie herrlich es war, dass sie hier in Unterbalzheim nicht mehr in Angst vor Flugzeugen und Bomben leben musste. Hier kannte man keine Großangriffe, man sah nur manchmal, dass Bomberverbände am Himmel in andere Städte zogen, um dort Unheil anzurichten, nach Augsburg oder Ulm zum Beispiel, wenn es dort überhaupt noch etwas zum Zerstören gab. In Unterbalzheim lohnte es sich nicht, es war zu klein, um es zu bombardieren. Der Ort hatte zusammen mit Oberbalzheim nur ungefähr tausend Einwohner.

Aber von Tiefffliegern sprach man, vor denen die Bauern auf den Feldern Angst hatten. Man berichtete von englischen und amerikanischen Jagdflugzeugen, Jagdbomber oder kurz Jabos genannt, die auch auf einzelne Menschen auf der Straße und den Feldern Jagd machen würden.

Bei ihrem Aufenthalt dort lernte Ute auch, dass sie nah an einer »Grenze« wohnten: Balzheim lag in Württemberg, Altenstadt, die Bahnstation, lag in Bayern. Aber das kannte sie ja: Der Rhein zwischen Ludwigshafen und Mannheim war ja auch Grenze zwischen Baden und der bayerischen Pfalz, obwohl man jetzt auch sagte, dass die Pfalz zur Westmark gehörte. Es gab viele neue politische Begriffe, Ute kannte sich da nicht so aus und sie hatte andere Sorgen, als sich dies alles zu merken.

Außerdem hatte sie einen Jungen kennengelernt: Hansi.

Kapitel 6

Januar 1945

Als Ulrich wieder am Hauptbahnhof ankam, sah er sich skeptisch um. Man soll nicht glauben, dass in diesem kaputten Gebäude der Bahnbetrieb noch lief, dachte er. Aber doch war es so. Es gab noch Räume, die benutzbar waren, und es gab Menschen, die die Räume benutzten und hier den Betrieb trotz allem aufrechterhielten. Er fand jemanden, der Auskunft geben konnte. Es war ein großer uniformierter Eisenbahner, der sich wie der Bahnhofsvorsteher gebärdete und ihn gleich misstrauisch fragte, was er hier wolle. Ulrich hatte dann seinen Urlaubsschein vorgezeigt. Der Mann sah ihn kritisch an.

»Und was willst du in Ulm?«, fragte er.

»Meine Familie ist in die Nähe von Ulm evakuiert worden. Meine Mutter hat mir zu Hause eine Notiz hinterlassen, wo sie hinkommt. Ich will sie besuchen«, sagte er wahrheitsgemäß. Als er bei dem Beamten immer noch Zweifel spürte, setzte er hinzu: »Ich habe drei kleine Geschwister und meine Mutter ist herzkrank. Ich muss unbedingt dorthin und nach ihnen sehen. Mein Vater kämpft in Italien.«

Der Mann sah nun nicht mehr so misstrauisch aus. »Das ist die richtige Rasse!«, sagte er anerkennend. »Für die Familie einstehen, wenn sie es braucht, das tut ein echter deutscher Junge. Aber denke daran, auch Führer, Volk und Vaterland brauchen dich.«

»Selbstverständlich«, sagte Ulrich. »Daran denke ich anschließend.« Als er das gesagt hatte, hatte er Angst, es würde zu ironisch klingen, aber der Beamte warf ihm nur einen kurzen Blick zu und war anschließend sehr auskunftswillig. Er stellte sich als sehr kompetent heraus und sagte ihm, er müsse über Heilbronn und Stuttgart nach Ulm fahren. Den Ort Balzheim kannte er nicht, aber ein Blick in den Netzplan der Reichsbahn zeigte ihm, dass die Orte Illertissen und Altenstadt Bahnstationen waren. Das reichte vorläufig, da wollte er hin, überlegte sich Ulrich, der Rest würde sich finden. Der Beamte sagte ihm auch, dass er Glück habe und voraussichtlich in einer halben Stunde ein Zug in diese Richtung abfahren würde. Er könne es leider nicht genau sagen und entschuldigte sich fast dafür. »Die Verhältnisse sind halt so«, sagte er bedauernd. »Aber nach dem Endsieg werden wir wieder pünktlich!«, versprach er. Offensichtlich war er auch ein Eisenbahner durch und durch. Ulrich dankte dem Beamten und verschwand.

Er hatte kein Geld für eine Fahrkarte, aber er hielt dies nicht für ein großes Problem. Es gab zwar noch Sperren vor den Bahnsteigen des Hauptbahnhofs in Ludwigshafen, aber der Krieg und seine Wirren hatten den Bahnhof offen für fast jeden gemacht, der mitfahren wollte. Der Ludwigshafener Hauptbahnhof war ein Sackbahnhof, die Gleise endeten an der Straße vor dem Winterhafen, hinter dem Hafen floss der Rhein. Als Ulrich von dieser Seite herkam, er hatte die Bahnhofsruine halb umrundet, war es leicht, zu den Zügen zu kommen, die Absperrungen und Zäune der Gleisanlagen waren stark beschädigt. In den Zügen gab es kaum Kontrollen mehr.

Es blies gerade ein eiskalter Ostwind vom Rhein her, Ulrich duckte sich unter dem Wind zusammen, leider gab es keine Deckung. Auf dem Bahnsteig 5 warteten Leute, die vorderen Gleise waren zur Zeit nicht benutzbar, Trümmer des Bahnhofsgebäudes waren von den Sprengbomben darauf verteilt worden. Er sah eine Reihe von Familien, die wohl auch evakuiert werden sollten, junge und ältere Frauen mit ihren Kindern, große, kleine, in Kinderwagen, in Kissen, Decken, und alte Leute, die mühsam ihre Sachen schleppten, Koffer, Kisten, in Laken eingewickelte Kissen, sogar Deckbetten, ein paar Leiterwagen standen daneben, die der Beförderung der Habseligkeiten hierher gedient hatten. Frierend und bibbernd standen sie da, ebenso einige Soldaten in ihren feldgrauen langen Mänteln. Wenn man näher kam, sah man bei einigen Verwundungen, manche hatten nur ein Bein, manche nur einen Arm. Die haben den beliebten Heimatschuss gekriegt, dachte Ulrich, allerdings ein Andenken, an dem sie ihr Leben lang leiden. Trotzdem sind das leichtere Kriegsfolgen, es gibt schlimmere, immerhin leben sie noch.

Der Zug kam, er hatte nur eine halbe Stunde Verspätung. Es war ein Zug, der nur aus wenigen Personenwagen bestand, alles Holzklasse. Es gab viele Güterwagen, die zum großen Teil verschlossen und beladen waren. Die Personenwagen waren sofort besetzt, die Familien mit kleinen Kindern und die Alten durften nach den Anweisungen des Zugführers zuerst hinein. Irgendwann ging es nicht weiter, obwohl noch Reisende auf dem Bahnsteig standen. Von außen sah es nun so aus, als sei der Zug schon überbesetzt. Die Leute standen auf den Gängen bis zur Plattform vor den Türen. Der Beamte drückte an der Wagentür die Leute hinein und rief: »Bitte aufrücken, bitte zusammenrücken«, worauf drin eine kleine Bewegung entstand und es wieder für ein paar Leute Platz gab. Am Schluss konnte sich auch noch Ulrich im Pulk zusammen mit einer Familie mit halbwüchsigen Kindern hineinschmuggeln.

Die Türen wurden geschlossen, der Zug fuhr ab, er hatte inzwischen eine Stunde Verspätung. Beim Anfahren gab es einen plötzlichen Ruck. »Umfallen können wir hier nicht«, stellte ein Spaßvogel laut fest.

Nach weiteren Zustiegen von Leuten in Mannheim und Heidelberg war jeder erstaunt, wie flexibel Menschenkörper waren und wie eng sie zusammengepresst werden konnten. Irgendwann hatte man sich in den Wagen ein bisschen eingerichtet, die Koffer und alle möglichen mitgebrachten Sachen waren verstaut worden. So konnte man immer weiter nachrücken und alle fanden ihren mehr oder weniger bequemen Platz für die Reise.

Ulrich hatte sich zunächst damit abgefunden gehabt, auf der Plattform bleiben zu müssen, und er hatte sich einen Platz auf dem Boden gesichert, wo er sich mit dem Rücken an die Wand zu den Abteilen lehnen konnte. Es war kalt und zugig hier draußen. Da bekam die Familie mit den halbwüchsigen Kindern auf einmal die Aufforderung eines Soldaten, in das Abteil zu gehen, es sei noch Platz darin. »Für dich reicht es auch noch«, sagte der Soldat zu ihm, als er zögerte. Wurde er zu der Familie gezählt?, fragte sich Ulrich. Auf jeden Fall drängte er sich mit hinein, es war dort deutlich wärmer. Es zog nicht an allen Ecken und Enden und man saß so eng beieinander, dass man sich gegenseitig zwangsläufig wärmen musste. Auf den Zweierplätzen drückten sich meistens drei Leute zusammen.

Die Mutter der Familie hatte sich neben ihm niedergelassen, auf seiner anderen Seite der Sohn, der vielleicht zwölf oder dreizehn Jahre alt war, gegenüber eine dicke, gut angezogene Sechzigerin, offensichtlich die Großmutter, die Mutter der Mutter, wie er aus dem Gespräch der Familie mithören konnte. Neben der Großmutter hatte nur noch die blonde Tochter Platz, die etwas älter war als ihr Bruder und ihn anfangs von oben bis unten gemustert hatte. Sie war schon ziemlich gut entwickelt, konstatierte Ulrich fachmännisch. Er zeigte ihr sein sehr intensives Desinteresse, und sie warf ihm ab und zu strenge Blicke zu. Im Gang war alles voll mit Ballen, Kisten, Kartons und Koffern, in den Gepäckträgern war es genauso, auch ein kleines Kind lag in einem Kissen da oben und schlief. Ein paar Soldaten saßen über dem Mittelgang gegenüber, davon einer, der beim Einsteigen stark gehinkt hatte.

»Wenn Sie zusammensitzen wollen ...«, bot Ulrich an, als er merkte, wie das Gespräch der Familie an ihm vorbei und über ihn hinweg ging.

»Ja, vielen Dank«, sagte die Mutter neben ihm. Damit kam eine große personelle Umsetzung innerhalb der Familie in Gang: Die eine Person wollte nicht gegen die Fahrtrichtung sitzen, die andere Person wollte am Fenster sitzen, auch der unterschiedliche Umfang der Beteiligten wurde berücksichtigt. Am Schluss saß Ulrich neben der Tochter, neben ihr am Fenster der Sohn, gegenüber Mutter und Großmutter.

Als alle saßen, wandte sich die Mutter an ihn und fragte: »Wohin willst denn du, wenn ich fragen darf? Oder muss ich schon Sie sagen?«

»Sie dürfen noch Du sagen«, antwortete Ulrich großzügig, schon die Frage war für ihn die Anerkennung seines Alters und seiner Größe, und er erzählte ihr, dass er zu seiner in Schwaben evakuierten Familie fahre, in die Nähe von Ulm.

Die Tochter sah ihre Mutter an und die sagte: »In die Nähe von Ulm sollen wir auch kommen, bei Illertissen, auch im Schwäbischen.«

Alle in der Nähe hörten natürlich zu. Einer der Soldaten, es war der hinkende, fing an zu singen: »Auf der schwäbschen Eisenbahne wollt emol ein Bäuerle fahre, geht an Schalter, lupft sei Hut, a Billettle sinds so gut, trulla trulla trulala ...« Alles lachte und einige sangen mit und gegen das Rattern der Räder unter ihnen und die Umstände um sie herum an. Mehrere Strophen lang ging alles gut, aber dann kämpften alle mit dem Text und schließlich wusste keiner mehr weiter. Aber alle lachten.

»Ja, so wird uns warm«, sagte die Großmutter. Ulrich sah die Tochter neben sich an, sie hatte ein schönes Lachen und sah nun nicht mehr so streng aus. »Obwohl ich den Schluss des Lieds ganz schrecklich finde! Die arme Ziege!«, sagte sie, als wenn sie sich für ihr Lachen entschuldigen wolle.

»Was haben Sie denn da am Bein?«, fragte die Großmutter den Hinkenden, als der Mann an seinem Bein rieb und in der plötzlichen Stille etwas Verlegenheit entstand.

»Mein Bein tut mir weh, da, wo gar kein Bein mehr ist. Phantomschmerzen nennt das der Doktor. Ich habe nämlich etwas verloren!«, antwortete der Mann, den offensichtlich nichts mehr erschüttern konnte. »Mein Unterschenkel samt Fuß liegt noch in der Kalkgrube des Lazaretts in Stalingrad, wenn es die Kalkgrube und das Lazarett überhaupt noch gibt. Also habe ich eine Unterschenkelprothese spendiert gekriegt!«

»Der Krieg ist schlimm«, sagte die Großmutter.

»Ja, aber ich habe noch Glück gehabt! Ich war einer der letzten Verwundeten, die noch aus dem Kessel herausgeflogen worden sind. Wenn ich nicht verwundet worden wäre, wäre ich jetzt entweder tot oder in Sibirien. Was will man mehr?« Der Mann lachte, aber es klang jetzt etwas gezwungen.

»Wenn es notwendig ist für Volk und Vaterland, dann muss man alles hergeben, auch sein Leben«, sagte ein anderer Soldat. Er hatte den Arm in Gips.

Der Hinkende sah ihn an und ergänzte: »Und jetzt reise ich nach Heilbronn. Dort darf ich bei der Luftabwehr mithelfen und Kinder bei der Flak anleiten.«

»Ich habe den Marschbefehl an die Ostfront. Wenn ich dort bin, ist mein Arm wieder in Ordnung und ich kann mithelfen, die Russen zurückzutreiben in ihre Steppe!«, sagte der Mann mit dem Gips.

»An die Ostfront? Da müssen Sie ja gar nicht mehr so weit fahren! Hoffentlich kommen Sie nicht zu spät!«, sagte der hinkende Soldat.

»Was reden Sie da? Haben Sie irgendwelche Zweifel an unserem Sieg, Kamerad?«, fragte der andere Mann.

»Nun, bei Stalingrad hat es angefangen. Da waren uns die Russen überlegen! Die 6. Armee hat kapituliert«, sagte der Hinkende.

»Das wird nicht wieder vorkommen, Obergefreiter. Es lag an der Führung!« sagte der Mann mit dem Gips.

»Und heute sind die Russen vielleicht schon in Ostpreußen. Man erfährt offiziell so wenig Genaues. Ja, es liegt immer am Führer, Herr Oberfeldwebel!«, sagte der Hinkende, öffnete seinen Mantel und holte Tabak aus der Brusttasche seiner Uniformjacke, er wollte sich eine Zigarette drehen. Auf seiner Jacke leuchtete ein Band und es blinkte silbern.

Alles war erstarrt bei dieser Anspielung auf den Führer und wartete auf die Reaktion des Oberfeldwebels, der offensichtlich linientreu war. Aber der hatte genau hingesehen: »Sie haben das Eiserne Kreuz und das Silberne Verwundetenabzeichen, Kamerad?«

Der hinkende Mann nickte: »Das Eiserne Kreuz ist zwar nur Zweiter Klasse, aber es schützt mich!«, sagte er.

Der Mann mit dem Gips beschloss daraufhin wohl, in Anerkennung dieser Auszeichnungen die Wortspiele des »Kameraden« zu überhören oder nicht zu verstehen, er sah an die Decke des Wagens und sagte nichts mehr.

Die Großmutter war offensichtlich dafür, dass das Gespräch auf etwas anderes gelenkt wurde. »Ich bin so froh, dass wir endlich aus der Stadt hinauskommen, weg von den Bomben und ..., und von allem«, beendet sie abrupt und sah ihre Tochter bedeutungsvoll an, die betrübt nickte. »Bisher hat es gut geklappt. Hoffentlich werden wir auch gut untergebracht. Es ist ja doch ein bisschen ein Abenteuer, wenn wir da zu den Bauern kommen!«

Es entspann sich nun eine rege Unterhaltung über die Unterschiede zwischen Stadt und Land, die dann in eine vorsichtige Diskussion über die Versorgungslage mündete.

»Immerhin«, sagte die Großmutter, »ist die Versorgung besser als im Weltkrieg 14/18, den habe ich als junge Frau miterlebt. Da hatten wir am Schluss fast nichts mehr zu essen. Man ernährte sich ab 1916 vor allem von Steckrüben, es gab«, die Großmutter zählte an den Fingern auf, »Steckrübensuppe, Steckrübenauflauf, Steckrübenkoteletts, Steckrübenpudding, Steckrübenmarmelade und Steckrübenbrot. Manche haben die Steckrüben auch ›Hindenburg-Knolle‹ genannt, aber ich glaube, der Hindenburg hat als Oberbefehlshaber im Krieg was Besseres zu essen gekriegt. Und später als Reichspräsident sowieso! Ja, da geht's uns ja jetzt noch gold!« Sie lachte spöttisch und kam immer weiter in Fahrt. »Wenn nur diese Fliegerangriffe nicht wären! Wie war das mit unserem Göring und seiner Luftwaffe? Was hat er am Anfang des Krieges gesagt? Wenn auch nur ein feindliches Flugzeug das Reich angreifen kann, will ich Meier heißen! Ja ja, Reichsmarschall Meier, da hast du dich verkalkuliert!«

Die Leute lachten vorsichtig und sahen zu dem Oberfeldwebel mit dem Gips hin, der nach einem gewissen Zögern mitlachte.

Da setzte die Großmutter noch einen drauf: »Wie ist das bei Göring-Meier: Links Lametta, rechts Lametta, und der Bauch wird immer fetter!«

Alles lachte, nur der Oberfeldwebel nicht, er wusste wohl noch nicht so genau, wie er auf diese Ehrenrührigkeit, aber offensichtliche Wahrheit reagieren sollte. Da meldete sich ihr Enkel, der zwölf- oder dreizehnjährige Junge: »Oma, mein Lehrer hat gesagt, über unsere Führer sollte man keine Witze machen!«

»Bernhard, was wahr ist, muss wahr bleiben. Nach allem, was wir mitgemacht haben! Das solltest du dir merken!«, fertigte ihn die Großmutter ab.

»Und außerdem habe ich Hunger«, sagte der Jüngling. Die Zuschauer grinsten. »Mama«, griff nun die Mutter des Jungen ein, »ich glaube, wir haben alle ein bisschen Hunger. Kannst du mal ...«

»Natürlich, Kind«, sagte die Großmutter, zog den großen Rucksack unter ihrer Bank vor und packte aus.

Da hörte man von der Lokomotive her einen durchdringenden Pfiff, der Zug bremste ganz plötzlich und sehr stark, alles fiel durcheinander, Männer im Wagen brüllten Unverständliches, Frauen schrien, Kinder fingen an zu weinen.

»Hat da ein Idiot die Notbremse gezogen?«, hörte man die Großmutter in das Chaos hinein fragen.

Da krachte es auch schon vorne in Richtung der Spitze des Zuges.

»Nein«, schrie der Oberfeldwebel, »Jabos! Feindlicher Fliegerangriff! Raus hier! In Deckung!«

Sie waren kurz vor Heilbronn.

Kapitel 7

Januar 1945

Hansi war ein großer blonder Junge, der zunächst ab und zu am Zaun ihres Gartens vorbeischlich. Es war sicher Zufall, dass das nur passierte, wenn Ute darin zu sehen war. Wenn ihre Mutter dazukam oder jemand von den Köberles, war er auf einmal weg.

Ute hatte ihn schon mal an der Mühle gesehen und beachtete ihn nicht, sie musste doch arbeiten und ihrer Mutter helfen, damit sie die schwere Zeit einigermaßen gut überstanden. Da hatte sie keine Zeit zu sehen, dass er kräftig war und eine gute Figur hatte. Und auch herrlich gewelltes blondes Haar, sodass man Lust hatte, mit der Hand hineinzufahren. Sie hatte wirklich anderes zu tun, seine Anwesenheit machte sie nur nervös.

Eines Tages arbeitete sie morgens nah am Zaun. Sie hängte die Wäsche auf, da es zur Zeit schönes Wetter war, der Schnee war in Sonnenlagen schon ziemlich weggetaut. Es war mühsam, alle Sachen von Köberles und ihrer Familie im Haus zu trocknen, allein schon die vielen Windeln für den kleinen Horst. Da war das Trocknen mancher Wäschestücke im Freien besser, wenn es auch in dieser Jahreszeit länger dauerte. Die Familie Köberle hatte ihnen ein Seil zur Verfügung gestellt.

Vorher hatte sie Horsts Windeln gespült, im »Bächle«, wie die Einheimischen das Bächlein nannten, das gegenüber auf der anderen Seite der Straße vorbeigluckerte. Wenn sie aus der Haustür hinausging, konnte sie das Bächlein nach wenigen Metern erreichen. Auf dem kleinen Steg, der darüber führte, kniete sie sich hin und konnte die Windeln in dem rasch fließenden Wasser auswaschen. Das genügte, wenn Horst nur hineingepinkelt hatte, bei größeren Geschäften war eine Vorbehandlung vor der Heißwäsche auf dem Ofen in der Stube notwendig. Das Spülen im Bach war praktisch, allerdings bekam man zur Zeit richtige Eisfinger, wenn man die Hände in das kalte Wasser tauchte.

Ute hatte gerade eine Wäscheklammer im Mund, um die Hände für das Anklammern freizuhaben, da tauchte Hansi auf und sagte auf einmal hastig: »Grüß Gott! Ich weiß einen schönen Platz, wo man Schlitten fahren kann.«

Sie nahm die Wäscheklammer aus dem Mund und antwortete höflich: »Grüß Gott!« Diese Begrüßung war hier üblich und ihre Familie wollte sich anpassen, sodass sich alle es auch angewöhnt hatten und nicht mehr »Guten Tag« sagten. Inzwischen hatten sie sich auch etwas an den Dialekt hier gewöhnt und verstanden meist, was gesagt wurde. »Ich habe keinen Schlitten«, sagte Ute.

»Aber ich habe einen, der ist groß genug für zwei«, entgegnete der Junge und fügte dann schnell hinzu: »Ich würde dich damit auch allein fahren lassen, wenn du willst!« Dann fügte er noch hinzu. »Und kannst!«

»Natürlich kann ich das«, sagte Ute. Wie diese Burschen immer so großkotzig tun, dachte sie und überlegte: will ich und vor allem, darf ich?

»Willst du mal deine Mutter fragen, ob du mit mir gehen darfst?«, fragte er, als Ute noch über sein großzügiges Angebot nachdachte. Kann er Gedanken lesen? Seine Einladung lockte sie und sie wollte annehmen. Aber was wird Mama dazu sagen? Sie kann ganz schön streng sein! Ob sie es erlaubt? Ich bin doch schon fünfzehn Jahre alt, da braucht sie doch nicht immer auf mich aufzupassen, dachte sie.

»Kannst ja mal die Liesel fragen, ob die auch mitgeht!«, sagte der Junge. Ute sah auf. Mit Liesel war Anneliese gemeint, die eine Tochter der Köberles. Sie war nur ein wenig älter als Ute und mit ihr verstand sie sich gut. Außerdem: Ihr Mitgehen würde ein schlagendes Argument gegenüber ihrer Mutter sein.

»Ich frage Liesel und meine Mutter«, meinte sie.

»Ich arbeite in der Mühle«, sagte er, »die ist gleich da drüben.« Er wies mit dem Finger auf das große Haus schräg gegenüber, vor dem ein Fuhrwerk mit Säcken stand. »Ich helfe der Müllerin, weil ihr Mann nicht da ist. Sie ist meine Tante. Heute um vier bin ich da und hole dich ab«, sagte er erfreut, als wenn schon alles klar wäre, und fügte hinzu: »Ich heiße Hansi, und du?« Er hatte einen hellen Teint, der sich jetzt merkwürdigerweise ins Rote verfärbte.

»Ich heiße Ute«, antwortete sie und wurde auch rot.

»Jetzt muss ich als Erstes das Mehl zur Bahnlinie bringen«, verkündete er, hob die Hand zum Abschied und ging zu dem Fuhrwerk. Als er auf dem Kutschbock saß, hob er grüßend die Peitsche und fuhr dann unter »Hü« mit den zwei Pferden ab. Auf dem Fuhrwerk gab er sich richtig erwachsen und wie ein herrschaftlicher Kutscher, der schon sein ganzes Leben lang mit Pferden umzugehen gelernt hatte. Es wirkte auf Ute etwas großsprecherisch, aber sie war nicht unbeeindruckt.

Auf dem Weg zu ihrer Stube traf sie Liesel. Die war begeistert, als sie vom Schlittenfahren hörte und sagte freudig: »Ja, gern! Wir haben auch einen kleinen Schlitten. Kommt Berti auch mit?« Sie vergötterte Utes kleinen Bruder und nannte ihn immer wieder ein »süßes Büble«. »Möglich«, sagte Ute vorsichtig.

Später fragte sie ihre Mutter und vergaß auch nicht zu sagen, dass Liesel mitgehen würde. Ihre Mutter sah sie nachdenklich an. Ute war ein hübsches Mädchen, groß und schlank, um nicht zu sagen mager, aber es war nicht zu übersehen, dass sie eine hübsche Frau zu werden versprach.

»Wer ist dieser Hansi?«, fragte ihre Mutter.

»Es ist der Neffe der Müllerin, der hilft dort, weil der Müller nicht da ist«, erklärte Ute.

»Der Neffe der Müllerin? Wie sieht er aus? Wie alt ist er?«

»Er ist ein bisschen größer als ich und ist vielleicht ein bisschen älter als ich, er hat blonde gewellte Haare«, gab Ute tapfer weiter Auskunft. Sie gab so langsam alle Hoffnung auf.

Ihre Mutter lächelte. »Blonde gewellte Haare und etwa so alt wie du? Den habe ich schon gesehen, als ich mal in der Mühle war! Na ja! Aber er hat höflich gegrüßt!« Ute wartete. Um ihrer Mutter die Entscheidung zu erleichtern, bot sie großzügig an: »Ich kann auch Berti mitnehmen!« Ute war eingefallen, dass das so schlimm gar nicht wäre: Liesel war dabei, die würde gern auf ihn aufpassen. Da meldete sich ihr siebenjähriger Bruder

Herbert, von allen Berti genannt, der am Tisch etwas malte, aber gut zugehört hatte: »Darf ich mit Schlitten fahren, Mama, bitte, bitte!«

Schließlich sagte ihre Mutter zu Ute: »Du hast ja auch mal ein bisschen Abwechslung verdient! Und Berti freut sich so darauf. Du kannst gehen, wenn du nicht zu lange bleibst und gleich kommst, wenn es dunkel wird.« Ute freute sich, das war ja schon mal etwas.

Nachmittags gingen sie dann zum Schlittenfahren. Hansi führte sie zu einem weiten Hügel nah am Wald, wo eine breite, nach Norden stark abschüssige Weide als Abfahrt zur Verfügung stand. Die Sonne hatte dort wenig Chancen, deshalb lag noch ausreichend viel Schnee zum Schlittenfahren.

Hansi bemühte sich sehr um Ute, aber auch um den kleinen Berti. Sie hatten viel Spaß beim Schlittenfahren und Ute freute sich, aus dem täglichen Einerlei herauszukommen.

Ob Mama jetzt allein das Holz für den Ofen hackt?, fragte sie sich zwischendurch, und bekam ein bisschen ein schlechtes Gewissen. Sie hatten Holz für ihren Ofen zur Verfügung gestellt bekommen, das in einer Bretterbude neben dem Klohäuschen gelagert war. Es waren große Holzstücke dabei, Baumstämme und Äste, die noch gesägt und gespaltet werden mussten, bevor sie in den Ofen in ihrer Stube passten. Das alles mussten sie beide, Ute und ihre Mutter, machen, eigentlich Männerarbeit, aber es war keiner da. Sie verdrängte den Gedanken schnell wieder und setzte sich hinter Hansi auf den Schlitten, um mit Juchhu den Hügel hinunterzusausen.

Natürlich waren sie nicht allein, einige andere Dorfjungen rasten auch mit ihren Schlitten immer wieder den Hügel hinunter. Das schöne Wetter, abseits des schattigen Hangs strahlte die Sonne über das Land, hatte einige Mädchen und Jungen angelockt. Einige der Schlitten sahen wirklich uralt aus, auch der von Hansi war alt, aber stabil, er hatte vorne rund umgebogene große Kufen.

Als sie unten ankamen, sah Ute ein etwa gleichaltriges Mädchen mit dunklen Haaren stehen, das eben auch heruntergefahren war und zu ihnen herüberblickte. Da kam ein etwa 13-jähriger Junge auf dieses Mädchen zu, seinen Schlitten hinter sich an einem Strick ziehend. Er war mit ihnen heruntergerast, hatte vorhin Hansi zugenickt und Ute eingehend betrachtet. Er stellte sich vor dem Mädchen auf und sagte: »Seit wann dürfen denn hier Saras Schlitten fahren?«

»Ich bin keine Sara, ich heiße Hedwig!«, antwortete das Mädchen und schaute den Jungen böse an.

»Alle Judenmädchen heißen Sara!«, blökte der Junge.

Da schrie das Mädchen ihn an: »Ich bin kein Judenmädchen, ich bin deutsch!« Sie machte einen Schritt auf den Jungen zu, sie waren beide gleich groß. Der Junge zuckte zurück.

Ute sah klopfenden Herzens zu. Sie wusste, dass alle Juden, die nicht einen als typisch jüdisch geltenden Vornamen hatten, seit 1938 einen zweiten Vornamen tragen mussten: Frauen den Zweitnamen Sara, Männer den Zweitnamen Israel. Auch der bisherige Familienname konnte geändert werden. Seit 1941 mussten auch alle Juden nach dem sechsten Lebensjahr einen Judenstern an ihrer Kleidung tragen. Aber das Mädchen trug keinen Stern an ihrem schwarzen Mantel.

Hansi sagte zu dem Jungen: »Lass doch Hedwig in Ruhe, Karle.«

Dieser trotzte: »Guck doch mal, wie sie aussieht!«

»Lass ihn ruhig emol schwätze!«, sagte das Mädchen zu Hansi. Sie hatte dunkles Haar und sah zusammen mit ihrer gebogenen Nase so aus, wie viele sich eine junge Jüdin vorstellten. Ute blickte sie betroffen an, sie fand sich selbst äußerlich nicht sehr verschieden von diesem Mädchen, das da so angefeindet wurde. Ihr kam eine unangenehme Erinnerung.

»Und ihre Familie hat immer mit dem Viehjuden verkehrt«, setzte Karle noch einen drauf.

»Na und?«, sagte das Mädchen gefährlich ruhig.

»Da hat doch bestimmt ein Jude bei dir mitgemischt!«, bohrte Karle gehässig weiter.

Da schlug das Mädchen endlich zurück, und sie konnte es: »Du reigschmeckter Granatedackel, halt endlich die Gosch! Guck dich doch selber o, wie du aussiehsch. Schon wie du glotzscht, do g'hört ma doch eing'sperrt!«, schimpfte das Mädchen. Karle sprach kein reines Schwäbisch und er hatte etwas vorstehende Augen, richtige Glupschaugen, darauf hatte das Mädchen gezielt. Und sie hatte getroffen, Karle wirkte angeschlagen und war stumm geworden. Einige Kinder in der Nähe lachten, auch Ute und Hansi grinsten. Hedwig drehte sich um, zog ihren Schlitten zu sich her und ging ungerührt wieder den Hang hoch für eine neue Tour.

»Du bist ein Saukerle, Karle!«, sagte Hansi. »Na, die Hedwig hat dir's ja gegeben!«

»Die wird sich noch wundern!«, sagte Karle, der aber nicht recht zufrieden aussah. »Und wer bist du?« Er äugte zu Ute, die ihn böse ansah und ihm keine Antwort gab.

»Verschwind', Karle«, bestimmte Hansi, der den Blick von Ute gesehen hatte, »du störst!«

»Ach, ich weiß, sie ist evakuiert. Wer weiß, wo die herkommt!«, sagte Karle.

Ehe Ute etwas sagen konnte, machte Hansi einen Schritt vorwärts und gab dem Jungen einen heftigen Stoß vor die Brust. »Halt jetzt endlich dei Maul, Karle«, knurrte er.

Der Junge wich zurück, blitzte Hansi an, wagte aber nicht zurückzuschlagen. Nachdem er Ute noch einen wütenden Blick zugeworfen hatte, ging er weg.

»Danke«, sagte Ute und fügte hinzu, sie wusste selbst nicht genau warum: »Mein Vater hat einen Ahnenpass machen lassen.« Wollte sie etwas klarstellen, was gar nicht in Frage gestellt worden war? Jedenfalls, dieser »Ahnenpass« ging bis in den Anfang des 18. Jahrhundert zurück und wies eindeutig nach, dass es keine jüdischen Vorfahren in der Familie gab.

»Ah ja«, nickte Hansi. Der kleine Berti kam hergelaufen, hinter ihm Liesel. Er hatte mit ihr eine kleine Schneeballschlacht gemacht.

»Was ist los?«, fragte Berti, der den kleinen Vorfall beobachtet hatte.

»Nichts«, sagte Ute, »nur dass dieser Bub böse ist.«

»Na, Hansi hat ihm ja Bescheid gestoßen!«, stellte Berti fest und sah Hansi bewundernd an. »Wenn ich größer bin, werde ich das auch machen!«, setzte er altklug hinzu.

Die Großen lachten, aber sie brauchten eine Weile, bis sich ihre gute Stimmung wieder einstellte. Langsam trotteten sie hoch zur Abfahrtsstelle. Nachdem ohnehin die Sonne schon tief im Westen stand, lange Schatten warf und in Kürze hinter dem Wald untergehen würde, wollten sie noch eine letzte Fahrt machen, in der sie ausprobieren wollten, wie viele Personen der Schlitten Hansis aufnehmen konnte: Liesel nahm Berti auf den Schoß, dahinter Hansi, der zu steuern versuchte, und hinter ihm Ute, die sich an Hansi klammerte. Nun kam doch wieder Stimmung auf. Unter viel Geschrei und Kreischen kamen sie gut unten an, bis sie an einer Schneewehe umkippten und in den Schnee fielen. Sie lachten und klopften sich ab, waren nun aber doch überall feucht geworden. Die Nässe fing bei den Schuhen und Strümpfen an, reichte über die Strickhandschuhe, Stoffmäntel und Jacken bis hin zu den Schals um den Hals und den Kappen und Tüchern auf dem Kopf und ließ sie frösteln. Ute beschloss, dass sie nun heimgehen sollten.

»Gilt eigentlich dieser Ahnenpass deines Vaters auch für dich?«, fragte Hansi, der den Schlitten oft tragen musste, weil der Schnee überall geschmolzen war. Der Vorfall mit Karle und Hedwig musste ihn beschäftigen, merkte Ute.

»Der Ahnenpass ist für meinen ältesten Bruder ausgestellt worden. Da wir dieselben Eltern haben, gilt er natürlich auch für mich«, belehrte ihn Ute spitz.

»Ach so«, sagte Hansi und stellte fest: » Bei uns gibt's keine Juden mehr!«

»Auch den Viehjuden nicht?«, fragte Liesel.

»Nein, der Hirsch ist ausgewandert, sagt man«, antwortete Hansi. »Jedenfalls war er auf einmal nicht mehr da! Mein Vater hat gesagt, der hat wirklich Ahnung vom Vieh gehabt! Und man hat immer mit ihm handeln müssen, das hat er gern gehabt. Er hat immer gesagt: Ich tu's Ihnen geben, auch wenn ich mach' Verlust, weil Sie's sind. Aber der hat keinen Verlust bei keinem Geschäft gemacht. Obwohl, reich war er wohl nicht. Wie der gewohnt hat! Ihm hat man immer nachgerufen: Hirsch heißt mein Vater, Hirsch heißt mein Vater. Sag das mal schnell hintereinander!«, forderte er Ute auf.

Ute tat es und hörte sofort auf. Das war ihr zu unanständig. Sie sah Hansi an, der rot wurde und wegsah. Schweigend trotteten sie dem Dorf entgegen.

Als Ute und Berti kurz vor ihrer Wohnung im Dorf angekommen waren, blieben alle stehen.

»Das war schön! Morgen will ich wieder Schlitten fahren«, rief Berti.

»Hat dir es auch gefallen, Ute?«, fragte Hansi. Ute fiel auf, dass er sie zum ersten Mal mit ihrem Vornamen ansprach.

»Natürlich!«, gab Berti für Ute die Antwort.

»Natürlich!«, sagte Ute lachend und alle lachten mit.

»Gehen wir jetzt morgen wieder, Hansi?«, fragte Berti voller Hoffnung.

»Wenn ihr wollt und wenn ich kann, gerne. Wir haben ja seit einiger Zeit eine Hilfe, eine Ostarbeiterin, die Milli, sie ist ganz anstellig, nur spricht sie so schlecht deutsch«, antwortete Hansi, und sie verabschiedeten sich voneinander. Liesel gab dem kleinen Berti einen Kuss und sagte: »Du bist so süß«, was dieser im Hinblick auf das morgige Schlittenfahren gottergeben hinnahm. Er rieb sich den Kuss an seiner linken Wange aber später eifrig weg.

Als sie daheim waren, berichtete Berti ihrer Mutter begeistert vom Schlittenfahren. Ihre Mutter fragte sie später, als Berti schlief, wie es so gelaufen sei. Ute bestätigte, dass es wirklich schön gewesen sei, mit der Ausnahme des Zwischenfalls mit diesem Karle und der Hedwig. Ihre Mutter sah sie aufmerksam an und sagte: »Ich weiß, an was du denkst! Mach dir nichts draus. Es gibt halt dumme und rücksichtslose Menschen. Leider! Und leider überall!«

Am nächsten Tag wurden Ute und ihre Mutter zur Müllerin in die Mühle gegenüber gerufen.

Kapitel 8

Januar 1945

Draußen krachte, knallte und schepperte es. Dazu quietschte es ohrenbetäubend, als der Zug bremste. Bevor er ganz zum Stehen gekommen war, waren die Türen des Wagens schon geöffnet worden und einige Männer waren abgesprungen. Ulrich hörte Flugzeuggeräusche und auch Schüsse, aber Genaueres war schlecht zu erkennen in diesem Krach um ihn herum. Es herrschte ein allgemeines Tohuwabohu, ein Getümmel von Körpern, die zum Ausgang drängten, begleitet von Flüchen der Männer, von ängstlichen Rufen der Frauen und dem Weinen von Kindern, die nicht wussten, wie ihnen geschah. Die Männer, die schon draußen waren, hatten sich ziemlich brutal zur Tür durchgeschoben.

Ulrich stemmte sich gegen einige Nachdrängende. »Frauen und Kinder zuerst, so haben wir es gelernt, Männer!«, rief er und kam sich sehr erwachsen vor. Er war froh, dass seine Stimme schon seit einiger Zeit männlich tief klang. »Los, raus mit euch!«, sagte er zu den Frauen neben ihm und schob sie zusammen mit dem Jungen zur Wagentür, in der gerade ein Mann absprang und wegrannte.

»Du auch!«, sagte das Mädchen neben ihm und zog ihn am Arm mit. Das schmeichelte Ulrich, er bremste sie vor der Tür, stieg zuerst aus und half ihr, auf den Schotter des Gleisbetts hinabzusteigen. Die Mutter des Mädchens hatte gerade ihrer Mutter beim Absteigen geholfen und rannte nun mit ihr und ihrem Jungen vom Zug weg, immer wieder in den Himmel sehend, der so schön blau und doch so gefährlich war. Dabei schaute sie sich auch immer wieder nach ihrer Tochter um. »Ich kümmere mich um sie!«, rief Ulrich ihr nach, aber er war nicht sicher, ob sie es in dem Tumult um sie herum gehört hatte. Die Mutter blieb stehen, da nahm der Junge ihre Hand und zog sie weiter. Sie zögerte, sah dann wohl, dass Ulrich ihre Tochter begleitete, und rannte mit ihrem Sohn zum nahen Waldrand, die Großmutter keuchte hinterher, die Röcke gerafft.

Wir haben Glück gehabt, dass wir in einem Waldstück angegriffen worden sind, dachte Ulrich, und noch Mischwald dazu, da ist auch jetzt im Winter genug Deckung. Du musst geschützt und für den Feind unsichtbar sein, hatten seine erfahrenen Kameraden beim Schanzen gesagt, dann passiert dir nichts! Oder zumindest weniger, hatte ein etwas zynischer Kamerad grinsend hinzugefügt, den Ulrich aber gut leiden konnte und der im Verdacht stand, ein alter Sozialdemokrat zu sein, auf pfälzisch ein »Soz«! Ulrich durfte Heiner zu ihm sagen, er hieß eigentlich Heinrich. Er war Maurer, hatte im Weltkrieg 1914/18 in Frankreich die linke Hand verloren und arbeitete nun im Büro. Natürlich war er mit dieser Behinderung zunächst nicht eingezogen worden, aber nun musste er doch an der »Heimatfront« kämpfen und seine Kenntnisse als Maurer und im Büro waren sehr nützlich. Heiner aber hatte gespottet: »Wenn die schon alte Krüppel und Bürohengste einziehen müssen, wie muss es da um unseren Sieg stehen?« Er hätte sicher auch gelästert, dass die Flüchtlinge aus dem Zug hier im Wald möglichst eine Versammlung bilden sollten, der Jäger aus der Luft würde sich darüber freuen, er hätte ein ideales Ziel.

Also versuchte Ulrich, alles richtig zu machen: Die Gruppe der Flüchtlinge sollte sich zerstreuen und sie beide sollten sich möglichst schnell unsichtbar machen. Die schmale Hand seiner Begleiterin krampfhaft festhaltend, suchte Ulrich deshalb einen etwas anderen Weg zum Wald, der nur etwas weiter war, sie waren ja auch schneller als die Mütter.

»Meine Familie …«, rief das Mädchen und hielt an. Ulrich zog sie weiter. »Wir verlieren sie nicht, ich verspreche es dir!« Es half ihm, dass ein Flugzeug direkt über ihnen mit einem markerschütternden Lärm hinwegschoss und es kurz darauf in Richtung Zuganfang wieder laut und kräftig krachte, die Detonation einer Bombe. Man hörte auch Maschinengewehrfeuer, verschiedene lange Salven, die unterschiedlich klangen. Das Mädchen zuckte zusammen, sah Ulrich angstvoll an und rannte mit ihm weiter. Zwischendurch übersprangen sie einen kleinen Graben, um zum Waldsaum zu kommen. Sie kämpften sich durch Büsche und machten unter einem großen Busch halt. »Ich kann nicht mehr«, sagte das Mädchen und kauerte sich auf ihren Hacken nieder, der moosbewachsene und nadelbedeckte Boden war zu kalt und feucht zum Hinsetzen, ab und zu gab es noch weiße Inseln im Wald mit verharschtem Schnee. Ulrich sah sich um und stellte fest, dass sie sich dort unter den Nadelbäumen einigermaßen sicher fühlen konnten. Man konnte kaum den Himmel sehen.

Das Mädchen atmete schwer und legte ihre rechte Hand auf ihr Herz. Sie ist wirklich hübsch, stellte er trotz seiner Anspannung fest, ihr sonst blasses Gesicht war von der Anstrengung gerötet, der Mund geöffnet, der dicke blonde Zopf hing dekorativ nach vorne über ihrem marineblauen Mantel. Nur in der Ferne hörte man noch Geräusche eines Flugzeugs.

»Das war ein amerikanischer Jabo, eine ›Mustang‹. Sie hat die typische Flügelform!«, sagte Ulrich. Er kannte fast alle Flugzeugtypen, auch die des Feindes.

»Sehr interessant! Kein englischer Spitfire-Bomber?«, fragte das Mädchen.

»Nein, kein Tommy, hast du nicht den Stern gesehen? Eindeutig eine amerikanische Mustang!«, betonte Ulrich.

»Gut, dass du das weißt. Ich wäre untröstlich gewesen zu sterben, ohne zu wissen, wer uns umgebracht hat«, sagte das Mädchen spitz.

Ulrich war bereit, ihr diese Antwort zu verzeihen. Mädchen wussten es nicht besser. Seine Mutter und seine Schwester Ute hatten an seinem Wissen auch kein Interesse. Frauen eben! Aber beschützen würde er sie trotzdem, dieses Mädchen. Er würde es auch gern tun, er würde sogar sehr gerne ihr Ritter sein, der sie vor dem bösen Feind rettet. Wenn jetzt einer vor ihnen auftauchen würde, der es auf diese schöne Jungfer abgesehen hätte, er würde ihn erschlagen! Vor ihren Augen! Dann würde sie nicht mehr spitz reden, sondern würde ihm in die Arme fallen und wäre ihm ewig zu Dank verpflichtet. Und er würde sagen: Das war doch selbstverständlich, meine liebe ... Verflixt, er weiß noch nicht mal ihren Namen!

»Wie heißt du denn eigentlich?«, fragte Ulrich.

»Ich heiße Marga Franke«, sagte das Mädchen, »und du?«

Ulrich nannte nun auch seinen Namen. Er war etwas abwesend, weil er Geräusche in der Nähe hörte. In kurzer Entfernung hörte er jemanden durch den Wald stapfen. Wie ein Elefant, dachte Ulrich. Da erklang das laute Pfeifen der Lokomotive ihres Zuges.

»Ich glaube, das heißt Entwarnung«, meinte Ulrich und stand auf. »Vielleicht bedeutet das sogar, dass der Lok nichts passiert ist. Dann können wir weiterfahren!«

Das war ein Irrtum. Plötzlich raste wieder eine Maschine mit einem ohrenzerreißenden Ton über sie hinweg, wieder krachte es in der Richtung des Zuges. Ulrich hatte sich vor Schreck auf den weichen Waldboden fallen lassen, direkt neben Marga, die weinend und zitternd ihren Kopf an seine Brust drückte und ihre Ohren zuhielt. »Daheim konnte ich die Sirenen nicht mehr hören. Aber nun denke ich, daheim warnen wenigstens die Sirenen vor den Bomben, hier kommen die Bomben ohne Warnung«, jammerte sie.

Ulrich drückte sie schützend an sich. Er konnte es nicht richtig genießen, das hübsche Mädchen zu umarmen, weil er selbst Angst hatte. Sie waren auch beim Schanzen ab und zu von feindlichen Flugzeugen angegriffen worden, die Front war ja immer näher gerückt. Sein alter Freund Heiner hatte in einem ähnlichen Fall gesagt, als er merkte, dass Ulrich ängstlich war: »Angst habe ich auch, nur Dumme haben keine Angst. Das ist die Urangst vor dem Tod, die jeder hat, der vor tödlichen Schrecknissen steht, die er nicht beeinflussen kann, die er, ohne etwas tun zu können, erleiden muss.« Dieser Heiner redete manchmal wie ein richtiger Philosoph!

Ulrich nahm wahr, dass es diesmal kein Maschinengewehrfeuer gab. Er atmete durch und beruhigte sich langsam. Haben auch Ritter Angst?, fragte er sich. Als er merkte, dass Marga immer noch zitterte, strich er über ihren Rücken. »Ich glaube, hier sind wir wirklich sicher«, sagte er beruhigend. Wenn nicht durch Zufall doch eine dem Zug zugedachte Bombe fehlgeht, dachte er. Marga rührte sich nicht, seufzte nur an seiner Brust.

Da hörte er wieder ein Geräusch in der Nähe, er wandte den Kopf und sah den kleinen Bruder Margas hinter dem Busch herkommen.

»Ich soll dich von Mama suchen«, sagte er zu Marga. Der Junge sah die beiden vor ihm an, die da so dicht beieinander hockten. Sein Blick sah misstrauisch oder eifersüchtig aus, das kann man nicht so genau sagen, dachte Ulrich.

»Ach, Bernhard, da bist du ja. Wo sind Mama und Oma?« Marga machte sich frei und stand auf. Sie sah Ulrich an und wurde rot, dann räusperte sie sich. »Entschuldigung, dass ich dich so in Anspruch genommen habe«, sagte sie. Eben war sie noch rot geworden, nun klingt ihre Stimme wieder so beherrscht, dachte Ulrich und bewunderte sie. Sie ist eines Ritters Liebe wert, dachte er.

»Es war mir ein Vergnügen!«, antwortete Ritter Ulrich, so galant er konnte, und klopfte etwas verlegen seine Jacke und seine Hose aus. Die Hose war nun doch nass geworden.

Sie gingen vorsichtig Margas Bruder Bernhard nach und stießen bald auf ihre Mutter und die Großmutter auf einer kleinen Lichtung. Die beiden freuten sich sehr, Marga zu sehen. Bei ihnen war der hinkende Obergefreite. Marga wurde von ihrer Mutter und der Großmutter abwechselnd umarmt, als wenn sie ein Jahr getrennt gewesen wären. Bernhard flüsterte seiner Mutter etwas ins Ohr.

»Ich habe so Angst um euch gehabt, Kind«, sagte die Mutter zu Marga und sah Ulrich an. »Aber der junge Mann hat wohl gut auf dich aufgepasst!? Ihr habt euch gut vertragen!?« Es war nicht klar, ob diese beiden Sätze Fragen oder Feststellungen waren.

»Ja, Ulrich hat gut auf mich aufgepasst!«, beantwortete Marga mit Überzeugung eine der Fragen.

»Ah, Ulrich heißt er!«, sagte die Mutter und sah ihre Mutter an. Beide wechselten einen Blick des Verstehens.

Da pfiff die Lokomotive wieder. Der hinkende Soldat, der auf einem Baumstumpf saß, sagte: »Ulrich, bevor wir uns aufmachen, wärst du so gut und würdest mal die Lage sondieren? Vorhin gab es ja auch schon eine Fehlmeldung.«

»Klar, mache ich«, sagte Ulrich und ging vorsichtig Richtung Bahnlinie. Als er am Waldsaum angekommen war, sah er, dass die Passagiere nun grüppchenweise wieder zum Zug strebten, allerdings immer vorsichtig gen Himmel blickend. Dieser war allerdings jetzt nur noch blau und wolkenlos. Nur die von den Bomben aufgewirbelte Staubwolke hing noch leicht über der Spitze des Zuges. Im Wald keckerte ein sich gestört fühlender Eichelhäher, der wohl endlich seine Ruhe haben wollte. Alles sonst war friedlich. Der Krieg schien weit weg. Man konnte nicht glauben, dass noch vor kurzer Zeit Menschen in einer Maschine aus der Luft einer anderen Gruppe von Menschen in einer Maschine auf dem Boden Zerstörung und Tod bringen wollten, Menschen, die sie nicht kannten und auch nie kennenlernen würden.

Ulrich überholte einige Passagiere und traf schließlich auf einen jungen Eisenbahner in Uniform, der gerade anderen Auskunft gab.

»Wir haben Glück gehabt«, sagte der Beamte, »die Lokomotive ist von diesem Terrorangriff zwar getroffen worden, aber nur von Maschinengewehrkugeln, das Metall der Lok hat das ausgehalten. Fest wie Kruppstahl!«, betonte der Eisenbahner stolz. »Die Bomben haben sie und den Zug nicht getroffen. Es gibt nur einen Verwundeten durch Querschläger, ein Streifschuss. Der Pilot muss ein Anfänger gewesen sein, schade, dass wir ihn nicht erwischt haben. Wir haben zurückgeschossen.« Der Beamte nickte zufrieden. »Ja, und auch unser Gleis ist noch ganz, nur das Gegengleis und das Gleisbett ist durch die Bomben ziemlich beschädigt. Da wird am Unterbau gerade noch etwas geschippt. Wir müssen ganz langsam drüberfahren. Das andere Gleis kann man im Moment nicht benutzen. Das Gleisbett muss später richtig repariert werden.«

»Wie ganz Deutschland!«, murmelte einer dazwischen.

»Keine Wehrkraftzersetzung!«, fuhr der Bahnbeamte hoch. »Die Räder werden weiterrollen für den Sieg!«, variierte er eine zur Zeit gängige Durchhalteparole.

»Und was war mit dem Pfiff vorhin, als dann noch mal ein Angriff kam?«, fragte die »wehrkraftzersetzende« Stimme.

»Na ja«, der Beamte wand sich. »Wir haben die Lage falsch eingeschätzt. Der Feind hatte abgedreht und da habe ich gemeint ...«

»Sie waren das also. Sie haben wohl nicht so viel Erfahrung?«

Der Beamte ging nicht darauf ein. »Los«, rief er, »bitte alles einsteigen!«

»Pfeife!«, sagte irgendjemand. Der Beamte nahm seine Messingpfeife in den Mund und pfiff kurz und hastig.

»So habe ich das nicht gemeint«, sagte die gleiche Stimme. Aber der Eisenbahner hastete schon auf dem Schotter den Zug entlang der Lokomotive zu.

Kapitel 9

Januar 1945

Der lange Zug hatte in einer Kurve anhalten müssen. Sie waren in einem der hinteren Wagen untergebracht und so konnten sie den Zuganfang und die Lok nicht sehen, weil sie durch den Wald verdeckt waren. Ulrich wollte eigentlich nachschauen, was die Bomben angerichtet hatten, aber nun schien es zu spät dafür, aus reiner Neugierde nach vorne zu gehen. Er musste doch noch Marga und ihre Familie und den Obergefreiten informieren. Ulrich rannte zu ihnen in den Wald zurück und meldete, dass alles klar sei zum Einsteigen, es ginge weiter.

Auf dem Rückweg half er dem Soldaten mit der Prothese, der große Schwierigkeiten hatte, das Gelände zu überwinden. »Weißt du eigentlich, Junge, dass die Deutschen manchmal auch Feindflugzeuge fliegen?«, fragte er Ulrich, als wollte er davon ablenken, wie invalide und hilfsbedürftig er war.

»Was?«, sagte Ulrich

»Ja«, erklärte der Mann, »beim Wanderzirkus Rosarius, auch Beutezirkus Rosarius genannt.«

»Wie bitte?«, fragte Ulrich erstaunt.

Der Soldat amüsierte sich darüber. »Das ist kein großes Geheimnis. Wanderzirkus oder Beutezirkus oder einfach Zirkus Rosarius ist der inoffizielle Name eines Versuchsverbands der Luftwaffe, der von einem Hauptmann Rosarius geführt wird. Die verwenden erbeutete alliierte Flugzeuge, um sie deutschen Jagdfliegern vorzustellen, damit diese deren Stärken und Schwächen kennenlernen. Dabei wandern sie von Flugplatz zu Flugplatz, darum der Spitzname. Die deutschen Flieger können sich so mit den Eigenheiten der alliierten Flugzeuge vertraut machen und zum Beispiel Scheinangriffe auf diese fliegen. Aber was erzähle ich das alles, das nutzt jetzt auch nicht mehr viel. Der Feind hat die absolute Lufthoheit über Deutschland!«, sagte der Soldat bitter und quälte sich die Stufen zum Waggon hoch.

Ulrich musste dem Soldaten recht geben. Die Städte werden fast ohne Widerstand zerbombt, in den Zügen ist man nicht sicher, überall droht Gefahr aus der Luft. Das hatte sogar die Oma von Marga vorhin richtig erkannt mit ihrer Bemerkung über Göring und seine Luftwaffe.

»Ja, und noch viel mehr«, sagte der Soldat und fügte leise hinzu: »Der Krieg ist für Deutschland verloren. Im Westen siehst du ja selbst, was los ist: Rückzug, Rückzug. Und an der Ostfront genauso: Ostpreußen ist schon fast abgeschnitten vom Reich, die Bevölkerung will flüchten und darf nicht, bald kann sie nicht mehr. Es geht zu Ende, glaube mir! Pass auf, Junge, dass du nicht zuletzt noch verheizt wirst, du willst doch noch eine Zukunft haben und nicht für eine verlorene Sache unnötig verrecken!«

Ulrich sagte nichts, er wusste, so was durfte man nicht sagen, ob es wahr war oder nicht. Man konnte aufgeknüpft werden dafür. Er erinnerte sich an seinen alten Freund Heiner vom Schanzen im Saargebiet, der ähnlich dachte wie dieser Soldat. Was hatte Heiner über die Partei gesagt? Sie nahmen sich die Kinder, weil sie dachten, mit den Kindern hatten sie die Zukunft, in Wahrheit aber nahmen sie den Kindern die Zukunft. Er hatte das damals nicht so genau verstanden, jetzt kam er darauf, wie Heiner das gemeint hatte. Der Krieg könnte auch mir die Zukunft nehmen. Aber er hatte ja schon einen Plan. Für sich hatte er beschlossen, dass er Elektriker lernen wollte. Da die Gesetze der Physik überall auf der Welt galten, war das ein Beruf, den man überall ausüben konnte. Mit diesem Beruf kann ich dann nach der Lehre auswandern. Er wollte nach Kanada. Hier geht ja doch nichts mehr. Das Land ist kaputt, der Krieg ist verloren.

»Da bist du ja endlich«, sagte Marga und berührte seinen Ärmel. Er war wieder im Abteil angekommen und sie hatten ihre alten Plätze eingenommen. Marga schien ihm nun etwas näher gerückt zu sein, was ihn sehr angenehm berührte. Sie lächelte ihn an. Wie war sie doch so hübsch! Diese weißen Zähne, die zierliche Nase, die hohe glatte Stirn unter dem dichten, von dem dicken Zopf nach hinten gezogenen Haar mit dem goldenen Schimmer. Die Haare saßen nicht mehr so akkurat, ein paar blonde Kringel umrahmten nun ihren Kopf, was sie nur noch reizvoller machte. Ob sie nach Kanada mitginge, fragte er sich. Hoppla, jetzt denke ich aber schon sehr weit in die Zukunft, merkte er. Marga gefällt mir, dachte er, sie beeindruckt mich sehr. Aber er wusste doch gar nichts von ihr!

»Hüte dich vor Zufallsbekanntschaften, die können dir Krankheiten vererben!«, hatte ihm sein Vater warnend gesagt. Der kannte sich aus, er hatte abenteuerliche Jahre hinter sich. Er war schon Ende des ersten Weltkriegs Soldat gewesen und hatte sich später sogar bei der Fremdenlegion der Franzosen verpflichtet, um dann von ihr wegen der Bedingungen dort zu flüchten.

Ulrich wusste, was sein Vater damit meinte und stutzte. Warum fällt mir das jetzt ein, fragte er sich. Marga war so eine ganz bestimmt nicht, sie war ein sauberes deutsches Mädel, wie man so sagte.

Aber es war ja im Krieg vieles anders, auch mit den Beziehungen zwischen Mann und Frau, auch hier war Ausnahmezustand. Seine älteren Kameraden beim Schanzen hatten ihm schon einiges erzählt. Normalerweise trafen junge Mädchen in Schule, Familie, Ausbildung oder Betrieb auf das andere Geschlecht. Viele Mädchen waren jetzt im Arbeitsdienst oder im Kriegshilfsdienst und mehr oder weniger weit weg von daheim und damit frei von der elterlichen Aufsicht und von der Beobachtung durch Verwandte und Nachbarn. Sie lernten nun auf sich allein gestellt fremde Männer kennen. Freiheit genossen auch die Männer, fern von der Heimat und fern von ihren Frauen. Die Verlockungen zur Freizügigkeit waren also groß und viele gaben ihnen auch nach. Das gleiche galt für manche Frau zu Hause, deren Mann schon jahrelang nur einige Tage im Jahr nach Hause kam und dazu vielleicht vom Krieg seelisch verstört oder körperlich zerstört worden war oder gar beides.

Der ältere Bruder eines Freundes von Ulrich hatte vor Kurzem auf eine besondere Weise geheiratet. Es gab die Ferntrauungen, die zuhause in Deutschland stattfanden, die Braut war allein da, der Bräutigam war fern. Er war unabkömmlich, weil er Krieg führen musste, weit weg von der Heimat: in Frankreich, in Jugoslawien, in Griechenland, auf Kreta, in Italien, Nordafrika, und in diesem Fall in Russland. Ulrich war bei der Heirat dabei gewesen. Bei der Zeremonie war ein Stahlhelm an die Stelle gelegt worden, wo normalerweise der Bräutigam saß, darum sprach man auch von der Stahlhelmtrauung.

Später hatte er zufällig zugehört, als der Standesbeamte mit einem Vertrauten so nebenbei gesprochen hatte. Der Standesbeamte war mit dieser Art Trauung nicht einverstanden, weil das seinem »Rechtsempfinden« nicht entsprach, wie er sagte. Die Heirat sei aus guten Gründen, (»Was hängt von ihr alles ab!«), eine der strengsten Formalhandlungen, die es rechtlich gibt: Es handelt sich um eine Art Vertrag, der abgeschlossen wird, vor einem Notar (Standesbeamter) unter Anwesenheit von Zeugen (Trauzeugen) und natürlich den Vertragspartnern (Braut und Bräutigam). Auf einen der Vertragspartner verzichtete man jetzt großzügig, weil man auch hier dem Krieg schon Rechnung tragen musste.

»Und seit 1941 gibt es sogar durch Führerbefehl eine sogenannte Leichentrauung«, hatte der Standesbeamte weiter geklagt, »und damit die Möglichkeit, eine Braut mit einem gefallenen oder vermissten Wehrmachtsangehörigen zu trauen, wenn nachweislich die Absicht bestanden hat, die Ehe einzugehen. Durch diese Eheschließung wird die Frau sozial abgesichert und das gemeinsame Kind gilt nicht als unehelich.« Der Standesbeamte hatte geseufzt. »Was der Krieg alles möglich macht!«

Der andere Mann hatte gesagt: »Ich habe da auch mal was von einer ›Totenscheidung‹ gehört.«

Der Standesbeamte hatte resigniert genickt: »Ja, die gibt es auch. Im ›Großdeutschen Ehegesetz‹ wurde 1943 die Möglichkeit einer ›Totenscheidung‹ geschaffen, um ›unwürdige Kriegerwitwen' von Versorgungszahlungen und Erbschaftsansprüchen auszuschließen. Der Staatsanwalt kann eine Scheidung beantragen, wenn ›ein mutmaßlicher Scheidungswille angenommen werden konnte, falls der Tote die Umstände gekannt hätte‹.«

Ulrich hatte der Kopf geschwirrt von diesen Begriffen und gedacht: Egal, was der Standesbeamte meint, es ist doch gut, dass es die Ferntrauung gibt. Diese Ferntrauungen fanden nämlich vor allem dann statt, wenn die Braut schwanger war und die Verlobten ihre Beziehung, die zu schnell Früchte zu tragen drohte, legalisieren wollten. So war es auch im Falle des Bruders des Freundes gewesen. Der künftige Vater konnte ja jeden Tag fallen ... Allerdings hatte auch die Braut und künftige Mutter gute Chancen zu sterben bei diesem Bombenkrieg. Jetzt denke ich schon so zynisch wie Heiner, dachte Ulrich und besann sich wieder auf Marga, die mit diesem Thema nun wirklich nichts zu tun hatte.

»Du gehst doch noch zur Schule?«, fragte er.

»Ja, ich gehe in das Gymnasium in der Bismarckstraße«, sagte das Mädchen.

Oh, dachte Ulrich, die frühere Schule für Höhere Töchter, von der meine Mutter schon gesprochen hat. Das sind doch die, die reiche Eltern haben, die die Nase hoch tragen und über die Volksschüler, wie ich einer bin, erhaben sind. Auch wenn ich immer gute Noten gehabt habe! Aber Marga war ihm nur am Anfang etwas abweisend erschienen, jetzt nicht mehr. Sicher gab es Ausnahmen, Marga war eine.

»Kannst du Englisch?«, fragte er und dachte an Kanada.

»Ja; ich gehe in den neusprachlichen Zweig der Schule. Wir lernen auch Französisch!«, sagte sie eifrig.

Das war ja interessant, dachte Ulrich. In Kanada wurde in manchen Gebieten auch Französisch gesprochen, wusste er.

»Ich gehe aber von der Schule ab, wenn ich die Mittlere Reife habe, ich muss jetzt im Geschäft helfen«, fügte

Marga hinzu. Ihre Mutter hörte ihrem Gespräch aufmerksam zu, stellte Ulrich fest, und er verbiss sich eine weitere Frage an Marga.

Die ganze Zeit hatte der Zug noch gestanden. Nun ruckte er nach einem gellenden Pfiff an, alle Passagiere ruckten mit, einige klatschten begeistert, weil es endlich weiterging.

»Sieht man was von der Bombe?«, fragte Ulrich Bernhard, der am Fenster klebte.

»Mann, ist da ein Loch!«, sagte der Junge staunend.

Ulrich beugte sich über ihn und Marga und sah auch hinaus. Der Bahndamm war auf dieser Seite schwer beschädigt. Die Bomben des amerikanischen Flugzeugs hatten zwei riesige Krater direkt neben ihrem Gleis geschlagen, die zwei ineinander übergehenden Löcher hatten etwa die Form einer 8. Das Gleis in die Gegenrichtung war zwar noch da, hing aber wie ein Gerippe frei in der Luft. Wenn eine Bombe einen Meter weiter aufgetroffen wäre, hätten sie die Weiterfahrt vergessen können, wenn nicht noch Schlimmeres passiert wäre.

Der Zug passierte ganz langsam dieses Loch im Damm. Ulrich sah hinunter und ihm wurde es ungemütlich zumute. Der Unterbau direkt unter ihrem Gleis war aber wohl so weit wieder hergestellt, dass der Zug nicht einsank, entgleiste oder sonst was, er mochte sich das nicht so genau vorstellen. Er atmete auf, als er im Blick nach hinten sah, dass alle Wagen über die Gefahrenstelle gefahren waren. Der Zug beschleunigte nun wieder. Bernhard, der neben Ulrich auch seine Nase an der Scheibe plattgedrückt hatte, sagte erleichtert: »Ahoi! Alles klar!«

Ulrich setzte sich auf seinen Platz zurück. Nachdem nun die Fahrgeräusche vieles übertönten, fragte Ulrich ins Ohr von Marga hinein: »Was habt ihr denn für ein Geschäft?«

»Wir sind das Haushaltsgeschäft Franke, besser gesagt, wir waren es«, sagte Marga.

Ulrich kannte das Geschäft in der Kaiser-Wilhelm-Straße. Diese Straße war auch eine Einkaufsstraße, die Verbindung zwischen Bismarck- und Ludwigsstraße. In der Innenstadt war fast kein Stein auf dem andern geblieben.

»Ist euer Geschäft kaputt?«, fragte er.

Marga nickte, sie sah ihn dabei nicht an, aber er entdeckte eine Träne in ihrem Augenwinkel.

»Ist jemand von deiner Familie zu Schaden gekommen?«, fragte er vorsichtig.

»Nein, da nicht«, sagte sie stockend, »aber das Haus, das Geschäft, alles kaputt. Und wir wohnen doch über dem Laden, nein, vielmehr: Wir haben dort gewohnt! Unsere Waren, unsere Möbel, meine Sachen, alles weg!« Sie sah ihre Mutter an, die Träne rollte ihre Wange hinunter. Frau Franke nickte schmerzlich mit dem Kopf.

»Es tut mir sehr leid«, sagte Ulrich, er war sehr betroffen. »Wo seid ihr untergekommen, ich meine, danach ...?«, fragte er Marga.

»Bei Oma, sie wohnt in der Prinzregentenstraße.« Die Prinzregentenstraße war eine ziemlich herrschaftliche Straße im Ludwigshafener Stadtteil Nord. Sie war bisher wenig von Zerstörungen betroffen gewesen. Die Familie Franke kam also wirklich aus »besseren Verhältnissen«, wie man so schön sagt: Als sie ihre Wohnung verloren hatten, zogen sie einfach in die wahrscheinlich große Wohnung ihrer Mutter. Und warum wurden sie jetzt evakuiert?

»Wir hatten genug von diesen Bomben und wir hatten genug verloren in diesem Krieg«, schaltete sich Frau Franke ein, »wir wollten nicht auch noch in der Prinzregentenstraße ausgebombt werden, zusammen mit den Kindern und mit meiner Mutter. Und dazu noch zu fünft in einer Zwei-Zimmer-Wohnung, das ist auch nicht gerade angenehm! Darum sind wir jetzt hier unterwegs.«

Hoppla, dachte Ulrich, zu fünft in einer Zwei-Zimmer-Wohnung in der Prinzregentenstraße! So kann man sich täuschen! »Und Ihr Mann ist wohl im Feld?«, fragte er.

Eine Pause entstand. Frau Franke bekam plötzlich einen starren Ausdruck und kämpfte mit den Tränen. Bernhard legte seinen Kopf an ihre Schulter, Marga sah geradeaus ins Nichts. Ulrich dachte, was ist los? Dann fiel ihm ein, was sein könnte und es überlief ihn kalt. »Es tut mir leid!«, stammelte er.

Endlich antwortete jemand, es war die Großmutter: »Du musst dich nicht entschuldigen, wir alle müssen langsam auch mit solchen Fragen fertig werden. Mein Schwiegersohn ist im Frankreich-Feldzug gefallen!«

Auch in erfolgreichen Feldzügen, auch in »Blitzkriegen«, sterben Soldaten des Siegers, fiel Ulrich auf, das wird oft vergessen.

Frau Franke hatte sich gefasst und sagte: »Er war ein lieber und fleißiger Mann und hat vom Krieg nie viel gehalten! Von anderen Dingen übrigens auch nicht ... Und ausgerechnet ihn hat es getroffen!«

»Darum gehe ich von der Schule ab und helfe das Geschäft wieder aufbauen. Das bin ich meinem Vater schuldig!«, fügte Marga entschlossen hinzu.

»Und ich helfe auch!«, sagte Bernhard.

Frau Franke hatte sich die Nase geputzt und ergänzte: »Weißt du, was mein Mann mir mal gesagt hat: Im Krieg fallen immer die falschen, habe ein Dichter nach dem Weltkrieg 14/18 geschrieben. Wenn doch alle Generäle und alle Diplomaten wohlbehalten zurückgekehrt sind ... Ja, so ist es, dieser Dichter hatte so recht!«

Ulrich sah Frau Franke an und wusste nicht, was er sagen sollte. Er hatte noch niemanden kennengelernt, der in diesem Krieg so viel verloren hatte.

Frau Franke merkte, dass ihm die Worte fehlten. »Ja, was soll man da sagen?«, meinte sie. »Es ist schon gut, Ulrich. Meine Kinder sind mir ein Trost, ich habe so brave Kinder. Die will ich behalten, darum lassen wir uns evakuieren. Gott sei Dank ist Bernhard noch zu jung, um als Luftschutzhelfer dienen zu müssen. Die rekrutieren ja jetzt schon Kinder! Hoffentlich ist der Krieg bald zu Ende, sonst ist er auch noch dran. Marga hätten sie auch beinahe schon dienstverpflichtet und in die Fabrik gesteckt. Sie wird jetzt am Evakuierungsort dienstverpflichtet werden. Und ich frage mich, für was das alles? Für was kämpfen wir noch? Für die Ruinen bei uns, für eine Wüste, die immer größer wird?« Sie redete sich wie ihre Mutter vorhin in Rage.

»Gute Frau«, meldete sich daraufhin der Feldwebel mit dem Gipsarm, »vergessen Sie sich nicht, Sie müssen als Mutter Vorbild für die Jugend sein. Ich habe da vor Kurzem etwas gelesen, was Sie sich merken sollten. Ich zitiere, was wohlgemerkt eine Frau gesagt hat, eine Frau, die weiß, was richtig ist: Um im tiefsten Sinn Mutter zu sein, ja, um Mutter ‚am Volk' zu werden, genügt es nicht, dass wir uns schützen lassen, wir wollen selbst schützen, nicht nur die Schritte der Kleinen hüten und lenken, sondern Erwachsenen darüber hinaus auch das

Leben erhalten helfen und sei es im Einsatz des eigenen Lebens. Jede Frau, die solche seelische Mütterlichkeit besitzt – ganz gleich, ob sie selbst Kinder in die Welt trug oder nicht – kann in diesem Sinne Mutter sein, wenn sie sich auf Gedeih oder Verderb verbunden weiß mit ihrem Volk und bereit ist zum Einsatz.« Er trug das vor wie auswendig gelernt. Alle waren verblüfft. Stolz über den Eindruck seiner Rede fuhr er fort: »Ja, und darum kann man das, was Sie da sagen, Pflichtvergessenheit oder auch Wehrkraftzersetzung nennen. Eine Mutter darf bei allen persönlichen Verlusten nicht vergessen, dass wir für die Zukunft unseres Volkes kämpfen ...«

»Ja, die Zukunft ist das Problem!«, sagte Frau Franke, es klang resigniert.

»... und siegen werden!«, vollendete der Oberfeldwebel.

»Guter Mann«, gab ihm da die Großmutter zurück, sie wollte ihrer Tochter zur Seite stehen, reckte sich und setzte dem Unteroffizier die Würde ihres fortgeschrittenen Alters entgegen, »finden Sie nicht, dass diese Mutter, dass unsere Familie für diesen Sieg schon ausreichend Opfer gebracht hat, sowohl an der Front wie auch an der Heimatfront? Der Mann meiner Tochter ist tot, ihr Haus, ihr Geschäft, die ganze Existenz ist vernichtet. Reicht das nicht? Was denn noch?«

Alle starrten auf die Großmutter und waren beeindruckt, offensichtlich auch der Oberfeldwebel. Er runzelte die Stirn, aber er sah wohl ein, dass es im Augenblick besser war zu schweigen.

»Hoffentlich siegen wir nicht zu spät, wenn alles schon kaputt ist«, mischte sich listig der hinkende Obergefreite ein, der wohl etwas ablenken wollte.

»Machen Sie keine dummen Scherze, Obergefreiter!«, fuhr ihn nun der Oberfeldwebel an. »Ich halte es für einen Dolchstoß in den Rücken unserer tapferen Soldaten, wenn man so zersetzend daherredet. Halten Sie am besten Ihr Maul! Wenn Sie so weitermachen, werde ich Sie melden!« Man sah ihn förmlich vor seiner Kompanie stehen und seine in Linie stehende Truppe in den Senkel stellen. Er sah sich böse um und schien bereit, jeden Widersprechenden niederzuschmettern.

Die Großmutter hatte bei dem Wort »Maul« mit einem strengen Blick aufgesehen und den Obergefreiten angeblickt. Der schüttelte leicht den Kopf und sie verkniff sich, etwas zu sagen, regte sich also nur innerlich über diese ungezogene Redeweise auf. Auch niemand sonst sagte mehr etwas, aber die Stille war sehr gespannt.

Der Zug ratterte voran, die harten Holzbänke peinigten Hintern und Rücken der Leute im Abteil, die nun alle schweigend aus dem Fenster sahen. Bäume, Felder und Häuser im hellsten Sonnenschein huschten vorbei. Es war fast wie im Frieden.

Aber dieser Frieden war keiner: Zur gleichen Zeit, als dieser Zug nun unbehelligt Richtung Heilbronn fuhr, brandeten von Westen und Osten die Armeen der Alliierten unaufhaltsam gegen das Deutsche Reich. Insbesondere über Ostpreußen brach jetzt eine Katastrophe herein. Dieses Gebiet weit im Nordosten des Reiches war durch das russische Heer von der Landverbindung nach Deutschland abgeschnitten worden. Die Folgen für die ostpreußische Bevölkerung, der vorher die Flucht nach Westen von der Gauleitung verboten worden war, waren viel schlimmer, als der Gefreite ahnen konnte, als er davon sprach. Zehntausende flüchteten bei großer Kälte über das zugefrorene Haff nach Westen, etwa zwei Millionen Menschen wurden mit Schiffen über das Meer evakuiert. Einige dieser Schiffe wurden angegriffen und versenkt, darunter das frühere Kreuzfahrtschiff »Wilhelm Gustloff«, das über zehntausend Flüchtlinge an Bord hatte. Es gab etwa neuntausend Todesopfer beim Untergang allein dieses Schiffes am 30. Januar 1945, die größte Opferzahl, die je bei einem Schiffsunglück gezählt wurde, viel mehr als bei der »Titanic«.

Davon wussten aber die Leute im Zug nichts. Sie einte die Hoffnung, heil an ihr Ziel zu kommen und – vor allem – zu überleben. Aber bis zum Frieden sollte es noch dauern.

Kapitel 10

Januar 1945

Hansi war zur Mutter und zu Ute gekommen und hatte sie gebeten, sich mal bei seiner Tante zu melden.

Also gingen sie einen Tag später zu ihr hinüber in die Mühle, die einem Herrn Biesinger gehörte. Sie klopften an der Haustür und nach einer Weile kam eine junge Frau mit einem Kopftuch heraus. Als sie »Grieß Gott« sagte, merkte man gleich, dass ihre Muttersprache nicht deutsch war. Das musste die Ostarbeiterin sein, von der Hansi erzählt hatte, dachte Ute. Den für Ostarbeiter an der Kleidung vorgeschriebenen Aufnäher mit der Aufschrift »OST« trug die Frau allerdings nicht. Sie hatte eine große Schürze an und trug darunter einen einfachen Rock und eine kurzärmelige Bluse. Ute wunderte sich, es war kalt, es war ja auch mitten im Winter, und kein Haus war warm genug für kurze Ärmel.

Wir wollen zu Frau Biesinger«, sagte Utes Mutter. »Sie hat uns gebeten, zu ihr zu kommen.«

»Sie wollen Chefin?«, fragte die junge Frau.

»Ja«, antwortete die Mutter.

»Mitkommen in Backstube«, meinte die junge Frau.

Sie führte sie durch eine kühle Diele in einen Raum, in dem alles groß war: der Raum selbst, der Balken, der die Decke trug, die Tische darin und natürlich der Ofen. Es war darin warm, fast zu warm. Das war die Backstube. Dort hatte eine große dicke Frau ihre kräftigen Arme in einer riesengroßen Teigmulde und knetete den Teig durch. Auch sie hatte ein Kopftuch auf. Von ihrer Stirn liefen Schweißtropfen herunter. Sie achtete darauf, dass nicht zu viele in den Teig tropften und trocknete sich regelmäßig mit einem Grubenhandtuch ab, das daneben über einem Stuhl hing. Man hörte ein dumpfes Dröhnen im Haus, das war wohl das Mahlwerk der Mühle.

»Einen Moment, ich bin gleich fertig«, sagte die große dicke Frau mit gepresster Stimme und knetete weiter.

Sie hatten schon gehört, dass in der Mühle im Nebenerwerb Brot gebacken wurde. Der Bäcker des Ortes sah das wohl nicht so gerne, aber der Müller hatte schon Brot gebacken, als es noch keinen Bäcker im Ort gab. Das war also ein Privileg und eine Tradition des Müllers, die auch jetzt im Krieg fortgeführt wurde.

Als die Müllerin mit dem Kneten fertig war, gab sie der Fremdarbeiterin einen Wink. Die ging nun an die Backmulde und stellte sie auf die Seite.

Die Müllerin machte sich die Hände an dem Handtuch sauber und begrüßte Utes Mutter. »Wir könnten eine weitere Hilfe brauchen hier in der Mühle«, sagte sie. »Hansi hat mir erzählt, dass Sie eine Tochter haben, die alt genug ist, um hier zu helfen. Wie man sieht, ist das ja so! Wie alt ist sie denn genau?«

»Ute ist Anfang des Monats fünfzehn Jahre alt geworden«, antwortete die Mutter. »Was soll sie denn machen?«

Frau Biesinger erklärte, dass sie angelernt werde beim Backen und auch in der Mühle bei Dingen, die nicht zu schwer seien und auch von Mädchen bewerkstelligt werden könnten. »Zum Beispiel auch beim Teigmachen!«, sagte sie.

»Wie bitte?«, fragte Ute, die sich das furchtbar schwer vorstellte. Sie hatte ja gesehen, wie diese dicke Frau beim Kneten geschwitzt hatte. »So stark wie Sie bin ich aber nicht«, wagte sie zu sagen.

Die Müllerin lachte. »Nein, das sehe ich. Aber das Teigkneten macht man nicht nur mit Kraft, sondern auch mit Geschick. Das könntest du auch lernen. Oder das, was Milli gerade macht!« Sie wies auf den großen Tisch hin, an dem die Ostarbeiterin jetzt arbeitete und ihnen zwischendurch einen lächelnden Blick zuwarf. Hatte diese Milli das Gespräch verstanden und wollte sie auslachen?, fragte sich Ute. Die junge Frau hatte inzwischen aus einer anderen Teigmasse Teile herausgenommen und daraus Brotlaibe geformt, die sie auf mit Mehl bestäubte längliche Bretter mit langen Griffen legte. Die sollen dann wohl in den Ofen, dachte Ute.

»Du willst hier doch sicher nicht daheim herumsitzen, sondern was Nützliches machen. In unserer Mühle gibt es immer Arbeit. Du kannst auch lernen, wie man dann das Brot backt oder im Garten arbeiten«, sagte Frau Biesinger.

Ute sagte: »Im Garten kann ich schon einiges«, und dachte an ihr Pflichtjahr.

»Gut«, sagte die Müllerin, lächelte Ute an und fragte dann: »Na, wie steht's?«

Utes Mutter zog sie ein bisschen auf die Seite und fragte leise: »Was meinst du dazu?«

»Ja, ich will schon, wenn ich was lernen kann«, sagte Ute, sie war sehr unsicher, was sie da erwartete.

»Und was bekommt Ute dafür, dass sie bei Ihnen hilft?«, fragte ihre Mutter dann geradeheraus.

»Die Frage gefällt mir, das g'hört so: Arbeit gegen Lohn!«, sagte die Müllerin. »Wir werden mit Naturalien nicht kleinlich sein, also vor allem mit Brot, Mehl und auch Getreide, wenn Sie wollen.«

Das war viel für diese Zeit und besser als Geld! Es bedeutete, dass sie nicht auf ihr schmales Einkommen und auf die Lebensmittelmarken angewiesen waren, sondern darüber hinaus etwas bekamen, was man essen konnte oder woraus man Essen zubereiten konnte. Vielleicht können wir sogar irgendwann mal einen Kuchen backen, dachte Ute, ihr Herz hüpfte und ihr lief das Wasser im Mund zusammen.

Ihre Mutter sah sie fragend an. Ute nickte. »Ja«, sagte ihre Mutter, »wir sind einverstanden. Wann soll Ute anfangen?«

»Am besten bleibt sie gleich da. Milli wird sie herumführen und ihr alles zeigen.« Ute sah etwas überrascht aus und sah ihre Mutter an. Sie wurde von ihr kurz in den Arm genommen. »Du schaffst das!«, munterte sie ihre Tochter auf.

Die Ostarbeiterin Milli tauchte neben Ute auf. »Mitkommen!«, sagte sie kurz angebunden. Sie ging mit und hörte noch, wie Frau Biesinger ihrer Mutter erzählte: »Mein Mann ist trotz seines Alters und seiner Verdienste vor Kurzem noch eingezogen worden. Er ist in Norwegen, ich habe schon lange nichts mehr von ihm gehört.«

Milli zeigte Ute das ganze Haus, auch die eigentliche Mühle. Ute staunte, wie groß und verwirrend das alles war, der Hof mit der großen Zufahrt, der Raum mit der lauten Maschinerie der Mühle, die Ladevorrichtungen, die Lagerräume mit den Säcken, daneben noch die Wohn- und Schlafräume der Biesingers, wo sie ja auch helfen sollte.

»Wo du herkommen?«, fragte Milli in ihrem holprigen Deutsch, als sie schon sehr viel herumgegangen waren. Ute schwirrte der Kopf und sie hoffte, dass das so langsam alles war. Viel mehr konnte sie nicht aufnehmen. Und jetzt noch diese neugierige Frage von dieser Ostarbeiterin, die so tat, als wäre sie hier daheim.

»Ich komme aus Ludwigshafen, das liegt am Rhein«, antwortete Ute höflich.

»Rhein ist groß Fluss wie Dnipro. Ich komme aus ..., wie sagt man?, klein Dorf an Dnipro in Ukraine, ist Teil von groß Sowjetunion.«

»Großer Fluss Dnipro? Den kenne ich nicht!«, stellte Ute fest, die Interesse an Erdkunde hatte.

»Wir in Ukraine sagen Dnipro, Russen sagen Dnjepr!«, erklärte Milli.

»Aha«, sagte Ute, die diesen unaussprechlichen Namen schon mal gehört hatte und nicht wiederholen wollte. Sie sah sich Milli genauer an. Sie hatte eine etwas lange schmale Nase, hohe Wangenknochen und füllige braune Haare, die von dem Kopftuch mühsam gebändigt wurden. Sie ist einigermaßen hübsch, dachte Ute, und sie dürfte nicht viel älter sein als ich. »Wie alt bist du, Milli?«, fragte sie.

»Ich heißen Ludmilla, nur in Deutschland Milli«, sagte sie mit einem Anflug von Stolz, »ich siebzehn Jahre jetzt, ein Jahr hier in Deutschland.«

»Wie kommst du her? Hast du dich gemeldet?«

»Njet, äh, nein!«, rief Milli und erzählte in ihrem gebrochenen Deutsch, wie sie nach Deutschland kam. Ute verstand nicht alles, musste sich einiges zusammenreimen. Milli stammte aus einer großen Familie von Bauern in der Ukraine. Da alle Männer bei der sowjetischen Armee waren, traf sie das Los, nach Deutschland gehen zu müssen. »Deutsch Soldat, viele, kommen auf unser Hof. Sagen: Wenn nicht Mann da, Frauen gehen müssen. Deutsch Soldat sagen, ich schnell mitgehen, ich nicht wollen nach Deutschland. Rabota! Arbeiten! Fahren mit Lastwagen, immer mehr Menschen in Lastwagen, dann Eisenbahn, Waggon für Sachen, nicht für Menschen, sehr voll, lange Zeit fahren, viel schlimm, kalt, dreckig, kein Toilette.« Sie schüttelte sich.

»Das muss wirklich weit weg sein!«, sagte Ute und erinnerte sich an den Schulatlas und das dort abgebildete riesige Russland. Der Lehrer hatte gesagt, in der Ukraine gäbe es riesige fruchtbare Felder mit schwarzem Boden, es sei eine Kornkammer und Deutschland als Volk ohne Raum brauche dieses Land. Aber so viel sie wusste, hatten die Deutschen inzwischen Russland verlassen, auch die Ukraine. Sie hatten sich zurückgezogen, um das Reich zu verteidigen, wie es im Rundfunk hieß.

»Ist die Arbeit schwer hier in der Mühle?«, fragte Ute.

»Ist nicht mehr schwer wie Arbeit auf Hof daheim. Ich Glück hier. Früher arbeiten in Gottingen.«

»Meinst du Göttingen?«, fragte Ute.

»Ja, so heißt. In Aluminium-Werk arbeiten. Dann in Ulm, Fabrik Telefunken, Röhren prüfen für Radio. Viele Leute dort aus Polen. Schwere Arbeit in Fabrik, lang, sehr lang am Tag, Norm schwer, viel weinen.«

»Jeder muss arbeiten!«, sagte Ute, »ich ja auch.«

»Sicher!«, sagte Milli, »aber ist richtig, Frauen schlagen, wenn nicht Norm oder etwas kaputt geht? Und wenig essen und viel Hunger?«

Ute sah diese Ludmilla an. Sie konnte das nicht glauben. Und wenn es doch stimmte: Sicher hatten diese Frauen etwas angestellt, sonst wären sie nicht bestraft worden. Und Hunger hatte sie auch immer. Das war also normal. Ute geriet in Gedanken. Mama sagt immer, ich bin zu mager, na ja, vielleicht bin ich wirklich zu schlank. Aber wahrscheinlich würde ich, wenn wir mehr zu essen hätten, nur dick werden wie diese Müllerin. Das will ich nicht. Also ist es ganz gut, wenn ich nicht zuviel kriege. Aber ein bisschen mehr könnte es schon sein, damit ich satt werde. Aber das ist ja vielleicht jetzt zu erwarten. Mama würde sagen, was sind das eigentlich für wirre Gedanken?, dachte sie und lächelte.

Ludmilla-Milli wunderte sich über das Lächeln, das wirklich nicht zu dem passte, was sie eben erzählt hatte, und sagte unwirsch: »Ich froh, als Chef in Ulm sagen: Ludmilla weggehen, helfen in Mühle. Gute Arbeit! Und du jetzt: mitkommen, zurück in Backstube!«

In der Backstube hatte die Müllerin inzwischen den nächsten Teig zubereitet und durchgeknetet und sie lernte zusammen mit Milli Ute an, die Laibe zu formen. Ihr erster Laib hatte zwar noch nicht ganz die perfekte Form wie bei Frau Biesinger und bei Milli, aber das kommt noch, dachte Ute. Der Laib musste nun auf das Brett gelegt werden, längliche Laibe wurden oben mehrmals einen Zentimeter tief mit dem Messer angeritzt, runde wurden oben »gelöchert«, und dann nochmals zum Aufgehen hingestellt. Diese Arbeit war nicht sehr schwer und es machte Spaß. Ute war hochbefriedigt, als ihre ersten Laibe im Ofen landeten. Außerdem lernte sie, dass Brot eine schöne Kruste bekommt, wenn es bei hoher Luftfeuchtigkeit gebacken wird. Man muss das Brot während des Backvorganges öfter mit Wasser benetzen. Fertig ausgebacken ist es dann, wenn es beim Klopfen auf die Unterseite hohl klingt, lehrte sie die Müllerin. Sie verkündete auch: »Teigmachen, das lernen wir später!«

Ute kam optimistisch heim. Als sie den kleinen Horst hochnahm, freute sie sich, als er sie strampelnd begrüßte und sich sein kleiner Mund zwischen den beiden Pausbacken lächelnd verzog. »Er freut sich, wenn er mich sieht«, rief Ute aus.

»Wenigstens einer!«, sagte ihr unverschämter kleiner Bruder Berti.

»Sei nicht so frech, Kleiner«, gab Ute zurück und Berti duckte sich lachend, damit er keine Schläge von seiner großen Schwester abbekam.

»Seid friedlich, Kinder!«, sagte ihre Mutter. »Ute, weißt du, was ich inzwischen von Frau Köberle über die Familie Biesinger erfahren habe?«

»Was denn?«, fragte Ute etwas geschafft und ließ sich auf einen Stuhl plumpsen.

»Ich habe mich doch gewundert, dass die in der Mühle eine Ostarbeiterin als Hilfe haben. Die arbeitet ja sogar im Haushalt mit. Normalerweise sind die Ostarbeiter in den Fabriken, nicht bei Handwerkern oder gar im Haushalt einer kleinen Familie. Der Herr Biesinger war Ortsgruppenleiter der Partei und irgendwas ist vorgefallen. Da hätten sie ihn ‚zur Dienstleistung an der Front freigegeben', so sagt Frau Köberle, und nach Norwegen geschickt. Norwegen geht ja noch, nach Osten wäre schlimmer. Und dann haben sie seiner Mühle eine Ostarbeiterin zugeteilt, die auch für die Familie arbeitet. Wie nett von Ihnen! Da sieht man wieder, was es für einen Unterschied gibt zwischen den Volksgenossen und den Parteigenossen. Und noch einen weiteren Unterschied bei diesen PGs zwischen den kleinen und den großen PGs!«, sagte Utes Mutter bitter und schüttelte den Kopf.

Ein PG war ein Parteigenosse, also ein Mitglied der Nationalsozialistischen Deutschen Arbeiterpartei (NSDAP), das wusste Ute zur Genüge. Sie erzählte ihrer Mutter von ihrem Tag, sie hatte viel zu erzählen.

»Das arme Kind, so weit weg von daheim in diesem Alter«, sagte ihre Mutter, als Ute von Milli sprach und sie hörte, dass die noch so jung war. »Überlege dir mal, Ute, du würdest tausend Kilometer oder mehr von hier arbeiten müssen in einem fremden Land, mit fremder Sprache und ganz allein. Das wäre doch schlimm!«

»Ja, sicher!«, antwortete Ute, die sich das nicht vorstellen wollte. Dann fügte sie hinzu: »Milli ist ganz nett, obwohl sie eine Russin ist!«

»Russland! Das erinnert mich an meinen Bruder...«, sagte die Mutter wehmütig. »Kannst du dich erinnern, Ute, was uns Onkel Edgar mal aus Russland geschrieben hat? Er hat auch etwas über das Land geschrieben.«

»Ich kann mich erinnern«, sagte Ute traurig. Der Onkel hatte berichtet:

Rußland, den 18. Juli 1941

Liebe Schwester!
Ich will auch Dir einige Zeilen schreiben von unserem großen Feldzug gegen Russland. Hätte nie im Leben gedacht, daß ich einmal hierher kommen könnte, es kommt immer anders wie

man denkt. Wir waren am 31. noch in Tilsit, glaubten nicht an den Krieg. Trotzdem es uns gesagt wurde, morgen beginnt der Kampf gegen Russland und am Morgen des nächsten Tages begann das Trommelfeuer aus allen Rohren gegen unseren neuen Feind und wir marschierten, das heißt wir fuhren Tag und Nacht durch Litauen, Estland und Lettland und hatten die Elitetruppen der Sowjets vor uns, bestehend aus Mongolen, richtig grausam, die keinen Deutschen gefangen nahmen, sondern alles umbrachten, die Augen ausstachen oder schlugen sie ihnen den Schädel ein, darauf machten wir auch keine Gefangene, auch vor Heckenschützen mußten wir uns in Acht nehmen, so manche haben die von uns auf dem Gewissen, also wehe, wenn wir einen erwischten, da wurde kurzer Prozeß gemacht.

Jetzt sind wir im eigentlichen Rußland und marschieren in Richtung Petersburg, Leningrad, es hat manchen Schweiß gekostet, bis wir hier waren, Tag und Nacht Bombenangriffe durch russische Bomber, Artilleriefeuer u. Panzer, aber niemand kann uns aufhalten, Straßen und Wege wirklich unbegreiflich schlecht, so gibts bei uns keinen Feldweg, die Bevölkerung läuft barfuß, wohnt in Holzhütten, das vor Ungeziefer strotzt, jeder hat dasselbe, was der andere hat, dreckig, schmierig, das ist das Sowjetparadies, ich bin glücklich, wenn ich diesem Land den Rücken kehren kann. Laß dir alles von Vater berichten, ich schreib doch öfters.

Glück habe ich schon unbeschreiblich gehabt, aber Unkraut vergeht nicht, ich bin jetzt 1600 km gefahren hier in Feindesland und was wir bis jetzt sahen, zeigt die niedrige Kulturstufe, die dieses Land hat, dagegen ist unser Deutschland das schönste Land auf der Erde, wir können gar nicht schätzen wie schön es wir haben. Unser Kampf geht gegen eine ande-

re Weltanschauung, der früher oder später gekommen wäre, denn mit dem Teufel verträgt man sich nur eine Weile. Mir geht es zurzeit noch gut und gesund bin ich auch noch, hoffentlich ist es bei Dir und Deinen Kindern dasselbe.

Ich will schließen in der Hoffnung, dass wir uns recht bald gesund in der Heimat wiedersehen.

Es grüßt Dich und Deine Kinder recht herzlich
Edgar

Hast Du mein Frl. Braut schon gesehen?

»Er hat keine gute Meinung von Russland gehabt, wirklich nicht! Ob es da wirklich so ist? Was würde Milli dazu sagen?«, fragte Ute nachdenklich.

Da fiel ihr Blick auf ihre Mutter. »Mama, du sollst doch nicht weinen!«, sagte sie und umarmte ihre Mutter. Sie wusste genau, warum ihre Mutter weinte.

Sie wollte sie aufheitern und erinnerte sie an ein Erlebnis, das sie mit Onkel Edgar gehabt hatte, als sie acht oder neun Jahre alt war. Er war Autoschlosser und hatte in der Industriestraße bei einer Metallbaufirma gearbeitet. Und er war aufgrund seines regelmäßigen, recht guten Einkommens stolzer Besitzer eines leichten Motorrades, mit dem er seinen vielen Mädchen imponierte. Er benutzte es aber auch beim Arbeitsweg, auch mittags, er fuhr regelmäßig heim zum Essen. Er hatte sie mal gefragt: »Ute, willst du mal mitfahren?« Da hatte sie halbherzig geantwortet: »Warum nicht?« Man will nicht so leicht was ablehnen, wenn der Onkel großzügig einlädt. Und damals war schon ein Fahrrad selten, geschweige denn ein Motorrad. »Hock' dich mal hinnedruff!«, sagte er einladend. Das hatte sie getan und dann gefragt: »Und wo soll ich mich festhalten?« »An mir!« Er war mit Karacho losgefahren und sie hatte sich krampfhaft an ihm festgehalten. Es war die Industriestraße entlanggegangen, die damals nicht geteert war. Da ging es bumm, bumm, hoch und runter über Stock und Stein. Ute hatte die Fahrt nicht genossen, im Gegenteil: Sie hatte sich an den Onkel geklammert, hatte gezittert, hatte Angst gehabt, nur Angst! Todesangst! Nur nicht runterfallen, nur nicht umfallen! Sie dankte Gott, als sie die Fahrt überstanden hatte und noch lebte. Es war grauenhaft gewesen, sie hatte unterwegs gedacht: Das ist die letzte Fahrt meines Lebens! Und um dem Ganzen die Krone aufzusetzen, hatte er noch am Schluss grinsend gefragt: »Wann fährst du mal wieder mit, Ute?« »Nie! Nie!«, hatte Ute ausgerufen.

Sie hatte ihre Mutter aufheitern wollen mit dieser Geschichte, weil es ja im Nachhinein gesehen eine lustige Sache gewesen war. Aber als sie fertig erzählt hatte, fragte sie sich auf einmal, ob sie wirklich in die Zukunft schauen konnte: Es war tatsächlich die letzte Fahrt mit dem Onkel gewesen, sie würde mit ihm nie mehr fahren.

Sie behielt ihre Gedanken für sich. Ihre Mutter lächelte nämlich jetzt, schmerzlich zwar, aber immerhin, sie lächelte. Ute wollte sie nicht weiter betrüben.

Kapitel 11

Januar 1945

Als der Zug Heilbronn erreichte, schauten alle aus dem Fenster. Das, was man sah, war erschreckend. Der Zug hoppelte über notdürftig geflickte Schienen und Weichen an der Ruine eines Stellwerks vorbei in den zerstörten Bahnhof, rundherum schien in der Stadt kaum ein Stein mehr auf dem anderen zu sein.

Der Obergefreite mit der Beinprothese war an seinem Ziel angekommen. Auch er hatte die Ruinen der Stadt gesehen. Er legte die Hand vor die Augen, als wenn er nicht glauben wollte, was er da sah. Dann sah er nochmals hinaus und biss sich auf die Lippen. »Da hot's ja ziemlich Bombe g'hagelt, hab i g'hört, aber des hätt i net erwartet ... Es war so ein schöns Städtle«, sagte er langsam, sein Schwäbisch kam jetzt besonders durch, er hatte Mühe, sich zu fassen. Er atmete tief ein und aus und stand mühsam auf. Dann sagte er: »Es ist die Frage, ob i net zu spät komm, ob Luftschutz überhaupt no gebraucht wird.« Er macht auch jetzt noch Scherze, dachte Ulrich. Der Soldat sah seinen kritischen Blick und erklärte ihm: »Weißt du, Junge, jeder Mensch versucht auf seine besondere Art, mit so was fertig zu werden. Das hier kann man nur mit Galgenhumor ertragen!«

Sie halfen dem Obergefreiten beim Aussteigen, reichten ihm seinen Rucksack und seinen Seesack hinaus. Da verkündete der Zugführer, dass sie hier »aus technischen Gründen« einen längeren Aufenthalt hatten. »Wir fahren in etwa einer Stunde weiter«, meldete er.

»Wo wollen Sie hin?«, fragte Ulrich den Soldaten, als sie auf dem Bahnsteig standen. »Ich habe ja Zeit, vielleicht kann ich Ihnen tragen helfen?«

»Im Bahnhof finde ich wahrscheinlich Feldgendarmerie. Die können mir vielleicht weiterhelfen«, meinte der Mann und schaute sich um. Es war auch so: Zwei Feldgendarmen pendelten vor dem Zug und überprüften die Männer, insbesondere die Soldaten, die aus dem Zug ausstiegen, auf ihre Papiere. »Die Kettenhunde kontrollieren streng, dass niemand von seiner vaterländischen Pflicht davonläuft!«, sagte der Obergefreite und hinkte auf die Leute zu.

Die Feldgendarmen, die Militärpolizisten der Wehrmacht, waren erkenntlich an ihrem breiten Metallschild mit der Aufschrift »Feldgendarmerie«, das an einer Kette um den Hals getragen wurde, darum der Spitzname »Kettenhund«. Zur Zeit war ihre Hauptaufgabe die Verfolgung von Soldaten, die anscheinend oder scheinbar ihre Einheit verlassen hatten, also der Desertion oder Fahnenflucht verdächtig waren. Aber sie rekrutierten auch bisher noch nicht eingezogene, aber wehrfähige Männer für die Wehrmacht. Man erzählte sich, dass sie selbst die Flüchtlingstrecks aus dem Osten noch nach potenziell waffenfähigen Männern absuchten. Der ironische Volksmund bezeichnete sie auch als »Heldenklau«.

Der hinkende Obergefreite und die Gendarmen grüßten sich militärisch. Danach zeigte der Obergefreite seine Marschpapiere vor. Ein Feldgendarm überprüfte sie, nickte und sie sprachen miteinander. Der andere Gendarm ging den Zug entlang weiter.

Ulrich beobachtete die Szene, bis er auch hergewinkt wurde und seine Papiere vorzeigen musste. Der Gendarm, ein Mann in mittleren Jahren, beäugte misstrauisch seinen Urlaubsschein. Der hinkende Obergefreite stand daneben und sagte, als er das Misstrauen des Mannes spürte: »Der Junge ist unterwegs zu seiner evakuierten Familie, zu seiner kranken Mutter und seine drei Geschwistern. Die brauchen ihn! Dringend! Er ist in Ordnung, der Junge, lass ihn gehen, Kamerad!« Der Soldat musste im Abteil gut zugehört haben, aber das mit der Krankheit habe ich im Abteil ja gar nicht erzählt, dachte Ulrich und sah den Obergefreiten an. Der Soldat zwinkerte zurück. Der Gendarm zog die Augenbrauen hoch, gab aber Ulrich die Papiere nach einem Zögern zurück und ging weiter.

Marga und Bernhard waren auch ausgestiegen und sahen der Kontrolle aufmerksam zu. Der Obergefreite gab ihnen allen die Hand und sagte: »Ich sag Ade zu euch, ich muss jetzt wieder kämpfen. Nachher, wenn die Kettenhunde Zeit haben, bringen die mich Invaliden zur Einsatzzentrale. Dort werde ich der Befehle harren!« Er legte seine Hand an die Mütze und grüßte nicht sehr zackig zum Abschied. »Ich empfehle euch Kindern allen: Spielt bloß nicht die Helden! Macht es so, dass ihr den Rest heil übersteht. Ihr werdet anschließend noch genug zu tun haben!«

»Kann man von hier aus zum Neckar gehen?«, fragte Ulrich.

Der Soldat zeigte nach Osten. »Wenn ihr in diese Richtung aus dem Bahnhof geht, kommt ihr zum Neckar«, erklärte er. »Aber ob ihr ihn heute erreichen könnt, ob die Straßen passierbar sind, weiß ich nicht. Ich will das im Moment gar nicht sehen, ich sehe das noch früh genug.« Man merkte, wie es ihn schauderte. Nachdenklich fügte er hinzu: »Meine Familie wohnt nicht direkt in Heilbronn, sondern in Weinsberg. Ich hoffe, das war weit genug weg! Wahrscheinlich haben sie viele ausgebombte Heilbronner aufnehmen müssen.« Er nickte abschließend, aber dann fiel ihm noch etwas ein. Er sagte zu Ulrich: »Junge, du hast doch sicher Hunger und noch eine lange Reise vor dir?!« Das stimmte natürlich, der Obergefreite wartete auch eine Antwort gar nicht ab. Er nestelte etwas in seinem Rucksack herum und reichte Ulrich dann eine dicke runde Dose. Darauf stand verheißungsvoll »Pfälzer Leberwurst«. »Die hat mir eine Bauersfrau aus der Pfalz gegeben, der ich ein paar Dienste geleistet habe«, erklärte er etwas geheimnisvoll. »Ich habe noch was, was ich heimbringen kann, wenn die daheim überhaupt was brauchen!« Zu Marga und Bernhard sagte er: »Ihr anderen habt ja genug dabei, wie ich gesehen habe.« Er wehrte Ulrichs Dank ab und hinkte zu einer Tür, die zu einem Warteraum führte, der einigermaßen heil schien.

Die drei sahen ihm nach. Marga sagte: »Ein netter Mensch! Er hat mir gefallen!«

Ulrich nickte. Bernhard war etwas weniger begeistert. »Wenn alle Soldaten so wären, dann könnten wir es ja aufgeben, weiter Krieg zu führen!«, sagte er.

»Viele Soldaten haben die Hoffnung auf Sieg wirklich verloren, weil es ja an allen Fronten nur Rückzug gibt«, sagte Ulrich vorsichtig. Man musste bei solchen Äußerungen vorsichtig sein. Er kannte Bernhard nicht gut. Er wusste nur, gerade die kleineren Jungen waren durch die Erziehung in der Schule und vor allem im Jungvolk, der nationalsozialistischen Organisation für die zehn- bis 14-jährigen Jungen, stark beeinflusst und voll nationaler Begeisterung und Aufopferungsbereitschaft. »Du bist nichts, dein Volk ist alles!«, bekamen sie eingeimpft.

Sie würden vielleicht auch dem Befehl folgen, sich vor feindliche Panzer zu legen, um sie zu stoppen. Und vor allem ließen sie keine Kritik an der Führung zu. »Führer befiehl, wir folgen Dir!«, hatten sie gelernt. Bernhard hatte das mit seiner Bemerkung zu seiner Großmutter während der Fahrt bewiesen.

»Gehst du mit zum Neckar?«, fragte Ulrich Marga.

»Ich muss meine Mutter fragen«, sagte sie.

»Frag für mich mit!«, sagte Bernhard. Marga sah ihn an und rannte zu ihrem Zugabteil. Sie sah zum Fenster hoch, aber da war niemand. Also stieg sie ein, kam nach einiger Zeit wieder heraus und rannte mit fliegendem Zopf zu den beiden Jungen. »Wir können beide mitgehen, aber wir sollen vorsichtig sein und natürlich rechtzeitig zurückkommen. Das Übliche halt, was Mütter so sagen!« Sie lachte.

Ulrich sah sie an. Dieses Mädchen, das jetzt wieder durch sein Lachen so mitreißend hübsch war, würde auch irgendwann einmal Mutter sein. Würde sie dann genauso reden wie ihre Mutter? Das war wahrscheinlich, obwohl es jetzt unwahrscheinlich klang, dachte er. Seine Mutter hatte ihm mal gesagt, als er wegen ihrer dauernden Ermahnungen gemeckert hatte: »Ich war früher auch anders, als ich noch nicht die Verantwortung für eine Familie gehabt habe. Das wirst du auch mal einsehen.« Als sie »anders« war, da musste seine Mutter allerdings noch sehr jung gewesen sein. Sie hatte durch die Krankheit und den frühen Tod ihrer Mutter schon sehr früh Verantwortung tragen müssen. Und die lange Arbeitslosigkeit des Vaters trug auch nicht dazu bei, dass sie später ein leichtes Leben hatte.

Sie gingen, den Trümmern ausweichend, auf den Vorplatz des Bahnhofs. Ein Haus neben dem Bahnhof stand noch, sonst gab es wirklich außer Ruinen nichts mehr zu sehen, selbst manche Straßen waren nicht mehr zu erkennen. In einigen Ruinen wurde gegraben, teilweise mit schwerem Gerät, manchmal gruben Leute, wohl Angehörige, mit der Schippe im Schutt der Häuser.

Sie staunten. Ulrich dachte an seine Erlebnisse in Ludwigshafen. Hier musste es ähnlich, wenn nicht schlimmer, zugegangen sein wie in Ludwigshafen bei dem großen Angriff. Es lief ihm kalt den Rücken hinunter.

Vor diesem Trümmerchaos saß ein Luftschutzhelfer in ihrem Alter auf einer Treppenstufe vor dem Bahnhof, die Ellenbogen auf den Knien aufgestützt und die Hände vor dem Gesicht. Weinte er? Marga sah Ulrich an. Dann fragte sie den Jungen: »Können wir dir irgendwie helfen?«

Marga hatte in ihrem besten Hochdeutsch gefragt. Der Heilbronner Junge schaute hoch, sein Gesicht war verheult, er schien aufgeregt und gab ihr in schnellem Schwäbisch Antwort. Die drei Ludwigshafener sahen sich an, weil sie absolut nichts verstanden. Darauf baten sie ihn, langsam zu sprechen, Der Junge bemühte sich nun und sie konnten ihn verstehen: »Wir haben gerade eine Mutter mit ihrem Kind auf dem Arm ausgegraben ... Wir sind jetzt noch beim Aufräumen, weil ... die Stadt ist Anfang Dezember 1944 fast vollständig zerstört worden. Es ist so schlimm ...« Er schlug wieder die Hände vors Gesicht und schluchzte. Marga legte ihm tröstend ihre Hand auf die Schulter.

Als er sich etwas beruhigt hatte, erzählte er wie auswendig gelernt, aber es schien ihn zu erleichtern: »Ein großer Bombenangriff hat am 4. Dezember in der Altstadt einen Flächenbrand mit anschließendem Feuersturm auf fünf Quadratkilometern ausgelöst. 4000 Menschen seien umgekommen, sagt man offiziell. Es waren sicher mehr. Die Zahl der Opfer des Bombenangriffs genau zu bestimmen ist gar nicht möglich, denn Hunderte sind verbrannt oder sind durch die Hitze zur Hälfte ihrer normalen Körpergröße zusammengeschrumpft und nicht identifizierbar. Man hat den Eindruck, dass der Feind durch gezielte Kombination von Brand- und Sprengbomben einen Feuersturm auslösen wollte. Solch ein Feuer ist so intensiv, dass die Flammen über 2000 Grad Celsius heiß werden können. Das zerstört Stahl, bringt Straßenbeläge, Teer, Asphalt, Bitumen, zum Schmelzen und setzt sie in Brand. Feuerstürme enden meist erst, wenn kein Brennmaterial mehr da ist, man kann sie nicht löschen. Tausende von Menschen sind umgekommen, weil es bei einem Feuersturm keine Rettung in den Kellern und außerhalb der Keller gibt.«

Sie sahen den Jungen erstaunt an. Es klang zwar grausig, was er sagte, aber auch so richtig fachmännisch. Der Junge merkte das und erklärte stolz: »Ich weiß, wovon ich rede! Ich bin eigentlich bei der Freiwilligen Feuerwehr gewesen und da habe ich viel gelernt. Ich will Feuerwehrmann werden, hauptberuflich! Da gibt es sogar ein Studium dafür!« Er klang begeistert, als er das sagte, aber dann stockte er und schien wieder auf den Boden der Realität zurückzukommen: »Aber, ob das möglich ist? Jedenfalls, jetzt bin ich als Luftschutzhelfer verpflichtet worden, die müssen ja jetzt auch schon viel jüngere als mich, sogar die kleinsten Pimpfe, zum Aufräumen holen!«

Er hielt inne und sprach nun wie ein »Fremdenführer«, der sich darauf besinnt, was die »Gäste« wissen wollen: »Das hier«, er machte mit der Hand eine kreisende Bewegung, »um den Bahnhof herum, das ist schon kaputt von einem früheren Angriff im September. Da hat man wohl vor allem den Bahnhof und den Kanalhafen treffen wollen, aber auch sehr viel anderes getroffen. Es gab ja laufend Angriffe. Aber dieser Angriff Anfang Dezember, wir räumen seit über einem Monat auf ...« Er senkte den Kopf.

Er spürte aber das Interesse, das ihm entgegengebracht wurde, und er erzählte weiter: Heilbronn habe zwar Industrie, aber hier werde vor allem Wein angebaut und Wein verkauft. »Es gibt riesengroße Weinkeller unter der Stadt, die man ausgebaut hat und für sicher hielt. Deshalb gab es nur einen Hochbunker und zwei Tiefbunker.« Der Junge sah sie an und stockte kurz. Er war ein guter Erzähler, der jetzt den Höhepunkt seiner dramatischen Geschichte vorbereitete. »Diejenigen, die zuerst Zuflucht in den Kellern gesucht und während des Feuersturms versucht haben, die Stadt zu verlassen, sind auf den Straßen verbrannt. Die im Keller starben an Kohlenmonoxidvergiftung oder durch den Einsturz der Keller. Im Klosterkeller starben 600 Menschen, in der Lammgasse 200 Menschen in einem Keller. Der Sauerstoffmangel muss die Anwesenden überrascht haben. Man hat Keller entdeckt, in denen die Toten friedlich auf ihren Plätzen sitzend gefunden wurden. In anderen Luftschutzkellern dagegen gab es vermutlich Auseinandersetzungen. Soll man bleiben, soll man aufmachen und gehen, darum ging es wohl. Es sind Hieb- und Schlagwunden an den Toten festgestellt und Knäuel von 30 bis 40 Menschen an den Ausgängen gefunden worden ...«

»Hör auf«, sagte Marga entsetzt, »das kann man ja nicht mehr aushalten!«

»Ja«, sagte der Junge bitter, »zur Zeit ist hier keine Gegend, in der sich Touristen wohlfühlen können. Aber das Hotel steht noch.« Er wies auf das Haus neben dem Bahnhof. »Und Ansichtskarten könnt ihr auch zur Post bringen. Da vorne, das alte Postamt, das gibt es auch noch, sonst allerdings nichts mehr bis zum Karlstor.«

Dieser Junge wappnet sich mit Ironie oder gar mit Zynismus gegen seine Trauer und seinen Schmerz, dachte Ulrich, der Obergefreite hat es mit Galgenhumor gemacht!

»Wir sind keine Touristen!«, sagte Bernhard mit Entrüstung in der Stimme, »wir sind auch sehr vom Krieg betroffen, wir werden evakuiert.«

»So habe ich das auch nicht gemeint«, sagte der Junge, »ihr seid sehr nett.« Dabei sah er vor allem Marga an. »Ich bin der Rudi«, stellte er sich vor.

Sie nannten auch ihre Namen.

»Bist du eigentlich persönlich betroffen, ich meine, ist jemand ...?«, fragte Marga.

»Ich weiß, was du meinst«, antwortete Rudi. »Ja, ein Onkel ist tot, allerdings stand er mir nicht so nah. Aber weißt du, ich muss und will doch bei der Bergung der Toten mithelfen. Wir haben zwar Helfer, Zwangsarbeiter, Russen, Ukrainer, Polen, sogar Häftlinge aus dem Lager Neckargartach wurden geholt. Alle die machen die Hauptarbeit unter der Aufsicht der Polizei. Sie werden mit Alkohol versorgt, damit sie es aushalten. Aber ich sehe ja auch, was da zu Tage kommt. Vorhin wieder: Die Mutter, die ihr kleines Kind umschlungen hatte, das schockt besonders!« Die Erinnerung kam wieder, er schwieg und atmete schwer. Alle schwiegen. Marga putzte sich die Nase. Ulrich dachte an das Kind, das er nicht hatte retten können, und ärgerte sich darüber, dass er auch nahe daran war, in Tränen auszubrechen. Ein Mann weint nicht, vor allem, wenn ein Mädchen daneben steht.

»Wir wollten doch zum Neckar«, sagte Bernhard nach einer Weile. Alle waren froh, dass sie diese Bemerkung wieder auf andere Gedanken brachte.

»Hier die Bahnhofstraße führt zum Neckar, sie ist auch einigermaßen geräumt, aber wollt ihr euch das wirklich antun? Es sieht überall schlimm aus«, wandte Rudi ein.

Ulrich und Marga sahen sich an. »Du hast recht«, sagte Ulrich und Marga nickte dazu, »es hat keinen Sinn.« Wir wollen wirklich keine Touristen sein, dachte Ulrich, die die Trümmer begaffen oder gar begutachten in einem makabren Wettbewerb der deutschen Städte: Welche Stadt hat die schlimmsten Trümmer? Welche ist am meisten zerstört? Ludwigshafen könnte sich in diesem Wettbewerb auch rühmen, mit vorne zu sein.

Sie standen unschlüssig beieinander.

»Übrigens«, sagte Rudi wieder, »im April 1944 hat der Feind nachgemachte Lebensmittelmarken über der Stadt abgeworfen. Ich habe daheim noch welche. Aber die darf man natürlich nicht verwenden, da wird man bestraft.« Er zwinkerte mit einem Auge.

»Du hast sie doch hoffentlich nicht verwendet?«, fragte Bernhard und runzelte die Stirn, ihm war das Zwinkern nicht entgangen.

»Wo denkst du hin?«, rief Rudi im Brustton heuchlerischer Überzeugung. Ulrich und Marga lachten, Bernhard sah ihn misstrauisch an.

Da ertönte der Pfiff der Lokomotive eines Zuges.

»Ist das unserer?«, fragte Marga.

»Vorhin stand da nur unserer«, sagte Ulrich.

Schnell verabschiedeten sie sich von Rudi und wünschten ihm alles Gute, Marga vergaß nicht, ihm zu wünschen, dass er seinen Wunschberuf Feuerwehrmann lernen könne. Rudi gab die guten Wünsche zurück und sah ihnen nach, als sie im Slalom um die Trümmer der Bahnhofsruine zum Zug rannten.

Sie hätten sich nicht zu beeilen brauchen. Der Zug hatte gewissermaßen nur »Voralarm« gegeben, um seine Passagiere »zusammenzutreiben«, er fuhr erst nach einer halben Stunde ab.

Kapitel 12

Januar 1945

Ute arbeitete nachmittags allein in der Backstube. Nachdem sie die letzten Tage oft zugesehen und kluge Ratschläge erhalten hatte, durfte sie endlich den Brotteig kneten. Die Müllerin und Milli waren gerade im Haus unterwegs. Die Müllerin wollte aber bald wiederkommen, um ihr zu helfen, wie sie sagte. Ute dachte, sie will mich kontrollieren, sie traut es mir noch nicht zu, obwohl ich es doch vorher unter ihrer Aufsicht ein paarmal erfolgreich probiert habe. Ich kann das längst!

Die Müllerin hatte noch die Zubereitung dieses Teigs überwacht, aber Ute hatte dabei schon sehr selbstständig gearbeitet. »Du hast viel Teig auf einmal gemacht«, hatte die Müllerin gesagt, »na ja, du musst deine Erfahrungen sammeln.« Ute griff nun mit voller Kraft in den Teig, um ihn zu kneten und zu mischen. Sie war fast bis zu den Ellenbogen hineingetaucht und bewegte ihn hin und her. Es ging schwer, es war mühsam, aber sie wollte es schaffen, sie wollte ausdauernd sein und knetete und knetete. Da merkte sie auf einmal, wie sie langsam ihre Kraft verlor. Aber es muss doch gehen, dachte sie, die Milli, die auch nicht viel älter und größer ist als ich, die kann es doch auch. Sie hat es mir stolz gezeigt. Und was die kann, kann ich doch auch! Also machte sie weiter.

Auf einmal ging nichts mehr. Tief über den Backtrog gebeugt steckte sie mit den Armen weit im Teig drin und es ging nicht mehr vorwärts noch rückwärts. Sie versuchte alles, um doch irgendwie noch herauszukommen, aber ihre Kraft war erlahmt. Ein Krampf in der Hand kam dazu, sie verzog ihr Gesicht vor Schmerzen. Nicht weinen, nicht weinen, sagte sie sich, aber ihr war sehr danach. Und diese Blamage! Jetzt sehen die mich an diesem Backtrog stehen, in dem ich in dieser komischen tiefgebückten Stellung drinstecke wie in einem Sumpf und Hilfe brauche, um herauszukommen. Die lachen mich aus, die lachen sich schief über mich!

Da ging auf einmal die Tür auf und Berti rannte herein. »Ute, Ute«, rief er, »ich soll dir sagen, der Ulrich ist gekommen. Unser Ulrich! Mama sagt, du sollst schnell kommen.«

Ute freute sich. Ulrich ist da, mein großer Bruder, der früher lange ihr Spielgefährte gewesen war, als sie noch klein waren. Jetzt kabbelten sie sich oft, aber sie mochten sich auch. Aber ihre Freude war getrübt! Muss er ausgerechnet jetzt kommen?

Gott sei Dank sieht er das jetzt nicht, das wäre ein gefundenes Fressen für ihn: Seine »kleine« Schwester steckt hilflos im Teig. Aber auch vor meinem kleinen Bruder werde ich nie im Leben zugeben, dass ich im Teig stecken geblieben bin und allein nicht mehr herauskomme, dachte Ute. Das wird ein Leben lang ein Familienwitz sein, wenn die das erfahren. Außerdem ist er ohnehin nicht stark genug, mir zu helfen.

»Ich komme sofort, wenn ich den Teig hier fertig habe«, sagte Ute mit rotem Kopf.

»Ich sag es Mama«, sagte Berti, »aber komm bald!« Er rannte wieder weg und ließ die Tür offen. Milli kam herein. »Wer war Bub?«, fragte sie.

»Mein kleiner Bruder«, gab Ute Auskunft, »er hat mich gerufen, weil mein großer Bruder überraschend hierhergekommen ist. Ich soll heimkommen. Aber vorher ...« Ute versuchte wieder, die Arme und Hände freizubekommen und seufzte.

»Was du machen?«, fragte Milli, dann erfasste sie die Situation: »Du hast Problem!«

»Ja«, gab Ute zu und sah Milli Hilfe suchend an. »Kannst du mir helfen?«

»Kein Problem«, sagte Milli und half Ute, die Arme aus dem Teig zu befreien. Ute merkte an ihrem Zupacken, dass Milli doch viel kräftigere Muskeln hatte als sie. »Ich stark, weil viel Arbeit auf Land, viele Jahre«, erklärte Milli und tat, als ob es selbstverständlich wäre.

»Danke«, sagte Ute.

»Du gehen zu Bruder«, meinte Milli, »ich sagen Müllerin und ich Teig fertig machen.«

»Vielen Dank, du bist sehr nett.« Ute beschloss, darüber nachzudenken, ob Milli ihre Freundin werden könnte. Dann fiel ihr ein: War das überhaupt erlaubt? Man sollte doch mit den Ostarbeitern nicht in näheren Kontakt treten, das war verboten. Aber konnte das auch für Milli gelten, hier in diesem Haus?

»Halt«, sagte Milli auf einmal, über den Backtrog gebeugt, als Ute sich angezogen hatte, »wie groß Bruder?«

Ute wusste nicht, ob sie wirklich die Größe oder das Alter meinte, also antwortete sie auf beides: »Er ist sechzehn Jahre alt, und er ist ziemlich groß, fast schon ein Meter achtzig, die Männer in unserer Familie werden alle sehr groß.«

»Mein Bruder auch groß, er neunzehn Jahre alt und Soldat in Armee. Vielleicht tot«, sagte Milli traurig.

»Da hättest du doch Nachricht gekriegt«, meinte Ute, die auf dem Sprung war.

»Vielleicht ja, vielleicht nein«, antwortete Milli. »Und jetzt du gehen!«

Ute rannte heimwärts und sann unterwegs darüber nach, dass sie nun ihre Stube bei Köberles als Heim bezeichnete.

Vor der Tür zur Stube hörte sie schon die tiefe Stimme ihres Bruders, wie er in seiner ruhigen Art erzählte. Sie riss die Tür auf und rief: »Halt, ich will auch alles mitkriegen!«

Ulrich stand auf. »Neugierig wie immer«, grinste er und sie umarmten sich.

»Au, net so arg, du alter Olwerdolwel«, nannte ihn Ute in bestem Pfälzisch einen ungeschickten groben Menschen, als er sie zu stark drückte. Das war eindeutig schwesterlich liebevoll, aber auch ablenkend gemeint. Ihr kamen nämlich fast die Tränen, als sie ihren großen Bruder wiedersah. Er hatte sich verändert, er kam ihr jetzt richtig erwachsen vor. »Dir geht's wohl zu gut?«

»Mir geht's gut, ich hoff', dir aa, du alte Zeck'«, gab er brüderlich zärtlich zurück.

Ihre Mutter schüttelte den Kopf. Sie hatte geweint, sah Ute.

Ulrich bewunderte seinen kleinsten Bruder Horst in seinem Bettchen, der rund und gesund aussah und selig schlief. Der andere kleine Bruder Berti himmelte währenddessen seinen großen Bruder an, der eine so lange und gefahrenvolle Reise gemacht hatte. Schließlich erzählte Ulrich die Geschichte seiner Fahrt hierher. Er war ohne weitere wesentliche Störungen über Stuttgart nach Ulm gekommen. Dort hatten sie übernachten müssen, natürlich im Bahnhof, bis es dann am nächsten Tag weitergegangen war. In Altenstadt hatte er beim Bürgermeisteramt erfahren, dass seine Familie in Unterbalzheim untergebracht war. Dort hatte ihm die Gemeindeverwaltung weitergeholfen.

»Aber das Wichtigste: Unser Haus hat noch gestanden, als ich von Ludwigshafen weggegangen bin«, verkündete er am Schluss und atmete tief durch.

Ihre Mutter sagte: »Hauptsache ist, dass du alles wohlbehalten überstanden hast und dass wir jetzt alle gesund zusammen sind. Es fehlt nur euer Vater!« Ihre Augen blinzelten schon wieder ein paar Tränen weg. »Das weißt du noch nicht, Ulrich: Er lebt! Ich habe, als wir noch daheim waren, einen neuen Brief von ihm bekommen! Ich gebe ihn dir nachher zum Lesen«

Hansi kam später vorbei und brachte zu ihrer allgemeinen Überraschung mit einem Gruß der Müllerin ein großes frisch gebackenes Brot von der Mühle. »Damit dein Bruder was zu essen hat«, lächelte Hansi und betrachtete diesen Bruder sehr interessiert.

Er hob das Brot Ute entgegen, aber Ulrich stand auf und nahm ihm den Laib ab. »Das Brot ist doch für mich!«, sagte er und sah Hansi an. »Danke!«

Hansi wurde rot. »Nicht alles!«, sagte er. »Auch für Ute und die anderen! Ade!« Er ging fluchtartig die Tür hinaus.

»Ich glaube, Ulrich wäre es lieber gewesen, wenn Milli das Brot gebracht hätte«, stichelte Ute.

»Wer ist Milli?«, fragte Ulrich.

»Eine junge Ostarbeiterin«, erklärte Ute. Sie erzählte von ihr und von ihrer Arbeit in der Mühle. Von dem Teig, in dem sie heute steckengeblieben war, erzählte sie allerdings nichts.

Ulrich lächelte. Er war zur Zeit ziemlich immun gegen hübsche Mädchen aller Art, sofern sie nicht Marga hießen. Er dachte immer wieder an sie und erinnerte sich wohlig an ihren Abschied von ihm auf dem Bahnhof von Illertissen. Als sie sich getrennt hatten, trennen mussten, hatte sie ihn umarmt und ihm schnell rechts und links Küsse auf die Wange gegeben. »So machen es die Franzosen, das habe ich gelernt in der Schule im Französisch-Unterricht«, hatte sie behauptet und war dabei rot geworden. Ihre Umarmung und ihre Küsse waren überraschend, aber sehr angenehm gewesen. Als er dabei ihre warmen Lippen genossen und ihren schlanken, aber doch weichen Körper gespürt hatte, war ihm ganz anders geworden. Leider war das Ganze viel zu schnell gegangen. Margas Mutter und Großmutter hatten sogar daneben gestanden und gelächelt. Vorher hatten sie ihm sehr freundlich die Hand gegeben und »Auf Wiedersehen« gesagt, genauso wie Bernhard. Natürlich kannte Ulrich inzwischen die genaue Adresse ihrer Großmutter in der Prinzregentenstraße in Ludwigshafen und für alle Fälle auch ihren Evakuierungsort.

Da klopfte es nochmals an die Tür. Ute machte auf und begrüßte Frau Köberle, die einen Krug Most brachte. »Damit sie alle und der junge Mann was Gescheit's trinke könne!«, sagte sie gutmütig. Hinter ihr lugte

Tochter Liesel neugierig in die Stube, um einen Blick auf den Neuankömmling zu erhaschen.

Es machte Eindruck, als Ulrich sich erhob, die beiden Frauen mit Handschlag begrüßte und sich bedankte. »Oh«, sagte Frau Köberle und sah zu ihm hoch, »des is ja fast schon a Mann! So was könne wir brauche! Für die Arbeit natürlich!« Liesel kicherte.

»Ich kann leider nicht dableiben«, sagte Ulrich. »Ich habe nur ein paar Tage Urlaub!«

Die Köberle-Frauen gingen, nachdem sich die Beschenkten vielmals bedankt hatten.

»Es gibt doch noch nette Menschen!«, sagte die Mutter und erinnerte sich an den Brief ihres Mannes. Sie reichte Ulrich den Brief, der ihn las:

Meine liebe K.,
wo wirst Du jetzt sein mit den Kindern, weiß immer noch nichts von Dir, hoffentlich seid ihr noch alle gesund. Ob das Haus noch steht, weiß ich nicht, aber aufgegeben habe ich es noch nicht, hoffen wir das beste.
Liebe K., was macht Ulrich, er wird auch schon im Einsatz stehen und wird wieder nach Hause kommen. Mit der Adresse musst noch warten, denn wir sind noch nicht an Ort und Stelle. Es ist schon bald ein ½ Jahr her und noch keine Nachricht von Dir. Der Krieg wird dieses Jahr entschieden werden, dann werden wir uns gesund wieder treffen. Also für heute Schluß. Gute Nacht, schlaf gut. Mir geht's soweit noch gut.
Es grüßt und küsst Dich recht herzlich
Dein Herbert
Gruß und Kuss an die Kinder.

Der Brief war aus Italien und von diesem Monat. Ulrich war erleichtert, aber er und alle wussten, dass in diesem

Krieg ihr ganzes Leben mehr als sonst unter dem Zeichen der unbedingten Vorläufigkeit stand: Morgen konnte der Vater fallen, morgen konnte ihr Haus von einer Bombe getroffen werden, morgen konnte soviel passieren ...

Aber da die vier Kinder mit ihrer Mutter nach längerer Zeit endlich mal wieder vollständig beisammen waren, die Nachricht vom abwesenden Vater gut war und man auch kleine Freuden des Lebens, wie diese unerwarteten Geschenke, auskosten sollte, war nicht die Zeit, über eine ungewisse Zukunft nachzudenken und trüben Gedanken nachzuhängen. Wichtig war das Jetzt und Heute!

Ulrich hatte die Dose Leberwurst vom kriegsbeschädigten Obergefreiten noch nicht geöffnet. Unter allgemeiner Begeisterung präsentierte er sie der Familie und machte sie mühsam mit dem Öffner seines Taschenmessers auf. Die ganze Familie feierte nun ein Fest mit frisch gebackenem Brot und würziger Pfälzer Leberwurst, auch Margarine und Marmelade waren vorhanden. Dazu tranken sie Most und Wasser. Der Most war schon leicht vergoren und machte Ulrich und Ute fröhlich, als sie ihn pur tranken. Nur der Allerkleinste, Horst, begnügte sich allein mit Milch.

Es wurde ein richtig gemütlicher Abend in ihrer kleinen Stube. Sie konnten sich diesmal ausnahmsweise satt essen, und trotzdem dabei sowohl die Lebensmittelmarken wie auch ihren Geldbeutel schonen.

Am nächsten Tag zwickte zwar bei manchen der Bauch, weil sie nicht mehr gewöhnt waren, soviel auf einmal zu essen, auch der ungewohnte Most sorgte für manches Gerenne zur Tür mit dem kleinen Herzchen, aber alle Betroffenen dachten: Diese Probleme hätten wir gerne öfter!

Allen brachte dieser Abend wieder neue Energie. Sie hatten für ein paar Stunden den schwer zu bewältigenden Alltag vergessen können, die Mühen ihrer Arbeit, der Enge ihres Wohnens und die Entbehrungen der schmalen Haushaltsführung.

Besonders Ulrich musste lange von diesem schönen Aufenthalt bei seiner Familie zehren, er hatte eine harte Zeit vor sich. Zunächst aber half er, er war zwar noch ohne Ausbildung, aber handwerklich begabt, bei einigen Reparaturen bei Köberles im Haus mit, grub den zugeteilten Garten und noch ein bisschen mehr für die Saat und die Pflanzungen im Frühjahr um, betätigte sich in der Mühle und trug so dazu bei, dass die Familie mit Lebensmitteln versorgt wurde und dass ihn nicht nur die Familie ungern gehen sah.

Seine ruhige Art machte ihn auch bei Milli in der Mühle beliebt, die ihn mit einem außerordentlichen Lob bedachte: »Ist so wie Bruder!« Und sie verriet ihm in einer schwachen Stunde kichernd, dass sie Ute mal hatte helfen müssen, sich aus dem Brotteig zu befreien. Ulrich lachte sehr, versprach hoch und heilig, darüber zu schweigen und nahm sich vor, dieses Wissen bei passender Gelegenheit nutzbringend zu verwenden. Nach diesem Krieg!, sagte er sich.

Kapitel 13

März 1945

Wenn Ulrich Zeit und Lust zum Überlegen gehabt hätte, was er nicht hatte, dann hätte er feststellen können, dass er ein Reisender geworden war. Ein Reisender vom

Schanzen hinter der Front heimwärts nach Ludwigshafen, dann durch halb Süddeutschland zu seiner Familie und anschließend wieder zurück zu seiner Abteilung im Saargebiet, wo inzwischen der Westwall und die Schanzen Front geworden waren.

Alle diese Reisen fanden unter sehr abenteuerlichen Umständen statt, wenn man es so wohlwollend ausdrücken wollte. Sie waren in Wirklichkeit nicht nur abenteuerlich, sondern sehr gefährlich. Und die Reise sollte weitergehen.

Die alliierten Westmächte stießen immer weiter in Richtung Osten vor, inzwischen gegen den Rhein. Das 1940 von den Deutschen okkupierte Lothringen wurde besetzt, ebenso die Rheinebene im Elsass. Die Beamten des »Reichstatthalters Westmark« in Saarbrücken, zuständig für die Pfalz, das Saarland und Lothringen, waren schon im Dezember 1944 nach Landstuhl und Speyer »umquartiert« worden, weil die Front an Saarbrücken heranrückte. Um die Jahreswende 1944/45 kam der Vormarsch der Alliierten vorübergehend vor dem Westwall zum Stehen. Schlechtes Wetter, Nachschubprobleme und der erbitterte Widerstand der deutschen Truppen waren wohl die Ursache.

Die 1. Armee des deutschen Heeres stand hier; es hieß in ihren Grundsätzen über die »Kampfführung aus dem Westwall heraus«: »Der Westwall ist die letzte Linie, die unbedingt gehalten werden muss. In ihm ist zu sterben!« Hintergrund war: Der Westwall lag direkt an der alten deutschen Reichsgrenze und hatte somit national eine ganz außerordentliche symbolische Bedeutung.

Aber diese Heeresgrundsätze waren Illusion. Im März 1945 setzte in breiter Front eine Angriffswelle in

Richtung Rhein ein, von Norden her durch das Glantal, von Süden her aus dem Elsass. Die Alliierten wollten links des Rheins die letzten Gebiete erobern, die noch von den Deutschen gehalten wurden. Dieser Vormarsch zu Land wurden begleitet von Bombenangriffen aus der Luft gegen die pfälzischen Städte.

Die Armee musste sich angesichts des weit überlegenen Gegners zurückziehen. Natürlich waren auch die jungen Leute beim Schanzen betroffen, die nun mitten im Kriegsgeschehen standen. Sie rückten mit der Wehrmacht von Rehlingen aus immer weiter nach Osten zurück und nahmen soldatische Hilfsdienste wahr. Es gab jetzt bei ihnen genauso viele Opfer wie bei den deutschen Soldaten, und es wurden immer mehr und sie wurden immer mehr bedrängt.

Die deutschen Soldaten waren zermürbt. Sie hatten den Panzerangriffen, dem schweren Artilleriefeuer und den andauernden Fliegerangriffen durch die Amerikaner kaum noch etwas entgegenzusetzen, es fehlte an Menschen, Material und zunehmend mehr auch an der Moral, dem Willen, sich zu behaupten, dem Glauben, sich behaupten zu können. Die Lage war hoffnungslos.

Ulrich war wieder auf seinen Freund Heiner getroffen. Dieser hatte als Soldat im Weltkrieg 1914/18 nicht nur seinen linken Arm verloren, sondern auch vor Verdun Giftgas eingeatmet, das seine Lunge beschädigt hatte. Manchmal musste er sich wie ein Asthmatiker mit einem Blasebalg Luft einblasen. Trotzdem hatte ihn sein Betrieb in Ludwigshafen zum Einsatz am Westwall gestellen müssen. Heiner gab ihm den Rat: »Setz' dich ab, Bu, bevor es zu spät ist. Verschwind', bevor alle wegrennen und es noch gefährlicher wird.« Aber es kam nicht dazu, weil nun alles ganz schnell ging.

Die Gruppe, in der Ulrich Dienst tat, bekam einen Absetzbefehl, in dem es hieß, man solle sich auf eigene Faust durchschlagen, in Kaiserslautern am Bahnhof sei Treffpunkt, man solle dort weitere Befehle erwarten. Er ging mit einigen Soldaten und zwei gleichaltrigen Jungen, auch Heiner war dabei. Sie brauchten dazu zwei Tage, benutzten die Eisenbahn, bis die beschossen wurde und nicht mehr weiterfahren konnte, sie nutzten Fuhrwerke, hielten Lastwagen an und kamen am 19. März nach Kaiserslautern, wo sie vorläufig mit einigen Wehrmachtsangehörigen und vielen Arbeitsverpflichteten in dem Ortsteil Dansenberg am Südrand der Stadt in einer Schule untergebracht wurden. Man wartete dort auf eine »Volksgrenadierdivision«, die Kaiserslautern vor dem Zugriff der fremden Truppen schützen sollte. Diese Volksgrenadiere kamen am nächsten Tag nicht, sie waren von den Amerikanern vorher überrollt worden, Aber dafür kamen an diesem 20. März die Amerikaner, die die Stadt kampflos eroberten.

Als diese Nachricht sie erreichte, sagte Heiner: »Jetzt ist der Krieg für uns zu Ende. Es geht heim!« Heiner kam aus Speyer, er hatte also heimwärts die gleiche Richtung wie Ulrich. Sie überlegten, ob sie sich gefangen nehmen lassen sollten. So wäre der Krieg auch vorbei, aber sie wüssten nicht, wo sie landen würden und wann sie wieder heim kämen. Da trafen sie auf einen Offizier, der noch Verbindung mit der Heeresleitung gehabt hatte. Dieser sagte ihnen, dass das Armeeoberkommando 1 befohlen habe, sich »abzusetzen und am Ostrand des Pfälzer Waldes erneut Widerstand zu leisten«.

»Zu Befehl!«, sagte Heiner, »das werden wir tun!« Er überlegte und sagte zu seiner Gruppe, als sie wieder allein waren: »Wir wollen heim. Darüber sind wir uns doch einig?« Er sah seine Kameraden an. Alle nickten. »Überall schwirren die Feldgendarmen und die SS-Streifen herum, fangen scheinbare Drückeberger ein und sind ganz schnell mit dem Standgericht. Deshalb werden wir unter dem Schutz dieses Befehls durch den Pfälzer Wald heimwandern. Wenn wir einen dieser Bluthunde treffen, dann sagen wir, dass wir befehlsgemäß an den Ostrand des Pfälzer Waldes wollen und sind gedeckt.« Alle hatten verstanden.

Sie duckten sich hinter der Wand des Schulhauses, weil eine Artilleriesalve über sie hinwegstrich. Der ohrenzerfetzende Krach der Artillerie, der dröhnende Lärm der Flugzeuge, das dumpfe Rollgeräusch der Panzer und die Gefahr, von ihnen beschossen oder von den Panzern noch dazu überrollt zu werden, war seit Wochen mehr oder weniger allgegenwärtig. Aber man konnte sich nicht daran gewöhnen, es sei denn, man war taub und blind, und das zu werden, befürchtete Ulrich mehr und mehr. Er wollte raus aus dieser Hölle, sonst würde er noch verrückt werden. Er wollte mit allen Fasern seines Körpers dort weg, er wollte heim.

»Wandern?«, fragte einer, als der unmittelbare Beschuss nachließ und sie sich wieder verständigen konnten. »Wir können doch im allgemeinen Rückzug mitschwimmen. Da gibt es viele Fahrzeuge, die Richtung Dürkheim fahren, da sind wir schneller!«

Heiner schüttelte den Kopf. »Ich will dir was sagen: Ich kenne den Pfälzer Wald, ich bin Mitglied im Pfälzerwald-Verein, und ich habe einige militärische Erfahrung. Wir sind jetzt am Rand des Pfälzer Walds. Die Talstraßen im Wald sind eng. Wenn man die blockieren will, hat man es leicht. Und der Ami hat die absolute Lufthoheit. Wenn sich erst mal die Masse der deutschen

Truppen bei ihrem Rückzug durch die Täler drängt und die alles zusammenbomben, dann Gute Nacht!« Er sah die Gruppe an, die betroffen nickten. »Die Amis kommen vor allem vom Norden. Wir müssen uns also zunächst Richtung Süden halten und so den Hauptstraßen nach Dürkheim und nach Neustadt ausweichen, am besten über Trippstadt und Elmstein, vielleicht Lambrecht, nach Osten. In Elmstein sehen wir weiter.«

Ulrich fragte ihn später von der Seite her: »Ist Wandern nicht ein Problem für dich, mit deiner Lunge? Die Anstrengung!«

Heiner lachte: »In frischer Luft bestimmt nicht. Die Waldluft ist die reine Kur für meine Lungen!«

Also gingen sie los. Sie wanderten bis Elmstein und kamen außer dem mehr oder weniger fernen Lärm der Geschütze und der Flugzeuge bemerkenswert ungestört vorwärts. In Elmstein übernachteten sie im Bahnhof. Es war kalt und unwirtlich, auch ihre Essensvorräte gingen zu Ende.

Heiner lagerte neben Ulrich. Als sie nicht gleich schlafen konnten, kamen sie auf ihre Familien zu sprechen. Ulrich fiel Onkel Edgar ein und erzählte Heiner von seinen Briefen an die Familie. Dieser Onkel berichtete aus einer noch kälteren Gegend, und er war im Winter dort gewesen:

Im Osten, den 6. 12. 42

Liebe Schwester!

Will Dir heute, am Sonntag, auch einige Zeilen zukommen lassen. Ich bin wieder glücklich gelandet im Paradies. 5 Tage haben wir gebraucht bis wir hier waren, zweimal hatten uns die Partisanen die Strecke gesprengt. Hier sieht man wieder den Unterschied und man merkt so recht wie schön es daheim war. Meine Braut ist mit mir gefahren bis Frankfurt, dann ging es nicht mehr, sonst hätte ich sie auch noch weiter mitgenommen, ich habe ein liebes Mädel, ganz anders wie die andern die ich vorher hatte, Du wirst sie ja später selbst einmal kennen lernen. Wenn die Bilder schön ausgefallen sind, laß ich mir welche nachmachen, dann schicke ich Dir eins.

Bei uns ist es derzeit überhaupt nicht kalt, höchstens 3°, gegenüber vorigen Winter, da hatten wir um diese Zeit schon 35°. Jetzt wo sie uns eingedeckt haben mit Wintersachen wird es nicht mehr kalt. Hoffentlich können wir dieses Jahr Weihnachten feiern und nicht so wie im vorigen Jahr.

Ist Ute wieder daheim? Ich wollte der Krieg wäre einmal aus hier, dass wir uns hier wieder mal sich als Mensch fühlen können, so ist ja hier ein Tag wie der andere, man weiß nicht ob Sonntag oder Werktag ist. Um 3 h ist es hier dunkel, da kann man entweder lesen, so man etwas hat oder man legt sich hin bis man an Wache dran kommt. Es wäre an der Zeit, daß mal Schluß würde. Wenn man vom Urlaub kommt, da steht einem sowieso alles oben, man muß sich erst wieder an alles gewöhnen. Im Mai gedenke ich wieder in Urlaub zu fahren. Man muß halt immer denken: Es geht alles vorüber, es geht alles vorbei, nach jedem Dezember folgt wieder ein Mai.

Nun muß ich schließen in der Hoffnung, dass es Euch allen noch recht gut geht.

Es grüßt Dich, Deine Kinder und Herbert
recht herzlich
Edgar
Ausserdem wünsche ich Euch recht Frohe Weihnachten
u. ein glückliches neues Jahr

Der liebe Onkel war in keiner Weise mehr kriegsbegeistert gewesen, so wie sie hier auch! Nur war er damals leider ein bisschen weiter weg von der Heimat als sie.

Da Heiner es für zu gefährlich hielt, zur Hauptstrecke von Lambrecht nach Neustadt zu gehen, führte er sie am nächsten Tag im Wald weiter über die Totenkopfhütte an der 673 Meter hohen Kalmit vorbei nach St. Martin. Damit hatten sie den Ostrand des Pfälzer Waldes erreicht und sie sollten dort befehlsgemäß weiter Widerstand leisten. Das hatten sie aber nicht vor. Sie gingen noch nach Maikammer, da sie dort zur Bahnlinie kommen wollten, in der Hoffnung, dass die Eisenbahn noch fuhr. Dort wollten sie sich trennen, da sie nun verschiedene Ziele hatten.

Bei Ulrich und Heiner war das nicht der Fall. Heiner sagte immer: »Ludwigshafen liegt bei Speyer. Speyer ist viel älter!« Ulrich konterte: »Speyer liegt bei Ludwigshafen. Ludwigshafen ist viel größer!« Darauf lachte Heiner spöttisch und sagte: »War größer!« Ludwigshafen war vollkommen zerstört und Tausende von Einwohnern hatten die Stadt verlassen, während Speyer fast unbeschädigt geblieben war. Ulrich dachte an dieses Wortgeplänkel, als sie durch das wohlhabende Winzerdorf gingen. Die jahrhundertealten schmucken Winzerhöfe in Maikammer an der Weinstraße reihten sich stolz und unversehrt aneinander und standen in scharfem Gegensatz zu seinen letzten Eindrücken vom ruinierten Ludwigshafen.

Am kleinen Bahnhof bei Maikammer sahen sie von Weitem schon Feldgendarmen und eine SS-Streife auf ihren Motorrädern. Sie hatten Glück, die Streife hatte die Ankommenden nicht gesehen. Sie zogen sich zurück und Ulrich und Heiner fanden nach längerem vorsichtigen Herumfragen im Ort einen Winzer, der mit seiner Frau auf einem Gespann nach Mutterstadt fuhr. Er musste zur Schwester der Frau fahren, die gerade ein Kind bekam. Der Winzer war nicht begeistert, aber er erklärte sich bereit, sie mitzunehmen. Von Mutterstadt aus war es nicht mehr weit nach Ludwigshafen und nach Speyer.

Sie waren schon beim Aufsitzen, da kam aus Richtung Westen ein Soldat auf einem Rad gefahren. Er hatte um den Oberarm einen frischen, sehr improvisiert wirkenden Verband. Das Rad fuhr er mit einer Hand, er fuhr ziemlich langsam, man merkte, er war erschöpft. Als er die Gruppe mit den beiden Uniformierten sah, stockte er. Hatte er Angst vor ihnen? War er auch auf der Flucht?

Letztlich hielt er bei ihnen an, er musste wohl verschnaufen. Er fiel fast vom Rad, als er anhielt.

»Bist du auch Richtung Osten unterwegs, Kamerad?«, fragte Heiner, er wollte ihm signalisieren, dass er bei ihnen nichts zu befürchten hatte. Der Mann, ein großer kräftiger Blonder, vielleicht vierzig Jahre alt, sah aus, als wäre er unter die Räuber gekommen: die Hosen verschmutzt, die Jacke zerrissen, der Verband am Arm war rot durchtränkt, er hatte Schrammen im Gesicht und war ohne Kopfbedeckung.

»Ach«, sagte der Mann »mir ist eh schon alles egal. Wir können offen reden. Wollt ihr auch nur heim?«

»Wer will das nicht, Kamerad«, sagte Heiner vorsichtig.

»Ich komme aus der Hölle«, sagte der Mann und biss sich auf die Lippen. »Ich war beim Rückzug im Isenachtal von Kaiserslautern nach Dürkheim dabei. Wie hat da einer mal gesagt: Es war keine Schlacht, es war ein

Schlachten.« Als er seinen Arm bewegte, zog er die Luft vor Schmerz ein. »Es tut weh und ich habe doch Glück gehabt. Nur ein Streifschuss! Aber die Wunde müsste richtig verbunden werden.«

»Was war denn los?«, fragte Heiner.

»Wir müssen fahren, wir müssen zu meiner Schwester«, sagte die Winzerfrau, »Kinder warten nicht!«

»Nur einen Augenblick, liebe Frau«, sagte Heiner. »Ich möchte gern wissen, was da passiert ist.«

»Wir waren in einer Falle, in einer Todesfalle«, berichtete der blonde Soldat. »Wir waren unterwegs mit Lastwagen, Panzern, Geschützen, Fuhrwerken. Und das Tal so eng, kein Ausweichen möglich links und rechts. Und von oben haben uns die Amis gejagt, gnadenlos, mit Bomben und Bordwaffen. Sie haben uns die Hölle bereitet!« Er stockte und atmete schwer, man sah, wie er wieder unter dem Eindruck des Erlebten stand. »Mein Freund und ich waren auf einem Fuhrwerk mit Proviant. Wir konnten nicht mehr vor noch zurück, vor uns Chaos, hinter uns Chaos, über uns die Amis mit Bomben und MG-Feuer. Ich war kurz hinten auf dem Wagen, weil sich da was losgemacht hatte. Mein Freund war auf dem Kutschbock, ein großer Knall, auf einmal war er nicht mehr da, an seiner Stelle ein Loch, ein Nichts, das Pferd wälzte sich daneben auf der Straße, wiehernd, nein, schreiend, wimmernd, ich kann das nicht ...«

Seine Stimme versagte, er konnte nicht weiterreden, sein Mund zitterte, der ganze Körper bebte. Alle sahen ihn wie gebannt an. Die Winzerfrau, die so dringend zu ihrer Schwester wollte, hatte den Mund schreckensvoll offen. Heiner legte dem Mann beruhigend den Arm auf die heile Schulter. Nach einer Weile fasste sich der Mann und erzählte weiter: »Da bin ich einfach geflüchtet, weg, nur weg, dachte ich! Ich weiß nicht mehr, wie ich den steilen Hang zum Wald hinauf geschafft habe. Ich bin geklettert und geklettert, an Wurzeln angeklammert, und dann nur noch gerannt. Instinktiv immer nach Süden, heimwärts! Erst später habe ich gemerkt, dass ich ein bisschen verletzt bin und habe mich mit dem Unterhemd verbunden. Irgendwann konnte ich nicht mehr. Ich fand einen offenen Unterstand für Wanderer auf einer Lichtung und habe dort übernachtet. Als ich dann heute nach St. Martin kam, habe ich ein Fahrrad stehen sehen und es stibitzt. Von da an geht es ja eher abwärts und ich konnte nicht mehr laufen, eine Sohle ist durch. Ich bringe das Rad zurück, ich bin aus Kirrweiler, das ist der nächste Ort.« Er wies in östliche Richtung.

Heiner sah Ulrich an. »Habe ich es dir nicht gesagt, die werden alles zusammenbomben in dem Tal?« Ulrich nickte. Die Voraussicht von Heiner hatte sicher einigen von ihrer Gruppe das Leben gerettet.

Die Frau erinnerte sich wieder an ihre Schwester und mahnte zur Abfahrt. Sie bestiegen das Fuhrwerk. Der Mann auf dem Fahrrad fuhr weiter, allerdings sehr vorsichtig, sie hatten ihn vor der Streife am Bahnhof gewarnt.

Sie fuhren Umwege, vor allem Feldwege, da auf den Straßen teils Panzersperren und Verteidigungswälle errichtet worden waren, teils lebhafter Absetzverkehr herrschte. Sie sahen auch aus der Ferne Luftangriffe und vereinzelt Panzer, es knallte und schepperte.

Als sie in Mutterstadt das Haus der Schwester des Winzers erreicht hatten, sahen sie aus dem Hoftor einen Halbwüchsigen vorsichtig herauslugen. Sie fragten ihn, ob er wisse, wie die Lage hier sei. Er reichte ihnen einen Zettel.

Ulrich und Heiner sahen, dass es eine Bekanntmachung des Alliierten Oberkommandos vom 17.3.1945 war. Auf deutsch! Unterschrieben hatte ein General Eisenhower. Der hat bestimmt deutsche Vorfahren, die mal Eisenhauer geheißen haben, dachte Ulrich unpassenderweise. »An die Zivilbevölkerung« wurde darin bekannt gemacht, dass die Stadtkreise Mannheim-Ludwigshafen einschließlich Vororten jetzt Kampfzone seien und an alle Bewohner die Aufforderung ergehe, sich außerhalb dieser Kampfzone in Sicherheit zu bringen.

Sie verabschiedeten sich von dem Winzerehepaar, dankten ihnen und wünschten der Schwester der Frau alles Gute bei ihrer Entbindung. Die Frau hatte es eilig und ging schnell ins Haus.

»Speyer gehört nicht zur Kampfzone laut dieser Bekanntmachung«, sagte Heiner nachdenklich, als sie allein waren, und warf einen Blick auf Ulrich. Sie tauschten ihre Adressen aus. »Ob meine noch stimmt, weiß ich nicht so genau!«, sagte Ulrich und gab Heiner die Hand.

»Auf Wiedersehen, Kamerad«, sagte der, schüttelte ihm kräftig die Hand und schnappte nach Luft. Das machte Heiner wegen seiner Lungenbeschwerden immer, wenn er sich anstrengte, aber auch, wenn er sich aufregte. Ulrich sah ihn an, der Abschied fiel beiden schwer. Heiner war ihm die ganze Zeit so eine Art Ersatzvater gewesen.

»Willst du nicht mit mir nach Speyer kommen?«, fragte Heiner in Ulrichs Zögern hinein. »Du hast gehört, dort ist kein Kampfgebiet! Mein Häuschen in Speyer steht bestimmt noch! Ich habe auch noch Platz für dich!«

»Nein«, sagte Ulrich nach einem Moment des Schwankens, »ich muss heim, unsere Wohnung besetzen, wenn sie noch steht. Sonst ist sie weg!« Die Sorge war nicht unberechtigt, leere bewohnbare Wohnungen waren rar und es wurden sofort Obdachlose dorthin eingewiesen oder die Obdachlosen besetzten sie von allein. Dass Familien »nur« evakuiert waren, schützte davor nicht unbedingt. Aber Ulrich wollte auch aus anderen Gründen heim, er wollte in die vertraute Umgebung zurück, auch wenn sie noch so unvollkommen war, sie gab ihm Sicherheit. Und dort erhoffte er sich auch Ruhe, die brauchte er dringend, er wollte sich ausschlafen und dann neue Pläne machen.

Sie trennten sich und Ulrich ging über die Felder weiter heimwärts. Seit Kaiserslautern war aus Ulrich, dem Reisenden, ein Flüchtender geworden, er floh vor dem Krieg und allen Kriegsparteien, auch der eigenen, weil es ihn nach Hause zog.

Kapitel 14

März 1945

»Au«, schrie Ute. Sie lag auf dem kalten schneebedeckten Boden, Hansi lag über ihr. Ihr rechter Fuß lag irgendwie verquer und Hansis rechter Schuh traf dazu noch ihren rechten Knöchel. Es knackte auf einmal da unten, dann kam der Schmerz und sie wurde fast ohnmächtig!

Sie waren beim Schlittenfahren, es war Sonntag. Ute war zusammen mit Hansi gefahren, der hinter ihr saß und lenkte. An einem Buckel mit dünnem Schnee stockte der Schlitten und kippte um, als sie in voller Fahrt waren. Sie stürzten herunter, wie schon so oft. Hansi war diesmal auf sie gefallen. Die verquere Lage des Fußes wäre vielleicht nicht schlimm gewesen, junge Knochen sind flexibel, aber das Gewicht eines kräftigen jungen Mannes halten sie doch nicht aus.

Dazu blutete es, weil Hansi sie zu allem Überfluss noch mit seinem mit Metall vorn und hinten beschlagenen Schuh hart gestreift hatte, auch ihr Strumpf war dort kaputt. Ute hatte oft zugesehen, wie ihr Großvater als Schuhmachermeister diese abgerundeten Metallstreifen auf alle Straßenschuhe vorn und hinten draufnagelte, damit die Sohlen und die Absätze länger hielten. Diesmal hatte sie mit diesen Dingern auf eine andere, sehr schmerzhafte Weise Bekanntschaft gemacht.

Hansi war zu Tode erschrocken, als sie schrie und anfing zu weinen. »Das tut fürchterlich weh«, stieß sie unter Tränen heraus und wies auf den Fuß. »Ich glaube, ich habe was gebrochen! Es hat geknackt, ich hab's gehört!« Wie kann mir das passieren, dachte sie, als sie wieder denken konnte, jetzt muss ich daheim bleiben, ich kann nicht mehr daheim mithelfen, ich kann nicht mehr in der Mühle arbeiten. Dann war ihr noch eine fürchterliche Befürchtung gekommen: Vielleicht muss ich künftig hinken! Und dann noch das Blut! Hansi hatte ihr sein Taschentuch gegeben, das sie auf die Wunde gedrückt hatte. Die Blutung hatte zum Glück bald aufgehört. Aber der neue Strumpf war kaputt und blutig, ärgerte sich Ute.

Auf dem Schlitten wurde sie im Galopp von Hansi in den Ort gefahren. Dieser war untröstlich, er hatte die Schlittenfahrt angeregt und war ja auch der Lenker gewesen. Es hatte gestern nochmals geschneit, der Winter war zurückgekommen. »Wir müssen den frischen Schnee noch ausnützen, lange bleibt er im März nicht mehr liegen!«, hatte er gesagt.

Ihre Mutter wurde geholt, die die Hände über dem Kopf zusammenschlug. »Auch das noch!«, hatte sie gesagt. Dann ging es auf dem Schlitten zum Arzt, einem alten gemütlichen Doktor, den sie als Erstes fragte, ob sie bald wieder richtig laufen könne.

Er sah sie ernst an und hieß sie, den Fuß zu bewegen, worauf sie einen Schmerzensschrei ausstieß. Sie befürchtete schon das Schlimmste und musterte den Doktor ängstlich. Nachdem er den Fuß und den Knöchel abgetastet hatte, lächelt er aber und sagte: »Soweit ich das sehe, ist der Knöchel nicht ganz gebrochen, nur angebrochen. Das bedeutet, dass er schneller heilt. Und zu deiner Frage: Erstens: Du wirst es überleben! Zweitens: Das wird folgenlos ausheilen! Aber drittens: Nur, wenn du die nächsten Wochen diesem Bein absolute Ruhe gönnst!«

Die Wunde wurde verpflastert und das Bein wurde geschient. Jedenfalls konnte sie nicht mehr laufen, und das für Wochen! Wie sollte sie die Zeit herumbringen? In diesem einen Zimmer, in dem sie jetzt lagerte, mit dem Blick in den Hof, das »kaputte« Bein schön ruhig gestellt? Ihre Mutter war mit Berti unterwegs, sie wollten im Wald Holz sammeln.

Sie konnte also fast nichts mehr machen, vielleicht noch den kleinen Horst hüten, und auch das war beschwerlich, weil sie so unbeweglich war. Ihre Mutter hatte gesagt: »Frauen haben immer Arbeit!« Damit hatte sie stricken gemeint, oder flicken oder sonstige Handarbeiten machen. Nun, warum nicht? Aber die ganze Zeit?

Wenn ihre Freundinnen greifbar gewesen wären, mit denen wäre es ihr nicht langweilig geworden. Sie hatten immer was miteinander zu reden gehabt. Mit Viola hatte sie sich eigentlich immer am besten verstanden, bis deren Familie woanders hingezogen war. Das war auch so eine Sache, allerdings schon vor Jahren, als das mit der Abgrenzung von den Juden so richtig begonnen hatte.

Wann hatte sie davon zum ersten Mal etwas mitbekommen? Ute erinnerte sich, dass sie ihre Mutter mal gefragt hatte, warum sie immer sagte, ich geh zum »Kaufhaus Tietz«, wenn sie den »Kaufhof« in Ludwigshafen meinte. Das sei früher Kaufhaus Tietz gewesen, antwortete ihre Mutter, aber weil der Besitzer ein Jude war, habe man das Geschäft arisiert und ihm einen anderen Namen gegeben. Arisiert, den Begriff kannte Ute vom »Bund Deutscher Mädel«, kurz BDM genannt: Geschäfte, die Juden gehörten, wechselten in die Hände von »richtigen Deutschen« über. Das musste öfter passiert sein, ihre Mutter nannte immer wieder Geschäfte bei einem Namen, den sie jetzt nicht mehr hatten und verbesserte sich dann. Das war zum Beispiel auch beim Textilhaus Rothschild in der Ludwigsstraße der Fall, aus dem das Modehaus Schuh geworden war. Ute hatte auch von »Judenhäusern« gehört, die in andere Hände, es waren wohl »richtige deutsche Hände«, übergegangen waren. Es seien manchmal richtige »Schnäppchen« gewesen.

Aber von solchen Schnäppchen konnte ihre Familie bestenfalls träumen, auf keinen Fall konnten sie sich so etwas leisten. Ihr Vater war lange arbeitslos gewesen. Bevor er eingezogen worden war, hatte er dann eine Beschäftigung als Dolmetscher für französische Arbeiter bei einer Stahlbaufirma in der Industriestraße bekommen. Sie gingen ohnehin weniger zum Kaufen als zum Sachen anschauen in die Stadt, das Geld war bei ihnen immer knapp.

Als sie gerade in die Schule gekommen war, waren sie, Ute und ihr Bruder Ulrich, auch einmal mit ihrer Mutter in der Stadt gewesen und sie hatten Leute in brauner Uniform gesehen, die Plakate trugen und vor Geschäften auf und ab gingen. Sie hatte ihre Mutter gefragt, was die Männer wollten und was da drauf stehe, aber ihre Mutter hatte nur gesagt: »Das verstehst du noch nicht!«, und war schnell auf die andere Straßenseite gegangen. Ihr älterer Bruder hatte aber, gewitzt wie er war, den Text auf einem Plakat mühsam buchstabiert und gesagt: »Da steht drauf: ‚Deutsche! Wehrt Euch! Kauft nicht bei Juden!'« Dann hatte er gefragt: »Warum sollen wir nicht bei Juden kaufen, Mama?« Was ihre Mutter daraufhin geantwortet hatte, wusste Ute nicht mehr. Aber sie hatte später einmal gefragt: »Sind Juden böse Menschen, Mama?« Da hatte ihre Mutter gesagt: »Ich habe früher einmal bei einem jüdischen Kaufmann als Kontoristin gearbeitet, als ich noch nicht verheiratet war. Ich kann mich nicht über ihn beklagen. Aber sicher gibt es auch böse Juden, so wie es überall böse Menschen gibt.«

Daheim in Ludwigshafen in ihrem Haus wohnten auch Juden, besser gesagt, Halbjuden. Also war der Vater oder die Mutter eines Elternteils jüdisch gewesen. Der Sohn einer dieser Familien war sogar der Freund Ulrichs, der musste dann Vierteljude sein. Kam dann der Achtel-Jude und der Sechzehntel-Jude? Die Frau der Familie unter ihnen war auch eine Halbjüdin. Sie war eigentlich immer nett gewesen. Ute hatte ihr öfter die Haare eingedreht und dafür ein paar Groschen von ihr bekommen. Als brave Tochter hatte sie das Geld immer der Mutter gegeben, weil die Familie so knapp dran war.

Ute fand das alles verwirrend. Was sie beim BDM gehört hatte, war einfacher zu verstehen: Ohne die Juden würde es ihnen allen besser gehen, hatten sie dort gesagt. Dass es ihnen besser ging, das war wohl aufgeschoben bis nach dem Krieg, dachte Ute.

Beim Schlittenfahren hatte sie wieder mal an Viola denken müssen. Dieser grässliche Karle, der diese Hedwig so angepflaumt hatte, war aufgetaucht, kurz bevor sie den »Unfall« gehabt hatten. Das hatte sie an Viola erinnert.

Viola hatte nämlich auch unter solchen Anfeindungen gelitten. Sie war ein hübsches Mädchen, aber auf eine Art, dass alles dachte, sie sei jüdischer Abkunft: nicht sehr groß, dunkler Typ, dunkles Haar und dazu keine große, aber eine größere und gebogenere Nase als normal. Dazu hieß sie noch Viola, sicher kein germanischer Name, den ihre Eltern ihr unglücklicherweise gegeben hatten. Und sie war sehr gescheit und fleißig, was natürlich auch Neid weckte. Einige Klassenkameradinnen hatten sich einen Spaß daraus gemacht, sie zu necken. Bei manchen war es nicht nur necken, es war bösartig gewesen. So wie bei diesem Karle! Und das Schlimmste war, dass auch Lehrer sie etwas misstrauisch ansahen.

Eine Mitschülerin hatte sich besonders hervorgetan, Gertraude, sie war führend im BDM, ihr Vater war PG. »Ist sie wirklich deutsch, diese Viola?«, hatte sie tückisch gefragt »Schon der Name! Kann ich mit der zusammensitzen, so jüdisch, wie die aussieht?«

Viola war leichenblass geworden und hatte sich aufgeregt verteidigt. Wenn man das so macht, dachte Ute, gerät man gleich in Verteidigungsstellung, man wirkt schuldig, obwohl man unschuldig ist. Wie sagte ihr Bruder Ulrich immer: Angriff ist die beste Verteidigung! So wie diese Hedwig, die Karle sofort Kontra gegeben hatte. Sie hatte den Spieß einfach umdreht und ihn wegen seines Aussehens und seiner Herkunft angeprangert. So was Ähnliches wäre auch bei Gertraude möglich gewesen: Es war bei allen Mädchen bekannt, dass diese Gertraude ziemlich frühreif war und schon mit vielen Jungen »gegangen« war. Viola hätte sagen müssen: »Du musst gerade mal was sagen, du deutsches Mädel. Du machst mit Jungen rum, was das Zeug hält. Wenn das möglich wäre, wärst du doch lieber bei den Buben in der HJ als im BDM, dann hättest du das Paradies!« Ute schmunzelte. Das wäre die richtige Antwort gewesen, dann hätte Viola die Lacher auf ihrer Seite gehabt. Aber so war Viola nicht. Der Name Viola bedeutet Veilchen, das Mädchen Viola war wie die Bedeutung ihres Namens, zart, sensibel und wenig widerstandsfähig.

Als sie mit ihr allein war, hatte Viola geweint. »Ich weiß ja, es stimmt, dass ich wie eine Jüdin aussehe. Warum muss ich so aussehen wie die, die verfolgt werden, die geschlagen werden? Warum hat mich der liebe Gott so gemacht?«

Ute hatte Viola geraten dagegenzuhalten, aber sie wusste, das nützte bei Viola nichts. Was würde sie, Ute, denn machen, wenn sie so was treffen würde? Sie hatte auch dunkle Haare, so viel anders als Viola sah sie auch nicht aus. Aber zum Glück hatte es Viola getroffen, nicht sie. Zum Glück? Sie schämte sich für ihre Gedanken. Es war doch ihre Freundin gewesen!

Viola und ihre Familie waren dann nach Worms gezogen, der Vater hatte eine andere Stelle bekommen. Dann hatten sie sich noch einige Zeit Briefe geschrieben, bis die Freundschaft »eingeschlafen« war.

Jedenfalls war sie froh, dass ihr Vater sich der Mühe unterzogen hatte, einen »Ahnenpass« ausstellen zu lassen. Er hatte zu allen möglichen Standesämtern und Pfarrhäusern gehen müssen, um die dafür nötigen Bescheinigungen zu erhalten. Nun hatten sie und ihre Familie es schwarz auf weiß, dass sie »arisch« waren.

Sie sah nach Horst. Er sah so herzig aus, wie er da so klein im Kissen lag und schlief, die kleinen Händchen zuckten manchmal im Schlaf. Er fing jetzt an zu krabbeln, das war schon ein kleines Problem für Ute, aber er war noch sehr langsam bei seiner Fortbewegung. Wenn ich mal verheiratet bin, dachte sie, dann will ich zwei Kinder, einen Sohn und eine Tochter. Sie sann über Hansi nach. Er würde sicher auch mal vorbeikommen, aber er war nicht der beste Unterhalter. Er hatte bei ihrem Abschied vor dem Haus des Arztes einen ganz verwirrten Eindruck gemacht. Später habe er sich nach ihr erkundigt, hatte sie gehört.

Da klopfte es an die Stubentür. Vielleicht ist es Liesel, dachte Ute. Liesel, die jüngere Tochter des Hauses, war fast eine Freundin geworden. Allerdings hatten sie doch oft verschiedene Interessen. Liesel war schon so mütterlich. Man hat manchmal den Eindruck, sie hat mehr Interesse an Berti als an mir, ging Ute durch den Kopf.

Aber es war nicht Liesel, es war Milli. Sie hob ein kleines Glas mit einem goldfarbenen Inhalt hoch. Ute erkannte den Inhalt: Es war Honig.

»Gruß aus Mühle und von Müllerin«, sagte Milli und lächelte. »Gute Besserung sagt Müllerin und ich.« Sie hob Ute das kleine Glas Honig entgegen.

»Danke«, sagte Ute, die auf einmal Hunger bekam, und nahm das Glas entgegen. »Setz dich doch, Milli.«

Milli blieb stehen. »Ich nicht lange bleiben, ich arbeiten, nicht Faulenzer wie du!« Sie lachte. »Das nicht ernst! Du tust leid mir!« Fragend fügte sie hinzu: »Viel Schmerz?«

»Es geht, es zieht manchmal durch den Knöchel. Mir ist nur ein bisschen langweilig.«

»Hast du nicht Arbeit nur für Hand?«

Jetzt fing die auch noch an! »Meine Mutter wird mir was geben.« Da fiel Ute etwas ein: »Essen wir ein Honigbrot zusammen? Ich habe Hunger. willst du auch eines?«

Milli zierte sich, aber sie ließ sich überreden, holte Brot aus dem Schrank, schnitt ein Stück ab und schmierte ein Honigbrot, das sie sich teilten.

Ute hatte sich vorhin gewundert, dass Milli das Wort »Faulenzer« kannte und fragte sie danach, während sie aßen.

Milli wurde ernst. »Faulenzer war ich und viele andere Frauen in Fabrik, sagen Meister, ich habe oft Wort gehört, jede Stunde, jeden Tag. In Gottingen und in Ulm. Und viel mehr Wort: Russki, du russisch Schwein, Untermensch! Viel schimpfen.« Plötzlich fing sie an zu weinen.

»Was ist denn, Milli?«, fragte Ute erschrocken. Milli war ihr bisher immer als eine Frau erschienen, die unerschütterlich war.

»Ich muss denken an Freundin, haben in Gottingen Freundin, zwei Freundin. Ich gehört, Bomben am Tag von deutsch Neujahr auf Lager Schutzenplatz, großes Lager, tausend Leute, vierzig Tote, auch vielleicht Freundin Olga und Sofia.«

»Vielleicht?«, fragte Ute.

»Deutsche Soldat in Mühle kommt aus Gottingen, erzählt von Bomben im Lager Schutzenplatz. Weiß nicht genau, wer tot. Ostarbeiter nicht wichtig, Namen auch nicht, können sterben.« Millis Gesicht verhärtete sich.

Ute konnte nicht auf alles eingehen, sie wollte Milli Hoffnung machen: »Es kann doch sein, dass sie es überlebt haben.«

Milli hatte sich wieder gefangen. »Ja, vielleicht.« Sie stockte und sagte dann langsam. »Du nicht wissen, wie Ostarbeiter normal leben? In Lager?«

»Nein«, sagte Ute. Sie wusste auch nicht, ob sie das wissen wollte.

Milli sah Ute an. »Nur kurz!« Und dann berichtete sie in ihrem mühsamen, holprigen Deutsch von diesem großen Lager in Göttingen, dem Lager Schützenplatz, in dem Männer und Frauen untergebracht waren. Die Baracken hatten Stockbetten, die Räume wurden nur unzureichend geheizt, alle froren. Morgens früh mussten sie zur Fabrik laufen, zehn bis zwölf Stunden arbeiten, und abends heim. Sie hungerten, es gab meistens nur dünne Suppen, manchmal altes Brot, schlechte Kartoffeln. Milli bekam vor Hunger Magenschmerzen, sodass sie dachte: Das ist das Ende, ich sterbe. Manche Menschen starben auch in diesem Lager. Aber sie hoffte auf ein Wiedersehen mit ihrer Familie in der Ukraine. Das und ihre Freundinnen gaben ihr Halt.

Und es gab eine gute deutsche Frau, erzählte sie, die in der Küche der Fabrik gearbeitet hat. Sie brachte jeden Tag Essensreste mit, vom Teller gewischt, in einer Schüssel gesammelt und für die Verfütterung an die Schweine bestimmt. Aber diese Frau gab das Essen nicht den Schweinen, sondern den Arbeiterinnen. Jeden Tag erwarteten sie die Frau wie einen Engel. Sie hat viel riskiert. Das, was sie tat, war verboten. Sie hätte ihre Arbeit verlieren können, ins Gefängnis wandern können.

Gut war, dass die Lagerfrauen an freien Tagen manchmal in einer deutschen Familie arbeiten konnten. Sie mussten morgens zum Tor kommen und sich in einer Reihe aufstellen. Hinter dem Stacheldraht auf der Straße standen die deutschen Frauen und wählten sich eine Arbeiterin aus. Der Polizist schrieb die Nummer auf und gab an, wann sie ins Lager zurückkehren müssten. Da wurde die Wohnung geputzt, die Wäsche gewaschen und derlei. Die Hausfrau gab ihnen dafür Essen, auch später etwas Essen zum Mitnehmen. Das half zum Überleben.

Briefe in die Heimat schreiben war nicht erlaubt. Sie hatten keine Zeitungen, keinen Radio. Sie wussten nichts. Es gab Leute, die sagten, bald seien die Russen »kaputt« und sie würden niemals in die Heimat zurückkehren. Sie würden hier für immer bleiben. Am nächsten Tag sagte andere, das sei eine Lüge, die deutschen Soldaten zögen sich zurück.

Irgendwann wurde sie zum Einsatz bei Telefunken nach Ulm verfrachtet, wo sie nur kurze Zeit war. Es gab dort viele Polinnen, die vorher in Litzmannstadt, polnisch Lodz, und dann in Berlin gearbeitet hatten. Und in Ulm wurde Milli ausgewählt für die Arbeit hier in der Mühle.

Es war nun doch länger geworden, weil Milli-Ludmilla viel loswerden wollte. Zwischendurch hatte sie Pausen gemacht, ihre Stimme hatte versagt. Ute hatte gebannt zugehört. Einmal bat sie Milli, dem quäkenden kleinen Horst eine Brotrinde zu geben, auf der er herumbiss. Milli tat es mechanisch, atmete tief auf und sagte abschließend: »Arbeit in Mühle war Glück, viel Glück! Nicht mehr Arbeit wie Sklave! Nun du weißt alles.«

»Sklave?«, fragte Ute befremdet.

Milli erhob sich. »Ich muss gehen, Arbeit in Mühle wartet. Gute Besserung!«

Als hinter Milli die Tür zufiel, fing der kleine Horst an, nicht mehr nur zu quäken, sondern zu schreien. Milli hat ihn gar nicht groß beachtet, fiel Ute auf, sie war voll darauf konzentriert gewesen, mir ihre Leidensgeschichte zu erzählen. Es war ja auch schlimm für sie gewesen! In Ludwigshafen gab es auch Lager für Fremd- und Ostarbeiter. Sie wusste, dass die vor allem bei der IG Farben, bei Halberg und bei Giulini arbeiteten. Wie lebten und arbeiteten die? Das wusste sie nicht. Aber Arbeiten wie Sklaven, das war ja wohl doch übertrieben!

Aber jetzt musste sie Horst versorgen, nach kurzer Zeit klopfte Liesel an, später meldete sich auch noch Hansi, die Mutter kam zurück und Berti. Ute hatte wirklich keine Zeit, über Millis Schicksal und das anderer Fremdarbeiter länger nachzugrübeln.

Kapitel 15

März 1945

Es war am 23. März 1945, als Ulrich endlich in Ludwigshafen ankam. Übers Feld von Mutterstadt her kam er zunächst nach Maudach, nun ein Stadtteil von Ludwigshafen, das auch nach seiner Eingemeindung ein Bauerndorf geblieben war. Aber auch in dieser ländlichen Umgebung sah er Zerstörungen durch Bombenangriffe; so lag das große repräsentative Herrenhaus, »Schloss« genannt, in Trümmern. Er sah weiße Fahnen an manchen Fenstern und in der Ortsmitte fuhr ein amerikanischer Panzer.

Die ganze Zeit hörte er Waffenlärm in nicht allzu weiter Ferne. Vorsichtig zog er sich hinter das letzte Haus zurück und rief einem alten Mann in einer blauen Arbeitsjacke zu, der auf einem Feld arbeitete: »Hier ist doch Kampfzone! Ist das nicht gefährlich hier auf dem Acker?«

Der alte Mann griff sich ans Herz. »Junge, hast du mich erschreckt!«, sagte er überrascht.

»Entschuldigung, aber da gibt es doch eine Bekanntmachung von den Amis und ich habe hier einen Panzer gesehen«, erklärte Ulrich.

»Mit der Bekanntmachung kannst du dir den Hintern abwischen«, antwortete der Mann, »Maudach ist vorgestern von den Amis besetzt worden! Der Panzer bewacht uns, damit wir endlich friedlich bleiben!«, fügte der Mann spöttisch hinzu.

Haben die Amis mich überholt?, fragte sich Ulrich.

»Ludwigshafen scheint aber noch nicht besetzt zu sein«, fügte der Mann hinzu. Für ihn war Maudach noch nicht Teil von Ludwigshafen. Vom Interesse Ulrichs angeregt, gab er noch etwas von seinem Wissen kund: »Aber die Rheinbrücke nach Mannheim ist von den zurückweichenden deutschen Truppen gesprengt worden, habe ich gehört.«

Ulrich war überrascht und beeindruckt. Was der Gegner nicht zerstört, machen die eigenen Leute kaputt, dachte er. Er fragte sich, wie nun andere flüchtende Deutsche den Rhein überqueren würden. Vor der Sprengung hatten doch nicht alle auf die rechte Seite des Rheins kommen können, und hier wird ja noch gekämpft! Aber er wollte ja nicht hinüber ...

Ulrich vermied weiterhin die Straßen, er hatte gesehen, dass auch hier manche bewaffneten Sperren zur Abwehr der Amerikaner gebaut worden waren, vor allem bestückt mit Leuten aus dem »Volkssturm«. Er wollte nicht noch kurz vor daheim in die Fänge irgendeines fanatischen deutschen »Heldenklaus« kommen und für eine verlorene Sache kämpfen müssen, er wollte aber auch nicht in die Hände der Amerikaner fallen. Also ging er in Richtung Innenstadt über Feldwege durch den Maudacher Bruch und das Gebiet an der Großen Blies, alles ehemalige verlandete Altrheinarme, in der sich Sümpfe, Kiesabbaustellen, Baggerseen, Wald, Äcker und Wiesen abwechselten. Während seines Marsches hörte er weiterhin Kampfgeräusche, nicht nur aus dem Norden, sondern auch aus dem Süden der Stadt. Greifen die aus zwei Richtungen an?, fragte er sich.

Als er schon in der Stadt war und den Bahnübergang Rohrlachstraße erreicht hatte, stellte er sich in der daneben liegenden Bahnunterführung unter, weil er das dumpfe Geräusch von Granatfeuer deutlicher hörte und nicht wusste, wo diese Granaten einschlagen würden. Auf der Straße war absolut niemand.

An der Wand stand in weißen, etwas ungelenken Lettern geschrieben:

**ARBEITEN
KÄMPFEN
VERTRAUEN**

Ulrich runzelte die Stirn. Es war zu spät für diese Parolen, kaum jemand glaubte mehr daran.

Darunter flatterte im Wind ein Blatt Papier. Papier war Mangelware. Wer warf so etwas weg? Ulrich hob es auf und merkte, dass es wieder Propagandamaterial der Alliierten war, diesmal an tschechische Fremdarbeiter gerichtet. Auf der Rückseite stand in deutsch:

ALLIIERTES OBERKOMMANDO
(Supreme Headquarters, Allied Expeditionary Force)

Der umseitige Aufruf des Alliierten Oberkommandos in tschechischer Sprache richtet sich an die tschechischen Arbeiter in den westlichen und südwestlichen Teilen des Reiches. Er gibt den ausländischen Arbeitern Anweisungen über ihr Verhalten in dem Augenblick, in dem diese Teile des Reichsgebiets zum Kriegsgebiet werden.
Der Kampf der ausländischen Arbeiter richtet sich nicht gegen die deutschen Arbeiter. Er wird geführt im gemeinsamen Interesse aller Arbeiter, die entschlossen sind, das Ende des Krieges zu beschleunigen.
Hier ist eine wortgetreue Übersetzung des umseitigen Textes:

Der Zusammenbruch der deutschen Armeen im Westen bedeutet, dass Teile des Reiches bald zur Kampfzone werden. Angesichts dieser Tatsache erlässt der Oberste Befehlshaber der Alliierten Streitkräfte folgende Anweisung an die ausländischen Arbeiter in den Kampfzonen:

1. Lasst Euch von den fliehenden Deutschen nicht weiter in das Reichsgebiet treiben! Während die alliierten Armeen sich den Gebieten nähern, in denen Ihr arbeitet, ergreift die erste Gelegenheit, aufs Land zu flüchten, um dort die Ankunft der alliierten Streitkräfte zu erwarten!

2. Nutzt jede Möglichkeit, um Informationen zu sammeln, die für die alliierten Armeen wertvoll sind; vor allem Informationen betreffend die Bewegung deutscher Truppenteile, die Identität deutscher Wehrmachtseinheiten und die Position deutscher Minenfelder. Ferner: beobachtet aufs genaueste das Benehmen von Deutschen und bereitet Euch vor, über jedwede Grausamkeit, deren Zeuge Ihr gewesen seid, Bericht zu erstatten!
3. Wenn Ihr nicht in der Lage seid, aufs Land zu flüchten, so tut alles, was in Eurer Macht steht, um die Zerstörung von Verbindungslinien und Industrieanlagen zu verhindern. Sorgt dafür, soweit es Euch möglich ist, dass sie in guter Verfassung sind, wenn sie den Alliierten in die Hände fallen! Vor allem: schützt Treibstofflager vor der Vernichtung durch Feindeshand! Alle diese Lager und Einrichtungen werden in Kürze von den alliierten Armeen gebraucht werden.
4. Sowie die alliierten Truppen Euch erreichen, befolgt aufs genaueste die Anweisungen, die Euch von den alliierten Militärbehörden gegeben werden!

Als er es gelesen hatte, dachte er: Das ist die Realität, nicht diese Parole da an der Wand! Die Alliierten sind siegessicher, sie denken schon daran, wie sie mit den Deutschen abrechnen können. Sie wollen, dass die Fremdarbeiter Bericht erstatten, wenn der Krieg erst einmal zu Ende ist. Und das dauert ja nicht mehr lange. Was erwartet uns da noch? Genieße den Krieg, der Frieden wird fürchterlich sein, hatte er vor Kurzem gehört und nicht einzuordnen gewusst.

Vom Bahnübergang aus sah er schon, dass ihr Haus über dem Trümmerhaufen des Nebenhauses noch immer weitgehend unbeschädigt aufragte. Er fragte sich, was er gemacht hätte, wenn auch dieses Haus im Bombenhagel zertrümmert worden wäre. Er hätte doch zu Verwandten gehen müssen, auch wenn die noch so beengt wohnten. Er allein wäre für die erträglich gewesen. Aber die ganze Familie, wenn sie zurückkam aus der Evakuierung? Hoffentlich erwischt es das Haus nicht doch noch bei diesen letzten Kämpfen!

Er ging durch die Unterführung und kam an dem Haus vorbei, wo eine frühere Freundin Utes wohnte. Ihr Vater war Musiklehrer. Wenn man an dem Haus früher vorbeigekommen war, hatte man immer das Klavier gehört. Das »Klaviergeklimper« gehörte einfach zu diesem Haus. Heute war dort alles gespenstisch ruhig.

Er kam zu ihrem Haus in der Humboldtstraße, aber die Eingangstür war verschlossen. Da er keinen Hausschlüssel hatte, drückte er auf die Klingel von Frau Berthold. Keine Reaktion. Auch das Klingeln bei anderen Hausbewohnern brachte nichts. Das konnte bedeuten: Strom weg oder kein Mensch da! Schließlich ging Ulrich um die Ecke, stieg über den Schutt des Nachbarhauses, der so hoch reichte, dass das Klettern über die Mauer in den Hof ihres Hauses leicht war. Die Teppichstange, die da stand, fiel ihm auf einmal ins Auge. Sie erinnerte ihn an seine Kindheit. Sie war viel mehr als eine Teppichstange! Wie oft hatte er daran mit Freunden gespielt, war daran herumgeklettert, hatte daran geschaukelt. Er steuerte auf den Hofeingang des Hauses zu. Die Tür war nicht verschlossen. Von hinten erwartete man also keinen »Angriff«. Erleichtert stieß er die Tür auf, ging die Treppe hoch und erreichte die Wohnung seiner Familie. Befriedigt stellte er fest, dass alles unverändert war. Jetzt war ihre Wohnung wieder in sicherer Hand, in seiner

Hand. Er würde einschlagende Granaten höchstpersönlich und mit eigener Hand hinausschmeißen, so stark fühlte er sich jetzt. Er lächelte über seine Gedanken.

Es war inzwischen dunkel geworden. Vereinzelt hörte man noch aus der Ferne Kampfgeräusche. Und es war kalt! Die Pappeinsätze in den kaputten Fenstern, die die Scheiben ersetzten, flatterten herum, manche lagen auf dem Boden oder waren gar nicht mehr da, irgendein Bombenangriff oder der Winterwind hatte sie weggeblasen. Er machte die Pappe des Fensters in der Küche wieder fest und wollte sich ein kleines Feuer im Herd anzünden. Natürlich waren keine Kohlen da. Er musste in den Keller und nahm eine Kerze mit, es gab keinen Strom.

Ihr Keller hatte ein hohes Gewölbe und war Ulrich immer überaus stabil erschienen. Er hatte sich gewundert, dass er nicht als Luftschutzraum ausgebaut worden war. Kurz vor der Tür zur Kellertreppe ging die Kerze zum zweiten Mal aus, weil es so sehr zog. Auch die Fenster im Treppenhaus hatten zu einem großen Teil kein Glas mehr. Er beschloss, die Kerze erst im Keller wieder anzuzünden, dort würde es nicht so ziehen. Als er im Dunkeln vorsichtig um die Ecke der Kellertreppe bog, stieß er mit jemandem zusammen.

»Hilfe!«, schrie eine weibliche Stimme, hielt sich aber gleichzeitig an ihm fest, um nicht die Treppen hinunterzustürzen. Er fasste das Treppengeländer, um nicht mitzustürzen und erkannte gleichzeitig die Stimme von Frau Berthold.

»Frau Berthold«, sagte er, »ich bin's, Ulrich!«

»Ulrich, du? Gott sei Dank, ich habe schon gedacht ..., du hast so groß und schwarz ausgesehen ...«, hörte er Frau Berthold erleichtert sagen.

Am Fuß der Treppe ging ein Licht an. Eine andere Frau war aufgetaucht, hielt eine Kerze in der Hand und beleuchtete die Szene. Frau Berthold stand auf halber Treppe vor ihm und hielt heftig atmend ihre Hand aufs Herz. »Wir sind in den Keller gegangen, die schießen doch da draußen. Viele Leute sind im Bunker, bis alles vorbei ist. Aber da das ja nicht mehr lange dauern kann und wir unsere Wohnung nicht allein lassen wollten, sind wir dageblieben. Ich habe schon gedacht, jetzt kommen die Amerikaner, vielleicht sogar Neger!« Sie sah Ulrich vorwurfsvoll an.

»Ich habe nur dunkle Haare! Und waschen habe ich mich auch schon lange nicht mehr können«, entschuldigte sich Ulrich. »Ich wollte bloß Kohlen holen, um Feuer zu machen. Und wo kriegt man Wasser her?«

Frau Berthold hatte sich wieder beruhigt. »Wasser muss man von der Zapfstelle im Garten von St. Maria holen.«

»Muss man da katholisch sein?«, fragte Ulrich. Seit er daheim war, ging es ihm besser und es war ihm zu Späßen zumute.

»So streng geht es nicht mehr zu, und wir sind doch eine Volksgemeinschaft«, sagte Frau Berthold, die katholisch war. Dann sah sie sein spöttisches Gesicht. »Du Lausbub! Kaum daheim und versucht schon, Leute auf den Arm zu nehmen.« Sie drohte ihm scherzhaft mit dem Finger. »Ich habe noch ein paar Eimer Wasser in der Wohnung stehen und wollte dir einen geben. Aber jetzt werde ich mir das überlegen.«

Natürlich nahm sie ihn trotzdem mit in ihre Wohnung, er bekam doch einen Eimer voll Wasser und sogar ein paar Kartoffeln. Frau Berthold begründete ihre Großzügigkeit mit der Aussage: »Katholisch sein, heißt auch barmherzig sein!«

Ulrich, der protestantisch war, sagte: »Christ sein, heißt barmherzig sein!«

»Er muss immer das letzte Wort haben!«, stellte Frau Berthold fest und lachte gutmütig.

Ulrich schleppte alles hoch und auch noch Kohlen aus dem Kellerabteil seiner Familie. Ihr Abteil war unversehrt, das Schlafzimmermöbel hatte allerdings wegen der Feuchtigkeit hier unten schon gelitten, sah Ulrich. Das muss bald wieder hoch, der Krieg muss schon bald beendet werden, sonst ist das Schlafzimmer nicht mehr zu gebrauchen, dachte er. Er fühlte sich so leicht und unbeschwert, er wunderte sich über sich selbst.

Frau Berthold protestierte, als er wieder in die Wohnung seiner Familie hoch wollte: »Du kannst uns doch nicht allein lassen, Ulrich. Und du musst doch auch erzählen, wie es dir ergangen ist!« Er ließ sich nicht darauf ein. »Ich bin müde und heute Nacht wird wohl nichts passieren«, sagte er, aber er wollte nur allein sein.

Als er die erste Wärme im Herd spürte, merkte er erst, dass es stimmte, was er gesagt hatte: Er war sogar sehr müde. Er war tagelang marschiert, hatte nie richtig geschlafen und war unter ständiger Anspannung gestanden. Langsam kam er zur Ruhe.

Nachdem er aus seiner immer schwindsüchtiger werdenden Marschverpflegung das vorletzte Kommissbrot mit Margarine gegessen hatte – die Kartoffeln hob er auf für einen anderen Tag – machte er sich auf der Chaiselongue in der Küche ein Lager für die Nacht. Die nun einigermaßen warme Küche hatte auch den Vorteil, dass sie nach hinten zu einem Innenhof hinausging und so mehr Schutz gegen Beschießung bot als die Räume zur Straße. Es war draußen keineswegs ruhig. Aber er war apathisch und wollte fest daran glauben, dass es heute Nacht hier nicht einschlagen werde. Er war so müde und kaputt, dass er sofort einschlief und den Krieg Krieg sein ließ.

Am nächsten Tag, am 24. März 1945, wachte er früh und einigermaßen ausgeruht auf. Als er in ein Vorderzimmer mit dem Fenster zur Humboldtstraße ging, um Zivilkleider zu holen, hörte er einen Kanonenschuss.

Er schaute vorsichtig aus dem Fenster. Von hier oben aus dem Dachfenster konnte man die Kreuzung Rohrlachstraße/Humboldtstraße mit dem Vorplatz der Marienkirche gut überblicken. Da war nichts, kein Mensch. Er öffnete das Fenster, lehnte sich hinaus und sah die Hohenzollernstraße hinauf, in die man jetzt, weil alle Bäume noch kahl waren, sehr weit hineinblicken konnte, bis fast nach Friesenheim. An der Pestalozzischule konnte er einen Panzer erkennen, aus seiner Kanonenmündung qualmte es noch. Also hatte der auf die Schule geschossen. Er sah, dass sie etwas beschädigt war. Hatte sich da noch jemand verteidigt?

Ich muss mich schnell zivil anziehen, dachte er. Seine Sachen im Schrank rochen etwas modrig, aber sie waren sauber. Eine Wohltat! Er zog sich an und hörte auf einmal das typische Geräusch eines Panzers auf einer Straße. Er sah wieder hinaus. Ja, es war ein Panzer mit einem Stern, also ein amerikanischer, der aus der Hohenzollernstraße langsam heranrollte. In seiner Deckung gingen einige Soldaten mit Maschinengewehren, die misstrauisch immer wieder nach allen Seiten auf die Häuser spähten. Aber alles blieb ruhig.

Es war so weit, wir sind erobert, das Kriegsende ist gekommen, dachte Ulrich und zog sich vom Fenster zurück.

Da hörte er eine Gewehrsalve. Schnell blickte er wieder aus dem Fenster und sah einen älteren Mann in einer seltsamen Soldatenjacke mit einer Volkssturm-Binde regungslos auf dem Platz vor der Marienkirche auf dem Boden liegen. Neben ihm lag ein Gewehr. Ein amerikanischer Soldat stand mit seiner Maschinenpistole zehn Meter vor ihm. Der hatte wohl geschossen. In kurzer Entfernung von ihm hielt der Panzer, der sein Rohr auf die Kirche gerichtet hatte. Ulrich schaute genau hin: Die Waffe auf dem Boden neben dem Mann war eine doppelläufige Flinte, die Läufe hatten einen großen Durchmesser. Es könnte eine Schrotflinte sein, eine Jagdwaffe. Der Volkssturm war nicht nur mit Kleidung sehr schlecht ausgerüstet, auch an Waffen fehlte es hinten und vorn. Der Mann hatte also wahrscheinlich seine private Jagdwaffe mit in den Volkssturmdienst genommen. Sie war ihm zum Verhängnis geworden. Hatte er schießen wollen? Oder hatte der amerikanische Soldat überreagiert? Ulrich wusste es nicht.

Das war so unnötig und wird trotzdem nicht das letzte Opfer in diesem Scheißkrieg gewesen sein, dachte Ulrich bitter. Aber ich werde kein Opfer mehr werden, schwor er sich. Er erinnerte sich des hinkenden Obergefreiten aus Heilbronn, der ihn davor gewarnt hatte, den Helden zu spielen. Das hatte er auch nicht vor, er allein würde die Amerikaner ohnehin nicht aufhalten können; aber er wollte auch nicht in Gefangenschaft geraten.

Er ging hinunter, um den Frauen beizustehen und sie zu informieren. Als er sich gerade zum Kellerabgang wendete, hörte er, wie hinter ihm die Haustür unsanft aufgestoßen wurde. Er wandte sich um und sah sich einem amerikanischen Soldaten gegenüber, der sofort seine Waffe auf ihn richtete. Ulrich erschrak wie kaum je in seinem Leben, er dachte sofort an den toten Mann vor der Marienkirche. So soll es mir nicht gehen, war sein Impuls, und er riss seine Arme hoch.

»Gut Freund!«, sagte er.

Der Soldat kam näher, hatte aber immer noch sein Gewehr im Anschlag. Ulrich versuchte, ruhig zu stehen, aber sein Körper zitterte vor Anspannung. Oder vor Angst? Der Soldat war auch sehr nervös, seine Waffe schwankte. Ich darf jetzt keine falsche Bewegung machen, sonst ist es aus, dachte Ulrich fieberhaft. War das vielleicht der Soldat, der eben den älteren Mann erschossen hatte?

»Good? Good boy?«, klang es fragend aus dem Mund des Soldaten.

»Boy« verstand Ulrich, das hieß Junge. Er wusste auch, wie Ja auf Englisch heißt. Also antwortete er: »Yes, ich bin ein gut Boy!« Was für einen Quatsch ich da rede, dachte er. Er musterte den Soldaten, der vorsichtig lächelte. Er erschien Ulrich nicht viel älter als er selbst und gut genährt, um nicht zu sagen dicklich. Das gibt's bei uns nicht mehr, dachte Ulrich neidisch. Er merkte, dass dieser Soldat genauso viel Angst wie er selber hatte und schaffte es jetzt, sich etwas zu entspannen.

Der junge Amerikaner winkte ihn her, senkte aber sein Gewehr nicht, sodass der Lauf in Ulrichs Bauch stieß. Der Moment der Entspannung war vorbei. Er hielt die Luft an, während er nun mit einer Hand abgetastet wurde, auch seine Handgelenke. Er dachte an seine Armbanduhr, die er nicht angezogen hatte. Oben in der Wohnung lag sie. Zum Glück! Oder wollte dieser Ami das ganze Haus inspizieren?

»Okay«, sagte der Soldat und ließ von ihm ab. Der Gewehrlauf senkte sich und Ulrich atmete tief durch.

»Here soldiers?«, fragte der Soldat.

Ulrich ahnte, was der Soldat meinte und schüttelte den Kopf: »Nix Soldaten!«

Der Soldat wies wortlos auf den Kellereingang und die Treppe.

Ulrich schüttelte wieder den Kopf. »Nix, nur Frauen, die Angst haben«, sagte er und dachte, der Soldat versteht ja doch nichts.

»Fraulein?«, sagte der junge Soldat und deutete die Wölbung einer weiblichen Brust an.

Ulrich ärgerte sich über sich selbst. In seinem Gehirn arbeitete es: Was mache ich jetzt? Einerseits, Frau Berthold ist schon alt und sie würde auch diesem Ami schon Bescheid stoßen, wenn er wirklich was von ihr will. Aber andererseits weiß ich nicht genau, wer alles da unten ist, und er hat eine Waffe. Hätte ich doch nichts von Frauen gesagt ...

»Joe«, rief eine Stimme von draußen, »we must go on!«

Der junge Soldat haute Ulrich Abschied nehmend auf die Schulter. »Good bye, good young boy!«, sagte er mit einem Grinsen und ging die Tür hinaus. Ulrich hatte nicht verstanden, was da gesagt wurde, aber diese Stimme da draußen hatte ihn gerettet, er dankte ihr. Ein älterer Soldat schaute kurz die Tür herein, auch mit weißer Hautfarbe. Ulrich hätte gern mal einen Negersoldaten gesehen. Das kann ich mir allerdings auch für den Frieden aufheben, dachte er dann. Die beiden Soldaten unterhielten sich kurz und verschwanden.

Ulrich atmete auf. Das war geschafft, die Gefahr ist vorbei und ich bin noch mal davongekommen. Er ging die Kellertreppe hinunter zu den Frauen, um ihnen Bescheid zu geben.

Zu seiner Überraschung fand er nicht nur Frauen im Keller, sondern auch einen jungen Mann, eher noch ein Bübchen, noch jünger als Ulrich, der gestern hierher zu seiner Tante, Frau Berthold, gekommen war. Der Junge hatte etwas zu groß geratene Kleidung an.

Er erzählte zunächst etwas großsprecherisch, er habe im Volkssturm an »Kämpfen« gegen die anrückenden Amerikaner teilgenommen. Sie seien in einer Stellung mit Panzersperren zwischen Mundenheim und Rheingönheim nahe der Flakstellung bei der »Kutt« gewesen. Die Chemische Fabrik Giulini wurde im Volksmund »Kutt« genannt,.

»Er ist weggelaufen, als es ernst geworden ist«, unterbrach Frau Berthold seinen Bericht. »Und das war sehr gescheit!«, fügte sie mit Überzeugung hinzu.

»Nein«, sagte der Junge, der einen roten Kopf bekommen hatte, »so war es nicht! Ein älterer Volkssturmmann hat mir zugerufen, als zwei amerikanische Panzer auf uns in der Stellung zugefahren sind, rundum hat es geknallt und gescheppert: ‚Zieh dich zurück, Junge. Es hat keinen Sinn.' Ich bin nur seinem Befehl gefolgt. Nach Rheingönheim, wo ich wohne, konnte ich nicht mehr zurück, da waren schon die Amis. Da ich niemanden von einer anderen Abteilung des Volkssturms getroffen habe, wusste ich nicht, wo ich hin soll. Da bin ich hierher gekommen.«

»Werner hat sich also zu mir, zu Tante Hildegard zurückgezogen«, sagte Frau Berthold. Als der Junge protestierte, sagte sie gutmütig: »Frag' Ulrich, der wird dir bestätigen, dass du es genau richtig gemacht hast.«

Als Ulrich sagte: »Ich hätte es auch so gemacht!«, sah ihn der Junge dankbar an.

»Ich habe Werner Zivilsachen von meinen Buben anziehen lassen, für alle Fälle«, sagte Frau Berthold, die an alles dachte.

»Ist denn wirklich alles verloren?«, fragte der Junge kläglich.

»Ich glaube schon«, sagte Frau Berthold, »wir haben den Krieg verloren. Jeder rette sich, wie er kann.«

»Und war das alles gelogen, was da gesagt worden ist: Unsere gute Sache muss siegen, die deutsche Wehrmacht ist unüberwindlich, der Endsieg ist unser?«, bohrte Werner weiter.

Niemand antwortete. Werner sagte resigniert: »Vielleicht haben sie noch viel mehr gelogen, der Führer, meine Lehrer, alle!« Für ihn war nach seiner Erfahrung im Volkssturm und seinem eigenen »Rückzug« eine Welt zusammengebrochen, seine bisherige Welt. Sein Weltbild war bestimmt gewesen von dem, was man ihm täglich gepredigt hatte, vielleicht in der Familie, aber bestimmt im Jungvolk, in der Hitlerjugend und in der Schule. Nun war auf einmal alles anders und das war kaum zu verkraften für einen jungen Menschen!

Frau Berthold sagte vorsichtig: »Denk mal nach, Werner, es hieß: Deutschland muss leben, auch wenn wir sterben müssen. Aber wie kann Deutschland leben, wenn alle sterben? Und vor allem so junge Leute wie du! Darum war es gut, dass du zu mir gekommen bist!«

Ulrich staunte darüber, wie die einfache Frau Berthold so weise redete. Am nächsten Tag erfuhr er Genaueres über die Geschehnisse in Ludwigshafen: Die amerikanische Armee hatte die Stadt von zwei Seiten in die Zange genommen, von Norden und von Süden. Am 21. März hatte sie Oppau, Ruchheim und Maudach erreicht, am 22. März die Gartenstadt und Oggersheim.

Ebenfalls am 22. März wurde von Süden her nach Kämpfen Rheingönheim besetzt, bis zum Ende des nächsten Tages auch Mundenheim, ebenso Friesenheim von Norden her. An diesem 23. März, als Ulrich in Ludwigshafen angekommen war, war auch um 16 Uhr vom Stadtkämmerer Stabel vor dem Polizeipräsidium in der Wittelsbachstraße die Stadt formell übergeben worden. Der bisherige Oberbürgermeister und Kreisleiter der NSDAP Horn hatte schon am 5. März die Stadt verlassen, um die offensichtlich äußerst kriegswichtige Funktion der Leitung des Gaugerichts zu übernehmen.

Der Ludwigshafener Teil des Werks der BASF war in der Nacht kampflos besetzt worden. Die letzten kämpfenden deutschen Trüppchen setzten sich über die Parkinsel auf die andere Rheinseite ab. Mit dem Einmarsch in die Stadtteile Nord und Mitte am 24. März 1945, die Ulrich miterlebte, wurde die Besetzung Ludwigshafens durch die amerikanische Armee abgeschlossen. Der Krieg war für Ludwigshafen vorbei, nicht allerdings für die Schwesterstadt Mannheim auf der anderen Seite des Rheins. Sie wurde in starkem Maße von der linken Rheinseite unter amerikanischen Artilleriebeschuss genommen, noch mehr zerstört, als sie ohnehin schon war und erst am 26. März eingenommen.

Die Rheinbrücke zwischen Ludwigshafen und Mannheim war also für zwei Tage längeres Durchhalten gesprengt worden, das sinnlos war und nur zu mehr Toten und mehr Zerstörungen in Mannheim geführt hatte. Aber das sehen Leute im Generalstab, die das »große Ganze« im Blick hatten, natürlich anders. Im Krieg wird nicht wirtschaftlich abgewogen, auch nicht beim »Menschenmaterial«.

Kapitel 16

Juli 1945

Ute hatte festgestellt, dass hier im schwäbischen Unterbalzheim sogar gewisse Sehenswürdigkeiten in der Nähe waren. Wenn sie bei ihrem Großvater im Nachbarort Oberbalzheim Besuch machte, konnte sie sogar Schlösser besichtigen: das Untere und das Obere Schloss, wobei das Obere Schloss eher eine trutzige Burg war. Dorthin war es nur eine halbe Stunde zu gehen.

Manche Nachbarn waren inzwischen recht nett zu ihnen. Von einem Bauern nebenan bekamen sie Milch, worüber sich besonders der kleine Horst freute. Sie durften im Wald Reisig sammeln für ihren Ofen, der auch im Sommer in Betrieb sein musste, damit sie kochen konnten. Im Wald hatten sie zu ihrem Erstaunen in einer abgedeckten Grube auch ein Lager mit Lebensmitteln gefunden. Es musste von einer Gruppe Soldaten zurückgelassen worden sein. Vor allem Mehl und Reis stellten sie »sicher«, das konnten sie gut gebrauchen.

Utes Fuß war inzwischen vollkommen ausgeheilt. In ihre Arbeit in der Mühle hatte sie sich richtig eingefunden und es machte ihr Spaß. Die Müllerin war zufrieden mit ihr und belohnte ihre Mitarbeit inzwischen nicht nur mit Naturalien, sondern auch mit Geld. Das erste selbstverdiente Geld! Ute war stolz, dass auch sie auf diese Weise zum Unterhalt der Familie beitragen konnte.

Sie hatten sonst nichts als ein bisschen Erspartes. Der Sold für den Vater und Ulrich kam nicht bei ihnen an, sodass sie auf die Unterstützung des Großvaters in Oberbalzheim angewiesen waren. Der hatte etwas mehr zurücklegen können als ihre Familie mit den vier Kindern, außerdem hatte er seine Werkzeuge mitgenommen und konnte so seinen Beruf als Schuhmachermeister ausüben. Das brachte einen guten Nebenverdienst. Seine Frau war eine geschickte Näherin; sie nähte vor allem Steppdecken und verdiente damit auch einiges dazu.

Trotzdem haderte der Großvater mit seinem Schicksal. Er hatte die amtliche Mitteilung erhalten, dass ihm seine Wohnung in Ludwigshafen in der Humboldtstraße weggenommen worden war, seine schöne geräumige Erdgeschosswohnung, in der er seit Ewigkeiten wohnte, seit 1913! Kurz vor dem Ersten Weltkrieg hatte er sie bezogen, als er mit seiner Familie aus dem Tuchmacherort Lambrecht im Pfälzer Wald hierher gezogen war und in der BASF Arbeit gefunden hatte. Von seinem Schuhmacherberuf hatte er in Lambrecht seine Familie nicht mehr ernähren können.

»Es ist bestimmt ein Soz oder gar ein Kommunist, den sie jetzt in meine Wohnung hineingesetzt haben!«, knurrte Großvater. Diese Entscheidung hatte die Wohnungsbehörde getroffen, die von den Besatzungsmächten gelenkt und mit Richtlinien versehen worden war. Der Grund, dass es den Großvater getroffen hatte, war, dass der Großvater PG war, also Mitglied in der jetzt aufgelösten NSDAP, und Leuten Platz machen musste, die keine Wohnung hatten und »unbelastet« waren, vielleicht sogar wegen ihrer Mitgliedschaft in der SPD oder KPD nach 1933 verfolgt worden waren. Aber Großvater hatte ja eine Wohnung in Oberbalzheim, inzwischen sogar ein ganzes Haus für sich, wenn auch ein kleines, weil eine bisherige Mitbewohnerin des Hauses gestorben war. Er kann sich also nicht beklagen, wenn man sieht, wie wir wohnen, dachte Ute.

Gestern, am Samstag, war sie mit Hansi unterwegs »in den Beeren« gewesen, wie man das hier nannte.

Er hatte schon während der Woche angekündigt, dass er am Samstag Zeit hätte und sie, Ute, mitgehen könne, Beeren zu sammeln. Er wüsste viele gute Stellen, wo man Brombeeren, Blaubeeren und auch Waldhimbeeren sammeln könne. Der Juli sei schon Erntemonat für einiges, auch für Beeren, sagte er, ganz der naturverbundene und kenntnisreiche Landmann. Die Körbchen, die man dafür brauche, bringe er mit.

Auch Berti und Liesel sollten dabei sein. Aber Berti hatte an diesem Samstag leicht erhöhte Temperatur und Mutter bestimmte, er solle besser daheim bleiben. Auch Liesel kam nicht mit, sie müsse ihrer Mutter helfen, berichtete sie Ute bedauernd.

»Wir schaffen das schon allein!«, sagte Hansi, als er hörte, dass sie nur zu zweit waren. Es klang nicht bedauernd. Dabei schwenkte er vier Spankörbchen, zwei waren für Ute bestimmt.

Sie gingen in die Nähe des Geländes, auf dem sie Schlitten gefahren waren. Es gab dort verwilderte Gärten, voll mit stachligen Brombeersträuchern, die saftige schwarze Früchte trugen.

Dort machten sie sich zuerst an die Arbeit. Es war zwar warm, aber die Sonne war hinter Wolken versteckt, sodass sie nicht in die Augen stach. Es war trotzdem eine schweißtreibende und nicht ungefährliche Arbeit.

»Au«, sagte Ute, als sie sich wieder einmal stach, »diese blöden Dornen!«

»Das sind keine Dornen, das sind Stacheln!«, sagte Hansi belehrend.

»Mag sein«, sagte Ute, »aber trotzdem stechen sie.«

»Dornen sind umgebildete Organe einer Pflanze, die lassen sich nicht so leicht entfernen wie Stacheln, die nur Auswüchse einer Pflanze sind«, dozierte Hansi.

»Was du nicht alles weißt!«, rief Ute stöhnend und leckte das Blut an ihrer Hand ab. Ein Dorn der Brombeere, nein, nein, ein Stachel!, verbesserte sich Ute, hatte dort eine blutende kleine Wunde gerissen.

Hansi fasste Utes Ausruf als Anerkennung auf. »Ich bin auf der Landwirtschaftsschule gewesen. Das ist jetzt durch den Krieg nur unterbrochen. Da lernt man viel«, sagte er stolz.

Ute sah in sein gerötetes Gesicht. Hansi hatte die gesunde Gesichtsfarbe der Leute, die viel an der frischen Luft sind. Er lächelte sie an, seine blonden Haare standen verwirrt und verschwitzt nach allen Seiten. Sie wusste, er sollte mal später den Hof seiner Eltern übernehmen. Er war der einzige Sohn. Wenn der Vater, der im Krieg war, nicht zurückkam, wäre das sogar ziemlich bald. Er war groß und kräftig, ein etwas knorriger Typ, aber so, wie man sich ein richtiges Mannsbild vorstellt. Wenn er seine Schule mal abgeschlossen hatte, waren das alles gute Voraussetzungen für einen Bauern. Oder sagte man dazu Landwirt? Der Hof sei nicht sehr groß, hatte Hansi gesagt, aber er ernähre gut eine Familie. Es hatte fast wie eine Werbung geklungen. Als ob sie Bäuerin werden wollte! Oder Landwirtin? Sie glaubte es nicht.

Am Waldrand sahen sie Himbeersträucher. »Ach, sind die klein«, rief Ute aus, als sie die Früchte sah. Sie kannte nur die kultivierten Himbeeren im Nutzgarten. Als sie eine probiert hatte, musste sie aber anerkennend feststellen: »Klein aber oho. Sie sind wunderbar süß! Süßer als die im Garten!«

Später pflückten sie noch Heidelbeeren. »Der Wald ist nicht zu dicht und damit hell genug für Blaubeeren«, dozierte Hansi wieder.

»Wir sagen bei uns eher Heidelbeeren«, meinte Ute.

»Jedenfalls schmecken sie gut«, antwortete Hansi friedfertig und steckte sich eine neue Handvoll in den Mund. Dieser war schon ganz verfärbt.

Ute sah es und lachte. »Wenn man dir nahe kommt, dann wird man ganz blau.«

»Wenn du mir nahe kommen willst, wische ich mir gern den Mund ab«, verkündete Hansi und hob seine Feldflasche hoch, aus der sie schon beide getrunken hatten. Hansi war vorausschauend gewesen und hatte sogar Butterbrote für sie beide mitgebracht, die sie zwischendrin bei einer Pause gegessen hatten. Auf dem Brot war wirklich echte Butter gewesen, keine Margarine oder irgendein Fett.

»Warum sollte ich dir nahe kommen?«, fragte Ute unschuldig.

»Schade, ich habe gedacht, du wolltest mir später zum Dank einen Kuss geben!«

»Dank für was?«, fragte Ute. Soll ich für das echte Butterbrot bezahlen?, fragte sie sich.

»Dass ich dir so schöne Pflückstellen gezeigt habe!«

»Aha, darum muss ich dich küssen«, meinte Ute und kam ins Grübeln. Sie hatte früher einmal mit ihren Schulkameradinnen, vor allem mit Viola, darüber gerätselt, ob das mit dem Küssen von Männern nicht gefährlich war. Bekam man davon ein Kind oder nicht? Inzwischen hatte ihre Mutter ihr das ausgeredet. Man bekommt allein vom Küssen kein Kind. Aber Fragen waren geblieben. Wann bekommt man denn ein Kind, hatte sie ihre Mutter gefragt. Wenn Mann und Frau sich ganz innig lieben, hatte ihre Mutter erklärt. Weiter war die Aufklärung durch ihre Mutter damals nicht gediehen. Aber Ute wusste inzwischen ziemlich genau, wie das mit dem Kinderkriegen funktionierte. Eine ältere Freundin hatte sie vollständig aufgeklärt. »So machen es alle!«, hatte die Freundin abschließend gesagt, und Ute wollte es zuerst nicht glauben. Sie dachte an ihre Eltern. Natürlich wusste sie, dass Männer und Frauen an bestimmten Körperstellen anders gebaut sind. Wenn man drei Brüder hat, kann man das nicht übersehen. Aber dass es so ablief ... Irgendwann musste sie es aber als Wahrheit akzeptieren, manches, was sie hörte oder sah, überzeugte sie davon. Hier auf dem Land wurde sie ohnehin oft direkte Zeugin davon, wie die Tiere ihrem Fortpflanzungstrieb folgten. Das Thema war ihr aber sehr suspekt. Wie die Tiere, dachte sie mit Widerwillen.

Hansi hatte inzwischen weiter gepflückt und nichts mehr vom Küssen verlauten lassen. Als sie beide ihre Körbchen voll hatten, wollten sie sich auf den Heimweg machen. Ute nahm die Körbchen auf, eins in jede Hand, als auf einmal Hansi groß vor ihr stand. Er hatte die Hände frei, seine Körbchen standen noch im Gras, bemerkte Ute missbilligend.

Hansi bückte sich zu ihr hinunter und sagte: »So jetzt will ich den Kuss!«

Ute fühlte sich mit den Körbchen in jeder Hand sehr wehrlos. Sie sah, als er so nahe war, dass über seinen Lippen ein Flaum spross. Ob das kitzelt, fragte sie sich und küsste diese Stelle. Es kitzelte wirklich und sie musste kichern.

Er war überrascht: »Das gilt nicht. Das war kein richtiger Kuss!«

»Du scheinst ja gut Bescheid zu wissen«, sagte Ute, »du lässt dich wohl von vielen Mädchen küssen?«

Hansi wurde rot. »Äh«, stammelte er. Was sollte er jetzt sagen? Er war im Widerstreit mit sich. Erfahrung im Küssen hatte er keine, aber das würde er nicht zugeben, andererseits wollte er vor Ute auch nicht als Frauenheld dastehen. So versuchte er sich mit einem Spruch aus der Affäre zu ziehen: »Das weiß doch jeder Mann, dass das kein richtiger Kuss war!«

»Aha, du bist also ein Mann!«, sagte Ute und lächelte.

Das war zuviel für ihn. Jetzt reicht es!, dachte er. Zunächst dieses süße Lächeln, das ihr Gesicht so hübsch machte, das aber auch irgendwie spöttisch war, und dann noch diese Zweifel an seiner Männlichkeit. Da gab es nur ein Mittel: Er musste ihr zeigen, dass er ein zu allem entschlossener richtiger Mann war!

Er nahm mit einer Hand ihren Kopf, zog ihn zu sich heran, mit der anderen Hand schob er ihr Kinn hoch und gab ihr einen festen Kuss auf den Mund. Es schmatzte ein bisschen. Dann ließ er sie sofort wieder los. »So!«, sagte er befriedigt.

Ute hatte keine Abwehrbewegung gemacht. »Hoppla«, sagte sie verdutzt. Sie war beeindruckt und sah Hansi an.

Er wich ihrem Blick aus und nahm seine vollen Körbchen auf. Sie gingen los, ohne noch ein Wort zu wechseln. Nach einer Weile fragte er: »Bist du mir jetzt böse?«

»Na ja«, sagte sie, »so war es nicht richtig!« Er sah sie betroffen an. Sie fuhr fort: »Du wolltest doch einen Dank von mir, also muss ich dich doch küssen!«

»Das stimmt!«, sagte er und musste lachen. Sie sah ihn an und lachte mit.

Auf einmal blieb sie stehen und wandte sich ihm zu. »Komm her!«, befahl sie. Er sah sie erstaunt an. Da reckte sie sich zu ihm hoch und gab ihm einen schnellen Kuss auf die Wange.

»Was war denn das?«, fragte er erstaunt.

»So ein schlimmer Kerl bist du ja auch wieder nicht!«, gab sie ihm freundlich kund. Er stutzte, warf aber sofort alle Zweifel über diese Formulierung beiseite und war hocherfreut über diese Bewertung seiner Person. Beschwingt gingen sie weiter. Schade, dass wir die Hände voll haben. So werde ich nie herauskriegen, ob ich ihre Hand nehmen dürfte, dachte er.

Unterwegs begegneten sie einigen Leuten, die volle Rucksäcke schleppten und auch in das Dorf wollten. »Schon wieder diese Hungerleider aus der Stadt, die für ihren Krempel alles von uns hamstern wollen«, sagte Hansi.

Ute wusste auch, was diese Leute wollten, hatte aber eine andere Meinung dazu und sagte sie ihm auch: »Bevor du verhungerst, würdest du auch zu anderen Leuten gehen, die was haben, und mit denen Lebensmittel gegen andere Sachen tauschen. Ihr kommt doch gut dabei weg, ihr kriegt es doch gut bezahlt!«

Hansi grinste nur und sang ein Lied nach der Melodie von »Der Mai ist gekommen«:

»Der Juli ist gekommen, die Hamster fahren aus.
Sie fahren auch nach Balzheim und hamstern alles aus.
Sie fahren um Butter, Eier oder Speck
Und holen den Bauern alles, alles weg.«

Ute schüttelte darüber nur den Kopf. Sie konnte sich als Städterin in die Leute hineinversetzen. Die Versorgungslage auf dem Land war weitaus besser als in der Stadt. Deshalb begaben sich massenhaft Städter aufs Land. In überfüllten Zügen, in Güterwaggons, zu Fuß und mit dem Fahrrad kamen sie aufs Land und durchstreiften die Dörfer, um Hausrat, Kleidung oder Wertgegenstände gegen Butter, Speck und Kartoffeln zu tauschen. Viele Bauern ließen sich die Lebensmittel teuer bezahlen. Man sprach vom »Perserteppich im Kuhstall«, ein Ausspruch, den mit Sicherheit ein Städter erfunden hatte.

Sie überholten eine Frau mit einem kleinen Mädchen an der Hand. Ute hoffte, dass die das Lied nicht gehört hatten. Die Frau trug einen Mantel, der für diese Jahreszeit zu dick war, darüber einen großen Rucksack, der aber leicht schien. Das Kind, es trug einen kleineren Rucksack, stolperte neben ihr her, es schien müde zu sein. Als sie vorbeigingen, rief das Kind: »Guck mal, Mama, die haben ganz viel rote und blaue Beeren.«

»Du sollst nicht betteln!«, sagte die Mutter und sah die beiden jungen Leute entschuldigend an.

Ute blieb stehen. »Sie bettelt doch nicht. Willst du ein paar Beeren?«, fragte sie das Mädchen, es war vielleicht acht Jahre alt.

Das Mädchen sah sie zunächst scheu an, dann wanderte sein Blick zu ihrer Mutter. Die Mutter seufzte nur.

»Du kannst dir was herausnehmen«, sagte Ute und strich der Kleinen über die kurzen braunen Haare. Das Mädchen hatte einen Topfschnitt: Ein passender Kochtopf über den Kopf und alles, was heraussteht, wird abgeschnitten.

»Nimm dir, aber sei nicht unverschämt!«, sagte die Mutter.

»Ist es unverschämt, wenn ich die Dose aus meinem Rucksack fülle?«, fragte das Kind.

»Welche Dose meinst du, Irmgard?«, fragte die Mutter.
»Die Nivea-Dose«, sagte das Mädchen.
»Nein, es ist nicht unverschämt, wenn du das machst«, sagte Ute. Eine Nivea-Dose weniger Beeren wird meine Familie ja verkraften, dachte sie.

Sie setzten sich an den Wegrand unter einen Baum in den Schatten. Die Sonne hatte inzwischen die Wolken vertrieben und brannte nun heiß herunter.Die kleine Irmgard hatte eine blaue Dose herausgekramt und füllte sie mit Beeren, Ute half ihr dabei. Unter Gekicher fütterten sie sich auch gegenseitig. Das kleine Mädchen vergaß dabei auch seine Mutter nicht, was Ute ihm hoch anrechnete. Gut erzogen, das Kind, dachte sie. Hansi stand steif daneben.

»Wir kommen aus Ulm«, sagte die Mutter. Sie erzählte, dass sie ausgebombt seien. Große Teile Ulms seien ja vollkommen zerstört. Dabei sei ihr kleiner Sohn ums Leben gekommen, ihre Tochter und sie waren verschüttet und erst nach Stunden ausgegraben worden. Sie wohnten derzeit notdürftig in einem Keller zusammen mit ihren Eltern. »Wir haben nichts mehr!« Als sie erzählte, dass ihr Mann vermisst sei, fing sie an zu weinen. »Wenn mein Mann erfährt, dass unser Kleiner nicht mehr ist ...« Sie legte die Hand an die Stirn. »Aber zunächst muss ich ja hoffen, dass er überhaupt wiederkommt! Ach, ich bin ganz durcheinander!«

Bei solchen Schicksalsschlägen kann man ja schon die Übersicht verlieren, dachte Ute, sie war nah daran mitzuweinen. Und die Frau hat wahrscheinlich gar nichts zu »verhamstern«, die hat nichts »anzubieten« zum Tausch, darum ist ihr Rucksack so leicht.

»Ich habe nichts zu tauschen«, sagte die Frau prompt darauf in bitterem Ton, »also muss ich arbeiten und mich mit Lebensmitteln bezahlen lassen. Hoffentlich finde ich Arbeit, ich mache alles!« Sie hob unwillkürlich die Hände hoch. Man sah, dass diese schmalen Hände nicht gewohnt waren, grobe Arbeit zu leisten, es waren eher die Hände einer »feinen Dame«. Allerdings waren manche der früher sicher gepflegten Fingernägel abgebrochen und gesplittert. Sie wird es nicht leicht haben, dachte Ute.

Sie überlegte und sah Hansi an. Milli war seit Kurzem nicht mehr da. Sie war zusammen mit anderen russischen Ostarbeitern wegtransportiert worden, nach Russland, genauer gesagt, heimwärts in ihre geliebte Ukraine, nahm Ute an. Hoffentlich ging es ihr gut. Beim Abschied von ihr hatte es Tränen gegeben. Einerseits wollte Milli natürlich wieder nach Hause, endlich! Andererseits hatte sie sich hier eingewöhnt, sie hatte es hier im Dorf gut gehabt, hatte sie gesagt. Und es gäbe Gerüchte, dass die Rückkehrer in ihrer Heimat nicht gut behandelt werden würden. Milli sagte aber auch, sie sei davon informiert worden, dass DPs, also »Displaced Persons«, wie es in einem Schriftstück hieß, auf jeden Fall heim müssten, ob sie wollten oder nicht. Das sei zwischen den Amerikanern und den Russen so vereinbart worden. Keiner wusste, was DP genau bedeutete, aber sie sei eine solche DP und müsse also heim. Es herrschte Trennungsschmerz, nicht nur bei ihr. Auch Ute hatte geweint, als Milli in einem amerikanischen Lastwagen zu einem Sammelpunkt davongefahren war und mit Tränen in den Augen gewinkt hatte.

Vielleicht war es möglich, dass diese ausgebombte Frau in der Mühle arbeitete, dachte Ute. Wenn Hansi nichts sagt, dann kann ich ja mal die Müllerin fragen, nahm sie sich vor.

Die kleine Irmgard war eingeschlafen. »Wir sind schon sehr früh losgefahren und sie hat viel laufen müssen«, sagte ihre Mutter erklärend, »ich mache mal eine Pause.«

Utes Augen gingen von der Mutter zum Kind und wieder zurück. Warum hat sie das Kind überhaupt dabei, dachte sie, wenn die Großeltern noch da sind? So eine Hamsterfahrt ist doch strapaziös für ein Kind und wenn die Mutter arbeiten will, dann ist das Kind allein. »Es ist sicher sehr anstrengend für Irmgard gewesen«, sagte sie schließlich.

Die Mutter verstand die Andeutung. »Ja, aber ich kann es nicht vermeiden. Ich will sie bei mir haben, das Kind, das mir geblieben ist.« Sie strich dem Mädchen zärtlich über die Haare. Es seufzte im Schlaf. »Die Eltern sind schon alt ... Mein Vater ist verwirrt, seit unser Haus zerstört ist. Es hat ihn so mitgenommen. Das Haus der Familie seit Jahrhunderten, jetzt ist es ein Trümmerhaufen. Ich könnte der Mutter gar nicht zumuten, auf Irmgard aufzupassen, selbst wenn ich es wollte.« Die Mutter seufzte auch. »Vielleicht hat es auch den Vorteil, dass die Leute zugänglicher sind, wenn ich ein Kind dabei habe«, fügte sie hinzu. Sie nahm ein Taschentuch und wischte zunächst dem Mädchen, dann sich den Schweiß vom Gesicht.

»Sie sind aber auch dick angezogen«, stellte Ute fest.

»Ja, das ist ein besonderer Mantel«, erklärte die Frau und zeigte das Innere. Dort waren große Taschen eingenäht. »Da kann man ganz viel reintun. Meine Mutter und ich haben daran gearbeitet. Ja, wir wollen so viel wie möglich mitnehmen. Wie die Diebe!« Ein bitteres Lächeln flog über ihr müdes Gesicht.

»Wir müssen heim«, sagte Hansi, der die ganze Zeit danebengestanden, die Frau angestarrt und nichts gesagt hatte.

»Sie sollten mal in der Mühle im Ort fragen. Die Ostarbeiterin ist nicht mehr da. Vielleicht braucht die Müllerin jemanden«, sagte Ute, nun die Initiative ergreifend. »Meinst du nicht, Hansi?«

»Vielleicht!«, meinte der mundfaul.

»Wie heißen Sie denn?«, fragte Ute, »Hansi oder ich können es ja der Müllerin sagen, dass Sie kommen.«

Die Frau nannte ihren Namen. Sie verabschiedeten sich, das Kind schlief noch. Ute und Hansi gingen weiter heimwärts.

Als sie an die Mühle kamen, sah sie dort am Hoftor einen sehr großen mageren Mann stehen. Er hatte eine zivile Jacke zu einer Soldatenhose an und einen Wehrmachtsrucksack auf dem Rücken. Er sprach gerade mit der Müllerin.

Millionen von Menschen waren in dieser Zeit in ganz Deutschland unterwegs:

Ehemalige Soldaten, abgerissen, halb verhungert und oft abenteuerlich gekleidet, streiften derzeit durch das zerstörte Land und wollten heim oder suchten ihre Familien.

Ausländische Arbeiter und Kriegsgefangene russischer, polnischer, tschechoslowakischer, französischer, belgischer, niederländischer, italienischer und anderer Nationalität strebten nach Hause.

Flüchtlinge und Vertriebene aus dem Osten Deutschlands, aus Ostpreußen, Pommern, Schlesien, sowie aus der Tschechoslowakei und anderen, noch viel weiter entfernten volksdeutschen Gebieten, mussten sich eine neue Heimat suchen.

Viele Evakuierte wollten endlich heim.

Viele Kinder, die in Kinderlandverschickung waren oder in den Kriegswirren von ihren Eltern getrennt worden waren, suchten ihre Eltern oder Verwandte.

Und es gab auch viele mehr oder weniger große NS-Bonzen, die aus Angst vor Vergeltung das Weite suchten, auch über Deutschland hinaus.

Viele Menschen kamen deshalb auch hier durch diesen Ort, aber dieser Mann an der Mühle kam Ute bekannt vor: So groß war kaum jemand. Ihr Herz machte einen Sprung. Sie rannte zu ihm hin, um ihn von vorne zu sehen. Hinter ihr murrte Hansi: »Was rennst du auf einmal?«

»Papa!«, schrie sie, als sie das Gesicht des Mannes sah, und fiel ihm in die Arme. Es war wirklich ihr Vater! Er war abgezehrt, hatte lange Bartstoppeln und roch so, als wenn er sich tagelang nicht gewaschen hätte, was wahrscheinlich auch so war. Aber das alles störte sie überhaupt nicht.

»Ute!«, sagte er und drückte sie an sich.

»Dann ist ja alles klar!«, sagte die Müllerin in dieses Wiedersehen hinein, »Ute wird Ihnen zeigen, wo Ihre Familie wohnt.«

»Sie kennen meine Tochter?«, fragte der Vater.

»Ich arbeite hier«, sagte Ute stolz. Die Müllerin nickte und sie berichteten dem Vater von ihrer Arbeit in der Mühle.

»Sie macht sich gut!«, sagte die Müllerin. »Und sie muss ja noch mehr machen, seit wir keine Ostarbeiter mehr haben.«

Da fiel Ute wieder ein, was sie fragen wollte. Sie erzählte Frau Biesinger vom Schicksal der Frau aus Ulm. »Jetzt, wo Milli nicht mehr da ist, brauchen Sie vielleicht noch jemand ...«

Die Müllerin wiegte den Kopf. »Es gibt so viele Leute mit schlimmen Schicksalen. Man kann nicht jedem helfen.« Sie erzählte, dass sie auf die baldige Rückkehr ihres Mannes hoffte. Ein Kamerad von ihm aus Norwegen sei da gewesen und habe gesagt, er lebe. Er sei in englischer Gefangenschaft und solle bald entlassen werden.

»Ute wird auch bald nicht mehr da sein«, warf der Vater ein.

Ute konnte sich denken, was das bedeutete. »Wir fahren heim?«

»Ja«, meinte ihr Vater, »ich bin gekommen, um euch abzuholen.«

Die Müllerin hatte aufmerksam zugehört. »Die Frau aus Ulm soll mal vorbeikommen«, sagte sie. Ute nannte ihr den Namen. »Sie würde ich lieber nehmen«, wandte sie sich an den Vater, »wenn Sie vielleicht ein bisschen länger hierbleiben wollen und Interesse haben, in der Mühle mitzuhelfen und etwas zu verdienen, dann melden Sie sich.«

»Ich werde es mir überlegen. Vielen Dank für das Angebot«, sagte der Vater.

Dann machten sie sich eiligst auf zu ihrer Familie. Ute Herz hüpfte. Was würde es für eine Begeisterung geben, wenn sie ankamen! Nun ist auch Papa unbeschadet vom Krieg zurück! Und wenn wir heimfahren nach Ludwigshafen in unsere Wohnung und dann auch Ulrich wieder dabei ist, dann ist unsere Familie wieder gesund und vollzählig beisammen, dachte sie froh. Sie hatten ein Glück!

Da überkamen sie auf einmal Befürchtungen, oder waren es Ahnungen? Wir sind noch nicht daheim, und wenn wir heil in Ludwigshafen angekommen sind, wie wird es dort sein? Schon wieder diese komischen Anwandlungen! Wir sind doch alle gesund und munter, der Krieg ist aus! Da legte der Vater seinen Arm um ihre Schulter, es war so beruhigend. Die grauschwarze Wolke in ihrem Kopf löste sich auf. Es wird alles gut werden!, beschwor sie das unberechenbare Schicksal.

Kapitel 17

August 1945

Der Vater stand in der Stube am Fenster, ausgezehrt und mager wie so viele Deutsche in diesen Tagen. Diese Magerkeit unterstrich noch seine Größe von einem Meter zweiundneunzig. Er balancierte gerade den kleinen Horst, der auf seiner Hand stand, mit der anderen Hand hielt er ihn am Arm. Der Kleine machte krähend kleine Turnübungen. Die kleinen festen Beinchen stemmten sich kräftig gegen die Hand des Vaters hoch zum Stehen, machten die Andeutung von Kniebeugen, dann wackelten sie und klappten zusammen, als den Kleinen die Kraft verließ.

»Pass auf!«, rief die Mutter, die gerade heimkam und diese Übungen misstrauisch beobachtete. Sie gefielen ihr gar nicht.

Aber der Vater hatte schon reagiert, der Kleine war mit einem Jauchzer in seinen Arm gefallen. Jetzt lachte er und strampelte eifrig, das Spiel gefiel ihm.

»Da ist die Bescheinigung, die ich gerade von der Gemeindeverwaltung bekommen habe«, sagte die Mutter und hielt ihrem Mann ein Blatt Papier hin. Der Vater studierte den Zettel mit einem zusammengekniffenen Auge und Falten in der Stirn:

Gemeinde Unterbalzheim, den 7. August 1945

Der Frau K... S... geb. am 23.6.1904 in Lambrecht (Pfalz) wird hiermit bescheint, dass sie mit ihren 4 Kindern seit 25.1.1945 in Unterbalzheim Kr. Biberach–R wohnhaft, gleichzeitig wird der Obengenannten bescheint, dass sie während ihres Hierseins keinerlei Unterstützung bezogen hat.

Der Bürgermstr. Stellv.

»Was soll das?«, fragte er seine Frau. Die hatte die Bescheinigung bekommen, als sie meldete, dass sie heim nach Ludwigshafen fahren wollten. Sie war auf dem Kopfbogen der Gemeinde geschrieben und mit dem Gemeindesiegel gestempelt. Mutter hatte den Kopf geschüttelt, als sie das Schreiben in die Hand gedrückt bekam und zum ersten Mal gelesen hatte. Sie fand, Fehler dieser Art in einem amtlichen Dokument waren wirklich nicht zu verzeihen. Sie hatte überlegt, ob sie den Bürgermeisterstellvertreter, einen Bauern, auf die notwendigen Korrekturen hinweisen sollte. Aber er hatte sich beim Schreiben so angestrengt bemüht und er war so stolz darauf, das »Dokument« fertiggestellt zu haben – sie brachte es nicht übers Herz.

Sie antwortete ihrem Mann und wirkte dabei müde: »Hier wird uns ‚bescheint', also bescheinigt, dass wir uns selbst unterhalten haben, also der Gemeinde hier nicht auf der Tasche gelegen haben. So was braucht man für eine Zuzugsgenehmigung, wenn man in eine andere Zone zieht, so wie bei uns von der amerikanischen in die französische Zone! Ich weiß nicht, ob man das auch braucht, wenn man heimgeht. Jedenfalls haben wir die Bescheinigung, für alle Fälle!« Sie nahm ihrem Mann das Papier ab und steckte es ein. »Übrigens habe ich auch gehört«, erzählte sie weiter, »dass die Deutschen entnazifiziert werden sollen, was das auch immer heißen mag. Straßen sollen zum Beispiel umbenannt werden: Adolf-Hitler-Straßen darf es nicht mehr geben. Und Leute sollen überprüft werden, ob sie Verbrechen begangen haben. Da brauchen wir keine Angst zu haben. Die kennen uns ja daheim!« Sie strahlte auf einmal und man merkte, wie sie ein Gedanke belebte. »Daheim! Wir fahren heim. Gott sei Dank können wir heim, unsere Wohnung haben wir noch! Und wir alle leben und sind im Großen und Ganzen gesund!«

Sie sah sich um und betrachtete liebevoll ihre Familie, die sich in dem Raum drängte: Hier sind drei meiner vier Kinder, nun ist auch mein Mann da. Und der Große ist gesund in Ludwigshafen in unserer Wohnung. Meine Familie hat den Krieg heil überstanden!

Meine Familie? Eigentlich gehört dazu auch mein Bruder Edgar, der fast wie mein Sohn war. War! Sie dachte an den Schock, den sie alle erlitten hatten, als die Nachricht aus Russland kam. Ein paar Monate zuvor hatte Edgar noch geschrieben:

Im Osten den 2.4.43

Liebe Schwester!

Ich will Dir auch kurz ein paar Zeilen schreiben, habe schon lange nichts mehr von Dir gehört. Wie geht es Dir u. Deinen Kindern u. Herbert? Du hast eben sicher viel Arbeit. Herbert wird noch eingezogen wie ich gehört habe. Meiner Wenigkeit geht es noch immer gut und dasselbe hoffe ich von Euch allen.

Ich gedenke auch bald wieder in Urlaub zu fahren. Vorgestern waren wir in Smolensk zur Entlausung u. im Kino, wenigstens etwas Abwechslung. Wir sind ja jetzt in Ruhe, haben auch schwere Tage hinter uns. Ekelhaftes Wetter haben wir eben und dazu noch den Dreck, man versauft direkt darin. Wie ist es bei Euch daheim? Was machen die Flieger?
Ich schließe in der Hoffnung dass wir uns bald gesund wiedersehen.
Es grüßt Euch alle recht herzlich
Euer Edgar.

Das war noch so erfreulich gewesen. Die ganze Familie hatte sich gefreut, dass es Edgar in Russland gut ging. In Russland! Das was er schrieb, klang ehrlich, auch wenn man wusste, dass die Feldpost zensiert wurde.

Aber dann kam der Schock mit einem offiziellen Brief der Wehrmacht per Einschreiben an die Eltern von Edgar im Juli 1943:

Sehr geehrte Familie W...!

Leider muß ich Ihnen die traurige Nachricht machen, daß Ihr tapferer Sohn Edgar bei den harten schweren Abwehrkämpfen im Raume ostwärts Orel am 17.7.1943 bei der Abwehr eines starken russischen Angriffs auf die Ortschaft Sabrody durch Bauchschuß schwer verwundet und noch am selben Tag auf dem Hauptverbandsplatz in Federowka gestorben ist. Sein allzu früher Soldatentod trifft mich und die Kompanie hart und reißt eine große Lücke in die Reihen meiner Tapfersten.

Ihr Sohn hat in selbstloser Weise getreu seinem Fahneneid für Führer, Volk und Vaterland sein Leben in vorbildlicher Weise der Pflichterfüllung hingegeben.

Möge Ihnen die Tatsache, daß Ihr Sohn für die Größe und den Bestand des Großdeutschen Reiches sein Leben hingegeben hat, ein Trost sein, in dem schweren Leid, welches Sie getroffen hat. Sein Einsatz und früher Tod waren nicht umsonst, sondern haben mitgeholfen, den Bestand und die Größe unseres Vaterlandes für alle Zeit zu sichern. Ihr Sohn wurde auf dem Heldenfriedhof in Federowka beerdigt. Die Kompagnie hat für eine würdige Ausstattung des Grabes Sorge getragen.

Wir werden unseren Kameraden nie vergessen und ihm ein ewiges Andenken bewahren.

Es grüßt Sie in aufrichtigem Mitgefühl

gez. Lang
Hauptmann und Kompagnie Chef

Edgar war wirklich wie ein Kind von ihr gewesen. Sie erinnerte sich noch so gut, was für ein sonniges Gemüt er hatte, immer freundlich, immer fröhlich. Das hatte sich auch in seinen Briefen ausgedrückt. Sie selber nahm das Leben ernster, sie hatte es lernen müssen.

Der Verlust ihres jüngeren Bruders war immer noch eine offene Wunde. Sie versuchte immer wieder vergeblich, die schmerzhafte Erinnerung abzuschütteln. Ein Trost war, dass es nun keine Gefahr mehr gab: Der Krieg war zu Ende. Sie brauchte keine Angst mehr zu haben, dass zu diesem Verlust noch ein weiterer dazukam, dass ihren Lieben noch etwas passierte. Leider sollte das Schicksal und andere Mächte sie grausam enttäuschen.

Sie dachte daran, dass sie bald wieder daheim waren, wieder mehr Platz hatten und nicht mehr die drangvollen Verhältnisse in dieser Bauernhausstube ertragen mussten. Sie konnten wieder ein normales Leben führen. Ulrich sollte eine Lehre anfangen, Ute würde Arbeit finden, bis sie heiratete, und Berti würde endlich in die Schule gehen. Sie widmete sich mit neuer Energie dem Packen ihrer Habseligkeiten.

Der Vater hatte eine Odyssee hinter sich: Die deutsche Armee in Italien kapitulierte am 29. April 1945. Kurz vorher war er wegen starker Beschwerden an einem Auge in einem mobilen Kriegslazarett gewesen und hatte am 25. April 1945 einen Reise-Sonderausweis erhalten, in dem als Grund angeführt wurde:

»Inmarschsetzung zur Krankensammelstelle Linz zwecks Einweisung ins Lazarett (Augenfachabteilung)«

Sein Ziel, das Lazarett in Linz in der »Ostmark«, also in Österreich, zur Augenbehandlung, hatte er nicht mehr erreicht. Vorher kam er in amerikanische Kriegsgefangenschaft, die ein paar Monate gedauert hatte.

Nach seiner Entlassung schlug er sich nach Ludwigshafen durch. Dort hatte inzwischen die Besatzungsmacht gewechselt, die Militärverwaltung war von den Amerikanern an die Franzosen übergeben worden. Als er das hörte, dachte er, das ist eigentlich nicht schlecht für mich, ich spreche französisch, vielleicht war das ein Vorteil für die Zukunft. Auch er wusste noch nicht, wie sehr er sich irren sollte.

Bei seiner Heimkehr hatte er in ihrer Wohnung in der Humboldtstraße nur Ulrich vorgefunden. Der erzählte ihm, dass der Rest der Familie evakuiert worden war. Der Vater reiste zu ihnen und war nun nach langer Zeit und nach unsäglichen Schwierigkeiten wieder mit seiner Familie zusammen.

Sie waren doch noch einige Zeit in Unterbalzheim geblieben und er hatte das Angebot der Müllerin angenommen, in der Mühle zu arbeiten. Den Lohn konnten sie dringend brauchen!

Für morgen hatten sie den Antritt ihrer Reise zurück nach Ludwigshafen geplant. Das war aber mit vielen Unwägbarkeiten verbunden. Sie mussten etwas organisieren, um zur Bahnlinie zu kommen. Und sie mussten natürlich einen Zug finden, der sie heimwärts brachte. Wahrscheinlich gab es zunächst nur einen Zug bis zur nächsten größeren Station, dann musste man umsteigen in den nächsten Zug, der wieder nur zur nächsten größeren Station fuhr und so weiter. Das alles bei diesem Nachkriegschaos, das mindestens so schlimm war wie im Krieg, wenn auch nicht so gefährlich.

Hansi brachte sie mit seinem Fuhrwerk nach Altenstadt zum Bahnhof. Ute hatte den Eindruck, dass er heute die Peitsche, die er in der Hand hielt, nicht so elegant schwang, sie wurde müde bewegt, ohne Schwung und Elan. Auch sie hatte ein bisschen Abschiedsschmerz. »Der Mensch ist ein Gewohnheitstier«, sagte ihre Mutter immer, und Ute hatte sich an die Menschen hier in diesem kleinen Ort und ihre Arbeit in der Mühle ein bisschen gewöhnt trotz der widrigen Umstände ihres Wohnens. Sie hatte sich auch an Hansi gewöhnt und es tat ihr leid, dass sie sich von ihm trennen musste. Aber sie wusste jetzt schon, dass sie es verkraften würde. Sie warf ihm einen Blick zu. Er schien es schwer zu nehmen. Er hatte ja ihre Adresse, sie hatten versprochen, sich zu schreiben.

Beim Abschied hielt er ihre Hand lange fest, wagte angesichts des Beiseins ihrer Eltern nicht, sie in den Arm zu nehmen oder ihr gar einen Kuss zu geben. Ute riss sich von ihm los und sagte, was man beim Abschied so sagt: »Ich muss gehen. Alles Gute!«

Gestern hatten sie sich auch vom Großvater in Oberbalzheim verabschiedet. Er hatte sich mit dem Verlust seiner Wohnung ein bisschen besser abgefunden und wollte mit seiner Frau noch einige Zeit hierbleiben. »Hier kann man einigermaßen leben, hier ist die Versorgung gut«, sagte er und fügte in seiner charmanten Art augenzwinkernd hinzu: »Nur en g'scheite Riesling gibt's hier leider net!« Eigentlich hatte er schon recht, man wusste nicht, wie das daheim war. Aber sie mussten heim. Dort mussten sie nicht in einem Raum zusammen hausen, dort wollten sie Arbeit und Ausbildung finden, dort waren sie daheim! Später stellte sich heraus, dass es sehr gut war, einen Großvater »auf dem Land« zu haben: Man konnte ihn aufsuchen, um sich zu versorgen, wenn es daheim in der Stadt zu knapp wurde.

Sie mussten in einem offenen Güterwagen fahren, der für alles Mögliche bestimmt war, nur nicht für Menschen. Sie warfen ihre Sachen hinein: Rucksack, Deckbett, Kopfkissen, in Leintücher gepackte kleinere Habseligkeiten, Essen, Trinken. Dann schwangen sie sich selbst hinauf, um die ungewisse Fahrt anzutreten. Es war warm, aber der dauernde Zugwind war stark, sodass man Schutz an der vorderen Bordwand suchte. Das reichte nicht für viele.

Die Fahrt heimwärts war eindeutig beschwerlicher als die Fahrt im Krieg Anfang des Jahres bei der Evakuierung nach Balzheim, fand Ute. Und vor allem länger: In Ulm mussten sie zwei Tage im Bahnhof zubringen, weil kein Zug weiterfuhr. Ute hatte ausgiebig Zeit, die Trümmerwüste vor dem Bahnhof zu betrachten. Auch hier war die Innenstadt vollständig zerstört. Nur das

Ulmer Münster, der höchste Kirchturm der Welt, ragte ziemlich unversehrt mittendrin in die Luft und erinnerte wie ein Mahnmal an bessere Tage. Sie hörte, dass ein Angriff zehn Tage vor Weihnachten 1944 der allerschlimmste gewesen sei; er habe einen Feuersturm ausgelöst, der die Altstadt verschlungen habe. Schon wieder ein Feuersturm! Ute dachte an die Frau mit dem Kind, die auf Hamsterfahrt in Balzheim gewesen war. Wo mag das Haus liegen, das ihren kleinen Sohn begraben hatte? Wo mag sie selbst sein? Die Müllerin hatte ihr keine Arbeit gegeben, hatte Ute erfahren. Vielleicht deswegen, weil die Müllerin Utes Vater bevorzugt hatte. So ist das Schicksal, dachte Ute, ich wollte der Frau helfen, aber ein Mitglied meiner Familie hat ihr die Arbeit vor der Nase weggeschnappt. Und ich bin froh darüber, dass mein Vater nun auch Geld verdienen konnte.

Nach einigen Tagen kamen sie nach einer Abenteuerfahrt durch das verwüstete Land endlich in Mannheim an.

Da der Mannheimer Bahnhof nahe am Rhein liegt, konnte Ute beim Aussteigen über den Fluss nach Ludwigshafen sehen. Das große Gebäude der Walzmühle stand noch, war nur beschädigt. Die Rheinbrücke war vollkommen zerstört, viele Brückenteile lagen im Wasser, ein abgebrochener Teil der Eisenkonstruktion der Eisenbahnbrücke ragte wie anklagend in den Himmel. Im Gegensatz dazu stand das zweiteilige Portal eingangs der Brücke auf Ludwigshafener Seite noch wie zu Kaiser Wilhelms Zeiten, als ob nichts geschehen wäre.

Durch die Sprengung der Rheinbrücke war der Zugverkehr über den Rhein unterbrochen. Sie hörten, dass man schon im April 1945 eine hölzerne Behelfsbrücke für einen eingleisigen Eisenbahnverkehr gebaut hatte, die aber wegen mangelnder Stabilität schon wieder aufgegeben worden war. Es galt also, irgendwie anders über den Rhein nach Ludwigshafen zu kommen, und das hieß für sie: zu Fuß über die Behelfsbrücke!

Mit Sack und Pack gingen sie an dem riesigen Block des Mannheimer Schlosses vorbei, das von vorn bis hinten eine Ruine war. Es war die größte Ruine, die Ute bisher gesehen hatte. Größer als das Heidelberger Schloss, leider aber nicht so dekorativ und romantisch. Diese Ruine würde keine Touristen aus aller Welt anlocken.

Sie kamen zu der von den Amerikanern sofort nach der Einnahme Ludwigshafens gebauten Notbrücke, eine auf dem Wasser schwimmende Ponton-Brücke, die nach Ludwigshafen führte, hundert Meter von der alten Brücke entfernt flussabwärts. Vor der Brücke waren Kontrollen aufgebaut, der Rhein war Grenze zwischen zwei Besatzungszonen, der französischen und der amerikanischen Zone. In einer Direktive der Alliierten Militärregierung vom April 1945 hieß es sehr deutlich: »Deutschland wird nicht besetzt zum Zwecke seiner Befreiung, sondern als besiegter Feindstaat.« In den Zonen, in die Deutschland aufgeteilt war, konnten die jeweiligen Siegernationen, Amerikaner, Briten, Russen und Franzosen, mehr oder weniger so schalten und walten, wie es ihren Vorstellungen entsprach. Diese Zonen waren Anfang Juni 1945 durch Vereinbarung der Alliierten geschaffen worden, deshalb hatten sich die amerikanischen Soldaten danach unter anderem auch aus der Pfalz zurückgezogen. In Neustadt an der Weinstraße war der Sitz der französischen Verwaltung für die Pfalz und Rheinhessen.

Amerikanische und französische Soldaten patrouillierten vor den Sperren. Man konnte zur französischen

Seite nur hinübergelangen, wenn man sich ausweisen konnte und die Gründe für den Zonenübertritt von den Franzosen akzeptiert wurden. Die Familie konnte nur hoffen, dass ihre Ausweise und die Begründung, sie wollten heim in ihre Wohnung, als ausreichend angesehen wurde. Und sie hatten ja noch diese amtliche Bescheinigung des Bürgermeisteramtes von Unterbalzheim.

Vater ging vor und wollte mit den Soldaten sprechen. Es brauchte ein bisschen, bis er jemanden fand, mit dem er reden konnte. Als er zurückkam, sagte er: »Wir müssen zurück zum Bahnhof. Wir müssen noch desinfiziert werden. Die Franzosen wollen niemanden ohne Entlausung in ihre saubere Zone hineinlassen.« Er grinste müde. Sie hatten keine Läuse und auch kein sonstiges Ungeziefer. Aber Vorschrift war Vorschrift! Also gingen sie zurück und suchten die Desinfektionsstation im kaputten Bahnhof. Inzwischen war es spät geworden, die Leute von der Desinfizierung hatten wohl inzwischen Feierabend. Jedenfalls lautete die Auskunft, dass die nächste Desinfizierung erst am nächsten Morgen stattfinde.

Sie mussten also übernachten, drei Kilometer von daheim weg, eine Strecke, die sie oft bei einem Besuch Mannheims an einem Tag hin und her gegangen waren. Notdürftig und unbequem kampierten sie mit vielen anderen Reisenden in einem Warteraum des Bahnhofs. Das hatten sie auf dieser Reise schon öfter gemacht, aber heute, kurz vor ihrem Ziel, kurz vor ihrem Zuhause, war es besonders schlimm. Es war eine schöne Sommernacht, durch das kaputte Dach schien dekorativ der Mond, aber diese Schönheit war verschwendet. Sie konnten sie nicht genießen, sie sahen sie gar nicht, sie waren von der Reise nur erschöpft, fühlten sich dreckig und wollten nur noch heim.

Am nächsten Tag wurde die ganze Familie in einem besonderen Raum mit einem Mittel, bei dem man besser die Augen zumachte, weiß eingestäubt, und waren damit desinfiziert, also sauber genug für den »Grenzübertritt«. Das galt für alle, alte Leute, junge Leute, Großeltern, Eltern, große Kinder, kleine und kleinste Kinder. Auch der kleine Horst, der auf seinem Kissen saß, wurde gnadenlos »eingepudert« und er musste ein paar Mal niesen. Der Desinfektor lachte, die Mutter nicht, sie hatte Angst, dass dies dem Kleinen schadete, und sie wischte und blies ihm das Pulver vom Körper und vom Kissen.

Danach setzten sie zum zweiten Mal zur Rheinüberquerung an und konnten nun endlich über die im Wasser schaukelnde Pontonbrücke gehen. Als sie auf der Ludwigshafener Seite waren und von den französischen Posten kontrolliert wurden, führte der Vater ein Gespräch auf französisch mit einem der Soldaten. Der Soldat sah zu ihnen hin. Ute sah, wie Vater auf einmal die Hände ballte und einen Schritt auf den Soldaten zu machte, der zurückzuckte und sein Gewehr hob. Auch Mutter hatte das gesehen, eilte zu den beiden hin und zog Vater am Ärmel zurück. Er beruhigte sich, sagte etwas zu dem Soldaten und lachte mühsam. Der Soldat sah ihn misstrauisch an, prüfte nochmals die Papiere, fand – wohl zu seinem Bedauern – nichts an ihnen auszusetzen und gab sie Vater zurück.

»Was war denn?«, fragte Mutter, als sie weit genug weg von der Kontrolle waren.

»Ich hätte ihn umbringen können«, zischte der Vater. »Weißt du, was er erzählt hat? Er hat gesagt, es gibt deutsche Frauen, die bereit seien, alles dafür zu tun, um über die Brücke zu gelangen, um nach Hause zurückzukehren. Wer will, könne alles mit ihnen machen. Es sei fast wie eine Vergewaltigung, für die man ein Einverständnis habe. Und dann hat er zu dir und Ute hingeguckt. Dieser Dreckskerl! Er hat mich wohl für seinesgleichen gehalten!«

Mutter sagte: »Hör auf, die Kinder!« Sie ging weiter, presste den kleinen Horst enger an sich und sah auf den Boden. Ute hatte gut zugehört. Ihr war nicht ganz klar, was da gemeint war, aber was Vergewaltigung war, das wusste sie. Aber doch nicht hier an der Grenze?

Irgendwann später war sie mal mit ihrer Mutter allein und fragte nach. Der Mutter war die Frage sehr peinlich. Sie sah sie eine Weile an, ohne eine Antwort zu geben. »Weißt du«, sagte sie schließlich, »für Menschen, die man liebt, auch für die Heimat, die man liebt, ist man bereit Opfer zu bringen. Das kann auch bedeuten, man ist bereit, sich dafür zu erniedrigen, wenn es unbedingt notwendig ist.«

»Du auch?«, fragte Ute.

»Ich auch, für euch«, sagte Mutter, »ich weiß nur nicht, wie weit ich gehen könnte.«

Auf ihrem Heimweg durch die Ruinen- und Schuttkulisse der Innenstadt Ludwigshafens betrachteten sie mit Grauen die Zerstörung. Die Straßen waren eng geworden, die Familie wurde auf ihrem Weg durch die Bismarckstraße auf beiden Seiten bedrängt durch weggeräumten Trümmerschutt. Die ehemalige Bebauung war im unterschiedlichen Grad der Verwüstung. Nur wenige Gebäude waren einigermaßen »davongekommen«, daneben reihten sich Häuserskelette, Hauswände mit leeren Fenstern und Schutthaufen davor oder dahinter, manchmal waren es nur noch Schutthaufen aneinander.

Oft war es kaum mehr erkenntlich, was sie einmal gewesen waren: Kaufhäuser, Kinos, Festsäle, Gasthäuser, Metzgereien, Bäckereien, Apotheken, Wohnhäuser. Sie hatten auf der Reise schon viele zerstörte Städte gesehen, aber diese Stadt, ihre Stadt, kannten sie, als sie noch »heil« war. Sie konnten ermessen, was da verlorengegangen war.

Ludwigshafen war eine junge Stadt. Sie hatte keine besonderen Sehenswürdigkeiten außer wenigen Kirchen und anderen Bauten in den eingemeindeten alten Stadtteilen, aber seit der Gründerzeit waren vor allem in der Innenstadt repräsentative, sehenswerte Gebäude entstanden, auf die die Bürger stolz waren und die der Stadt ein solides Gepräge gaben. Diese Gebäude waren nun Ruinen oder Schutthaufen.

Der Anblick war schrecklich, der Eindruck war verstörend, das Ganze war niederschmetternd. Es war das Ergebnis von einhundertvierundzwanzig Luftangriffen von 1940 bis 1945 auf die Stadt Ludwigshafen, wie jemand später feststellte, als wieder Zeit für Statistiken war.

Immerhin: Die Stadt war zwar schwer verwundet, doch sie lebte noch! Zeichen dafür gab es in den Ruinen: Ofenrohre ragten aus Kellern heraus, Leute räumten auf, klopften Steine, bauten Mauern, auf den Straßen holten Leute Wasser aus Zapfstellen, transportierten Sachen mit kleinen Leiterwagen irgendwohin. Die Familie überquerte auf dem Viadukt die Gleise des Bahnhofs und erreichte endlich ihr Haus in der Humboldtstraße.

Sie besichtigten die Lage. Das Haus stand noch, das hatten sie gewusst, aber man konnte auch deutlich sehen: Es war nicht unversehrt durch den Krieg gekommen. Der Dachstuhl war beschädigt und natürlich die

Fenster: Das Glas war durch den Luftdruck der Bomben eingedrückt worden, auch die Rahmen hatten schwer gelitten. Sie klopften Matten und Karton an die Rahmen, sodass die Fenster notdürftig abgedeckt waren. Irgendwann mussten sie Glas und Kitt besorgen für die Reparatur der Fenster, damit man wieder richtiges Tageslicht in der Wohnung hatte. Manche Fenster mussten ganz ausgewechselt werden. Der Hausbesitzer hatte einiges zu tun! Wenn er sich darum kümmern konnte, wenn es wieder mal was zu kaufen gab: Dachziegel, Holz, Fensterglas, Kitt und noch vieles andere! In ganz Deutschland mussten sicher Hunderttausende von Dächern und Fenstern repariert oder ersetzt werden. Das ganze Land musste repariert werden. Darum musste man viel Geduld haben!

Ulrich war unterwegs, als sie kamen. Erst zwei Stunden später konnte er – dreckig und müde – mit einem Eimer Kohlen in der Hand freudig begrüßt werden. Er hatte zusammen mit Kumpels an der Bahnlinie einen Sack voll Brennmaterial für den Herd »organisiert«: ein paar Briketts und vor allem Kohlen. Es sei viel von Güterwagen heruntergefallen und sie hätten es nur auflesen müssen, erzählte er mit einem Grinsen, einen Sack voll habe er im Keller ausgeleert. Mutter sah ihn mit sorgenvollem Gesicht an. Sie wusste, alle wussten, dass die jungen Burschen auf die Güterwagen kletterten, wenn diese standen oder langsam fuhren, und alles Mögliche zum Aufsammeln hinunterwarfen: Holz, Kohlen, Briketts, Koks. Das war notwendig und galt als Notwehr oder Nothilfe. Es war so eine Art Mundraub, genauer gesagt »Kohlenmundraub«, um leben zu können, auf jeden Fall kein Diebstahl. Offiziell sah man das leider nicht so. Die »Mundräuber« wurden oft von der Polizei gejagt und auch festgenommen. Aber manchmal drückte die Polizei auch ein Auge zu, wenn sie jemanden erwischte und er sich nicht als Schwarzhändler erwies. Natürlich war das gefährlich, manche verunglückten dabei. Es war Abenteuersport, notwendig für das Überleben.

Ulrich wusch sich in der Waschschüssel den Kohlendreck vom Körper. »Ach Gott, Kind, bist du mager«, sagte seine Mutter und legte ihm zärtlich die Hand auf die knochige Schulter. Ich bin kein Kind mehr, dachte Ulrich, ich bin monatelang durchgekommen ohne Familie! Aber die Berührung seiner Mutter, die Fürsorge, die sich darin ausdrückte, tat ihm doch gut. Es kam ihm zu Bewusstsein, dass er nach der Ankunft seiner Familie innerlich hin und her gerissen war: Einerseits verlor er seine bisherige sehr geliebte Selbstständigkeit, andererseits war er erleichtert, er war nicht mehr allein und musste nicht mehr allein für sich sorgen.

Sie erzählten sich ihre Erlebnisse. Als sie auf die Nachbarn zu sprechen kamen, berichtete Ulrich, dass der eine Sohn von Frau Berthold in Kriegsgefangenschaft in Ludwigshafen gewesen war.

»In Ludwigshafen?«, fragte die Mutter. Alle Augen richteten sich auf Ulrich.

»Ja, in Ludwigshafen, und zwar in Rheingönheim!«, sagte Ulrich. »Dort bei der ‚Kutt' ist gleich nach der Besetzung Ludwigshafens ein riesiges Lager der Amerikaner für kriegsgefangene deutsche Soldaten eingerichtet worden. Mit Stacheldrahtzaun und Wachtürmen! Die Soldaten sind mit Lastwagen aus allen Richtungen dorthin gekarrt worden. Zehntausende sind dort gefangen oder gefangen gewesen, ich glaube, jetzt lösen sie es gerade auf. Es gab keine Unterkunft, kein Dach, nichts! Sie waren Tag und Nacht unter freiem Himmel! Entweder von der Sonne geröstet oder vom Wind durchgeblasen, im Regen nass und halb im Morast versunken. Eine echte Strafe!« Ulrich schüttelte sich. »Es war verboten, am Zaun stehen zu bleiben. Kübelwagen der Amis patrouillierten dort hin und her, man nennt sie ›Jeeps‹. Trotz allem hat man Karlheinz Berthold dort gesehen. Manchmal heben sie Zettel hoch mit Namen oder anderen Informationen. Und es gibt ja auch Wachmänner, die mal wegschauen. Jetzt ist Karlheinz nach Heilbronn verlegt worden, haben sie herausgekriegt. Er hat Glück gehabt, manche Gefangene sind nach Lothringen in die Gruben verfrachtet worden. Hoffentlich kommt er bald heim.«

»Wenn man sich das vorstellt«, sagte die Mutter, »es ist nur ein Steinwurf weit nach Hause, aber man sitzt hinter Gittern und kann nicht heim! Und unter solchen Umständen! Ich werde versuchen, Frau Berthold ein bisschen zu trösten! Immerhin lebt ihr Karlheinz noch.«

»Ich hätte dort auch sein können«, sagte Ulrich nachdenklich, »wenn sie mich in Uniform erwischt hätten, als ich heimkam.« Er dachte an den jungen amerikanischen Soldaten im Hausflur, der zum Glück nur einen jungen Zivilisten vor sich gesehen hatte.

Das Flugblatt mit dem Appell an Fremdarbeiter, das er bei seiner Rückkehr nach Ludwigshafen gefunden hatte, fiel ihm wieder ein. Dort wurden diese Arbeiter zu Zeugen für deutsche Missetaten aufgerufen. Wie weit wird das gehen? Wie weit geht die Bestrafung der Deutschen durch die Sieger? Ist dieses unwirtliche Gefangenenlager nur ein erster Schritt gewesen?

Ulrich musste aber auch an andere Lager hinter Stacheldraht denken, an von Deutschen eingerichtete Lager, die bei Kriegsende von den Siegern gefunden worden waren. Die entsetzlichen Bilder aus diesen Konzentrationslagern mit den übereinander liegenden toten Menschen und den ausgezehrten halbtoten Menschen daneben wurden nun den Deutschen vor Augen gehalten. Man konnte und wollte es nicht glauben, dass das Wirklichkeit war, dass so etwas in deutschem Namen passiert war. Es war allerdings inzwischen eine geheime Rede bekannt geworden, die der »Reichsführer-SS«, Heinrich Himmler, am 4.10.1943 bei einer SS-Gruppenführertagung in Posen gehalten hatte. In seiner Rede hatte Himmler 1943 erklärt: »Von euch werden es die meisten wissen, was es heißt, wenn hundert Leichen beisammen liegen, wenn fünfhundert da liegen und wenn tausend da liegen. Dies durchgehalten zu haben und dabei – abgesehen von Ausnahmen menschlicher Schwäche – anständig geblieben zu sein, das hat uns hart gemacht. Dies ist ein niemals geschriebenes und niemals zu schreibendes Ruhmesblatt unserer Geschichte.« Himmler war kurz vor Kriegsende unter falschem Namen geflüchtet und hatte seinem Leben durch Zyankali selbst ein Ende gemacht, als er von Engländern in Lüneburg enttarnt worden war. Es war grausig, was er da von sich gegeben hatte! Außerdem sprach nach diesen Worten alles dafür, dass die Gräuelbilder aus den Lagern echt sein mussten. Vom »Arbeitseinsatz« der Leute in Lagern war die Rede gewesen. Und das war also das Ende dieses »Arbeitseinsatzes« gewesen!

Viele, auch seine Familie, ließen das nicht an sich herankommen, und der tägliche Kampf um das Überleben half ihnen dabei, diese Dinge in den Hintergrund zu schieben. Leiden musste man ja schließlich auch selber!

»Ich habe Hunger«, sagte Berti. Die Mutter stand auf und ging an den Herd, um Feuer zu machen.

Sie hatten noch ein paar Kartoffeln, brieten sie auf dem Herd und aßen sie mit etwas Margarine, das erste »frugale« Mahl zu Hause. Sie bestätigten damit die banale Weisheit: Wenn man Hunger hat, schmeckt alles.

Später holten sie die in dem Keller deponierten Möbel hoch. Diesmal half der Vater mit, der beim Hinunterbringen nicht hatte dabei sein können. Ulrich und Ute hatten dies zusammen mit ihrer Mutter damals machen müssen. Es war eine harte schweißtreibende Arbeit gewesen und war es nun wieder, als die ganzen Sachen vom Keller in das Dachgeschoss hochgeschleppt werden mussten!

Der kleine Horst lag schon wieder in seinem weißen Metallbettchen, in dem schon seine älteren Geschwister geschlafen hatten. Die Matratzen waren feucht, sie legten sie aus zum Trocknen, vor der Nacht wurden Decken darüber gelegt.

In dieser Nacht, der ersten Nacht zu Hause nach langer Zeit, schliefen alle den Schlaf der Erschöpfung, Ulrich todmüde nach seiner schwierigen »Beschaffungsmaßnahme« und die anderen nach der langen beschwerlichen Reise.

Kapitel 18

August 1945

Ulrichs Rucksack war schwer. Er war in den Dörfern vor Neustadt an der Weinstraße gewesen, in der Gegend von Meckenheim und Haßloch, um wieder etwas zu »organisieren«. Es war mühsam, dorthin zu kommen: zu Fuß, mit der Eisenbahn, wenn man Glück hatte, wurde man von irgendjemanden in einem Fuhrwerk mitgenommen. Manche hatten Glück und ein Fahrrad, aber Ulrich hatte keines. Auf Autos sollte man besser nicht warten, es fuhren kaum Autos mit Deutschen. Ulrich brauchte lange für seine »Organisationsreisen« und musste auch mal die Nacht in einer Scheune verbringen. Aber das war normal, genau so normal wie ab und zu den »Kohlenklau« an der Bahnlinie zu spielen. Sogar Ute hatte beim Brennstoffbesorgen schon mal mitgemacht, allerdings war das mit ihr eine wirklich sehr harmlose Aktion gewesen, auch für Mädchen geeignet: Sie hatten in der Kleinen Frankenthaler Straße, unweit von daheim, zwischen und neben den Schienen aus hin und her rangierten Waggons herausgefallene oder abgeschüttete Kohlen- und Koksstücke aufgesammelt, auch Teerstücke nahmen sie mit. Sie hatten ein geliehenes Leiterwägelchen, eine Schaufel und einen Eimer dabei, um soviel aufzusammeln, dass ihr Herd daheim für die nächste Zeit versorgt war. Sonst wäre es mit warmem Essen nichts geworden.

Seine Familie war nun seit einigen Tagen daheim und alle versuchten, ihr Leben wieder zu normalisieren in diesen nicht normalen Zeiten. An Marga aus dem Zug nach Illertissen dachte Ulrich immer weniger. Das Haus in der Prinzregentenstraße mit der Wohnung der Großmutter stand noch. Er hatte mal dort nachgeforscht, aber in der Wohnung lebte jetzt jemand anderes. Die Leute wussten nicht, wo ihre Vormieterin geblieben war. Er hatte Marga auch nicht an die Adresse im Evakuierungsort geschrieben, er hatte einfach die Zeit dafür nicht gefunden. Sie hat mir ja auch nicht geschrieben, dachte er, sie hat meine Adresse. Andererseits: Die Post funktionierte nicht richtig. Vielleicht hatte sie geschrieben und es war nicht angekommen. Inzwischen hatte er allerdings auch festgestellt: Es gab so viele Mädchen, die ihm gefielen. Und das Beste war: Er gefiel ihnen auch.

Sein Rücken fing langsam an zu schmerzen. Der Rucksack war heute gefüllt mit Krautköpfen, Kartoffeln und Obst, teils frisch von ihm »geerntet«, teilweise »gestoppelt«, also auf den abgeernteten Feldern zusammengesucht. Er dachte daran, dass dieser Rucksack aber schon mal schwerer gewesen war: Wenn er nass geworden war bei seinen früheren Rheinüberquerungen, als seine Familie noch in Unterbalzheim war. Wenn man von Ludwigshafen in der französischen Zone in die amerikanische Zone wollte, musste man Übertrittspapiere für den offiziellen Grenzübergang haben, einen »Brückenpass«. Die waren schwierig zu erlangen, man braucht Zeit und Geld dafür. Wenn man also die Papiere nicht hatte und trotzdem hinüber wollte, musste man auf dem Hinweg über den Rhein schwimmen und das gleiche auf dem Heimweg. Allerdings riskierte man bei »illegalem Zonengrenzübertritt« eine Gefängnisstrafe von bis zu sechs Monaten durch das Militärgericht. Trotzdem hatte Ulrich in den letzten Monaten auf dem Weg zur Familie öfter über den Rhein schwimmen müssen. Von dort brachte er einiges nach Hause, damit er hier nicht verhungerte. Wenn der Rucksack beim Schwimmen trotz all seiner Bemühungen nass wurde, war er verteufelt schwer. Aber er hatte es geschafft! Und der Inhalt war gut verpackt. Es war für ihn immer eine Bestätigung seiner selbst gewesen, wenn er heil am anderen Ufer angekommen war. Obwohl ja nun die Zeiten der Devise der HJ »Schnell wie ein Windhund, zäh wie Leder und hart wie Kruppstahl« endgültig vorbei waren.

Heute würden sie wieder mal was Richtiges zu kochen haben, besser als Rüben! Und auch besser als die Linsensuppe vor Kurzem! Ute hatte es ihm erzählt, aber erst, als er die Suppe gegessen hatte. Sie hatten von irgendjemandem eine große Tüte Linsen bekommen und sich auf Suppe gefreut. Als sie die Tüte aufmachten, krabbelten Maden davon, jede Menge Maden. Wahrscheinlich hatten sie deshalb die Tüte bekommen, weil die Linsen ungenießbar waren, hatte Ute zu ihrer Mutter gesagt, als sie das Würmchengewimmel gesehen hatte. Fast sei ihr der Magen hochgekommen, erzählte sie Ulrich später.

»Ungenießbar?«, hatte seine Mutter gefragt. »Wart mal ab!« Sie leerte die Linsen in eine Schüssel mit Wasser. Die Maden schwammen nun oben und wurden abgeschöpft. Diese Prozedur wurde zweimal wiederholt, anschließend wurden die Linsen nochmals kritisch geprüft. Da waren keine Maden mehr zu sehen. Also konnte nun Suppe daraus gemacht werden. Die Familie aß sie mit mehr oder weniger Appetit. Ute eher mit weniger, Ulrich mit gutem Appetit, er wusste zu diesem Zeitpunkt vom »Werden« dieser Suppe noch nichts. Sie war zwar ein bisschen dünn, aber es war ein Beitrag für ihn zum Sattwerden. Gelassen grinsend sagte er zu Ute, als die ihm später von den Maden erzählt hatte: »Von mir aus hättet ihr sie drin lassen können als Fleischbeilage!« Ute schüttelte sich und sagte: »Angeber!«

Ganz satt wurden die Familie ohnehin nie, dafür reichte es in diesen Tagen nicht. Es waren sechs Personen zu ernähren: die Eltern im Alter von vierundvierzig und einundvierzig Jahren, zwei Halberwachsene von sechzehn und fünfzehn Jahren und zwei Kinder von acht Jahren und einem dreiviertel Jahr. Auf Lebensmittelmarken erwarb man das Anrecht, »Grundnahrungsmittel« kaufen zu können. Die Erwachsenen oder Halberwachsenen bekamen das Anrecht beispielsweise auf maximal ein Kilogramm Brot in der Woche, also wenige Scheiben Brot täglich, und maximal drei Kilogramm Kartoffeln wöchentlich. Das Anrecht auf Vollmilch hatten nur kleine Kinder bis sechs Jahre und werdende Mütter. Auch andere Waren, zum Beispiel Schuhe, Sohlen, Seife und Zigaretten waren nur durch Bezugsscheine zu erhalten. Das Problem war, dass diese Waren, wie auch Lebensmittel, in den Läden häufig nicht zu bekommen waren, auch wenn man Schlange stand. Die Versorgung war schlechter als im Krieg.

Die deutsche Währung, die Reichsmark, war ruiniert, weil die Nationalsozialisten den Krieg mit Hilfe der Notenpresse finanziert hatten. Preis- und Lohnstopp und Rationierung der Konsumgüter hatten diese Inflation bis zum Ende des Krieges verschleiert. Nach Kriegsende stand den 300 Milliarden Reichsmark, die sich damals in Umlauf befanden, kaum ein Warenangebot gegenüber. Das bedeutete: Selbst wenn man Geld hatte, bekam man kaum etwas dafür.

Das staatliche Bewirtschaftungssystem, das nach dem Krieg von den Alliierten beibehalten wurde, wurde nun »ergänzt« oder gar »ersetzt« durch den »Schwarzen Markt«. Angesichts der relativen Wertlosigkeit von Geld und Lebensmittelkarten war der »Normalverbraucher« oft auf Schwarzhändler und Schieber angewiesen, wenn er auf dem offiziellen Markt das Lebensnotwendige nicht erhielt.

Der größte Teil der Schwarzmarktgeschäfte bestand aus Tauschhandel von Waren aus zweiter Hand, angefangen von Pelzmänteln bis zu Kochtöpfen und Schuhen, für die man Zigaretten, Schokolade, Kartoffeln oder Mehl einhandelte.

Ein wichtiges Zahlungsmittel waren Zigaretten, für die man auf dem Schwarzen Markt fast alles erhalten konnte. Deutschland war damit in die Naturalwirtschaft der Steinzeit zurückgefallen: Waren konnten nur gegen Waren getauscht werden.

Zigaretten waren sehr wertvoll, also waren auch die Reste der Zigaretten, die Kippen oder Stummel, kein Abfall, sondern ebenfalls wertvoll. Man konnte mit ihnen und aus ihnen noch sehr viel machen: Man konnte sie aufrauchen, bis die Finger oder die Lippen anbrannten und so noch einige Züge genießen, einen kurzen Genuss haben, der einem so teuer war, sodass der Hunger nicht so gefühlt wurde. Nicht nur wer schläft isst, auch wer raucht isst.

Wer die Kippe nicht aufrauchte, konnte sie sammeln und neue Zigaretten daraus machen, vornehm mit Zigarettenpapier oder nachkriegsgerecht mit irgendeinem verfügbaren Papier. Man konnte den Tabak aber auch in die Pfeife stecken und rauchen. Vor allem aber konnte man damit Handel treiben: »Fuggern«! So war es ein Volkssport, Kippen zu sammeln. Es gab dazu sogar »Volkstexte« zu damals gängigen Melodien. So sang man in der Pfalz zu der Melodie von »Sentimental Journey« von Glenn Miller, die zu dieser Zeit im Radio oft erklang:

»Babbe guck', do vorne liegt en Kippe,
schterz dich druff, sunscht isser fort.
Du, ich glaab, des is e Lucky Strikke,
äni vunn de beschte Sort'.«

Auch Ulrich rauchte und es half ihm, sein Hungergefühl zu überwinden. Er hatte auch den Verdacht, dass seine Mutter zu seinen Gunsten auf Essen verzichtete, weil er ja »so mager« war, und dazu noch ein »Ernährer« und öfter unterwegs. Aber sie war so schmal, sie sollte nicht noch dünner werden, er konnte das nicht verantworten.

Das alles zwang ihn, zu organisieren. Er fand sich gut als »Organisator«, künftig würde es mit seinem Vater noch besser gehen, bis der Arbeit gefunden hatte. Seinem Vater hatten seine Sprachkenntnisse nichts genutzt, als vor Kurzem französische Soldaten in ihre Wohnung eingedrungen waren und mit »Avant, avant« Wertvolles verlangt hatten, das sie zu Geld machen oder mit dem sie Tauschhandel betreiben konnten. Viel hatten sie nicht bekommen, aber seine Armbanduhr war nun weg.

Die Franzosen! Er hatte gesehen, wie sie am französischen Nationalfeiertag am 14. Juli in der Ostmarkstraße paradierten, sogar mit Panzern, stolz wie die Spanier. Sie gehörten nun zu den Siegernationen, wenn das auch erst spät anerkannt worden war, erst im Februar 1945 von Stalin, Roosevelt und Churchill auf einer Konferenz in Jalta. Und nun kehrten sie um so mehr die Grande Nation als letztendlicher Sieger in diesem Krieg heraus. Sie wollten wohl die Demütigung ihrer schnellen Niederlage und Besetzung im Jahre 1940 durch die Wehrmacht wett- und vergessen machen.

Nach einer Bekanntmachung der Militärregierung vom 21. Juli 1945 mussten »alle Personen stehen bleiben und grüßen, sobald die französischen Farben gehißt oder eingezogen werden«. Diese Grußpflicht kannte Ulrich. Fahnen und Feldzeichen musste man auch unter

Hitler »mit der nötigen Ehrerbietung« behandeln und grüßen. Ging das unter dieser »neuen Herrschaft« gerade so weiter? Die französische Militärregierung hatte auch noch angeordnet, dass bei einer Begegnung mit einem französischen Offizier der Gehweg zu verlassen sei. Ulrich amüsierte sich darüber. Das Verlassen des Gehwegs, wenn man jemandem begegnet, konnte man auch anders auslegen, nicht als Ehrung eines Höherstehenden, eher im Gegenteil ...

Die Amerikaner führten ja immer noch Krieg, allerdings weit weg in Ostasien gegen die Japaner. Ob der nun auch bald zu Ende war? Er hatte von den beiden Bombenabwürfen auf Hiroshima und Nagasaki vor wenigen Tagen gehört. Eine dieser sogenannten Atombomben hätte eine ganze Stadt auf einmal ausradiert. Eine Bombe die ganze Stadt! Das konnte man gar nicht glauben! Wenn das in Deutschland passiert wäre, dann sähe es hier noch schlimmer aus. Aber es war ja schlimm genug!

Mit diesen Gedanken im Kopf und seiner schweren Last auf dem Rücken keuchte er den letzten Absatz der Treppe hoch. Er freute sich nun auf die Begeisterung aller, wenn er seinen Rucksack ausleeren würde. Doch als er in die Küche kam, hörte er Weinen.

Kapitel 19

August bis Dezember 1945

Ulrichs Mutter saß am Küchentisch und hatte den Kopf in die Hände gestützt, Ute saß neben ihr, hatte ihr die Hände um die Schulter gelegt und weinte.

»Was ist denn los?«, fragte Ulrich.

»Die Franzosen haben Papa geholt und in das Gefängnis gesteckt!«, sagte seine Mutter, ihre Augen waren rot.

»Wie bitte?«, fragte Ulrich entsetzt.

»Heute Mittag sind sie gekommen und haben ihn mitgenommen. Sie haben was von Waffen-SS gesagt, wenn ich es richtig verstanden habe. Er ist widerstandslos mitgegangen.« Sie wischte sich mit einem Taschentuch die Augen ab. »Wie soll es mit uns weitergehen?«, klagte sie.

»Aber Papa ist doch seit 1938 nicht mehr in der Partei und der SS. Und in der Waffen-SS war er nie!«, sagte Ulrich und schüttelte den Kopf. »Und das müssten die doch auch sehen!« Ein wichtiges Kennzeichen für die Zugehörigkeit zur Waffen-SS war die Tätowierung der Blutgruppe, die in der Regel jedes Mitglied auf der Innenseite des linken Oberarms trug. So etwas hatte ihr Vater nicht.

»Wir wissen es. Aber ob die Franzosen es wissen? Und ob sie es wissen wollen? Hat ihn jemand angeschwärzt? Kam das den Franzosen gelegen, weil er bei denen als Deserteur gilt? Wo er doch aus der Fremdenlegion geflüchtet ist!«, spekulierte seine Mutter.

»Das ist jetzt über zwanzig Jahre her!«, sagte Ulrich. »Das ist ja schon nicht mehr wahr, es müsste längst verjährt sein! Aber man weiß ja nie bei diesen Soldatenhirnen. Haben sie etwas gesagt dazu?«

»Ich weiß es nicht, ich habe ja das meiste nicht verstanden«, sagte sie resigniert. Sie fing an zu weinen: »Er hat noch gesagt, wir sollen auf den Kleinen aufpassen, auf Horst«, schluchzte sie.

Das war am 12. August 1945 und damit begannen Monate der Angst um den Vater.

Dieser war in das Gefängnis beim Amtsgericht Ludwigshafen in der Wittelsbachstraße neben dem Straßenbahndepot eingeliefert worden. Von einem Gefängnisbeamten erfuhr die Mutter, dass ein Mann namens Klinger bei seiner Entnazifizierung ihren Mann »denunziert« hätte und man ihm die Zugehörigkeit zur Waffen-SS und den Besitz des Goldenen Parteiabzeichens vorwarf. Die Mutter schrieb eine Eingabe und lieferte sie beim Amtsgericht ab; sie sollte die französischen Behörden erweichen:

»Was die Verhaftung meines Mannes am 12. Aug. 45 betrifft, wird behauptet, mein Mann sei bei der Waffen-SS gewesen und Inhaber des goldenen Parteiabzeichens. Tatsache war: Mein Mann war von 1930 – 1938 im Okt. bei der allgemeinen SS. Er besaß das goldene Parteiabzeichen nie. 1942 rückte er als einfacher Soldat ein. Nutznießer des 3. Reiches waren wir auch nicht. Wir heirateten 1928 und zogen in die Mansarden-Wohnung in der wir jetzt noch wohnen. Wir haben und hatten die ganzen 25 Jahre, die wir im Hause wohnen, uns mit jedem im Hause und in der Nachbarschaft gut vertragen. Diese meine Angaben können Sie jederzeit nachprüfen lassen.«

Die Eingabe half nicht, in keiner Weise. Das Schlimmste war, dass man nie wusste, wie es um den Vater stand. Während seiner Haftzeit konnte und durfte ihn niemand sehen und sprechen, auch seine Frau nicht. Von einem rechtsstaatlichen Verfahren war man damals weit entfernt, es war ganz so wie die zwölf Jahre vorher in Deutschland. Wer die Macht hatte, bestimmte die Regeln. Ein Rechtsanwalt wäre vielleicht nützlich gewesen, aber die Familie hatte kein Geld für einen Anwalt.

Monate vergingen, ohne dass man etwas vom Vater hörte. Ulrich schwamm in dieser Zeit mindestens vier Mal über den Rhein, um zum Großvater in Oberbalzheim zu kommen. Dort organisierte er, von dort holte er Mehl, Grieß und anderes. Er brachte, was er bekommen konnte, aber es war immer zu wenig.

Auch seine Mutter ging öfter diesen Weg. Auch sie überquerte mit dem Rucksack den Rhein, wenn auch nicht schwimmend, sie konnte gar nicht schwimmen, sondern legal mit »Brückenpass«. Bei ihrem Vater in Oberbalzheim holte sie immer wieder einen Rucksack voll Lebensmittel, das Nötigste für die Familie gegen den Hunger. Bei ihrer Rückkehr wurde sie regelmäßig eingepudert, »desinfiziert«, wie damals bei der Rückkehr von der Evakuierung, sodass auch weiterhin strikt verhindert wurde, dass Ungeziefer von jenseits der »Grenze«, ob deutscher oder amerikanischer Nationalität, in die französische Zone kam.

Viele Verwandte von Seiten der Mutter und des Vaters halfen ihnen, obwohl sie selbst nicht viel zum Leben hatten. Auch der Schwager, der Mann von Mutters Schwester Erika, der aus dem Ruhrpott stammte, bemühte sich. Er verstand sich gut aufs »Fuggern«, also auf Tauschhandel, hatte aus irgendwelchen Quellen Seife und Ähnliches besorgt und verkaufte sie. Weil mit ihr die Geschäfte besser liefen, war Ute bei diesem Handel dabei, man wusste nicht genau, in welcher Eigenschaft: als bemitleidenswerte halbwüchsige Nichte oder als hübsche junge Frau. »Ute geht mit, da kommt mehr rein«, sagte der Onkel, obwohl das ihre Mutter nicht gern sah. Aber sie konnte auf diese Unterstützung nicht verzichten.

Sie brachten dem Vater mit der Milchkanne Essen ins Gefängnis. Seine Frau hatte für ihn Suppe gekocht mit dem, was sie hatten: Reis, Grieß, Mehl mit ein bisschen Fett. Ab und zu schütteten die Bewacher die Kanne aus, weil sie befürchteten, es sollten Nachrichten ausgetauscht werden, manchmal wohl auch aus Schikane. Es war schon vorgekommen, dass im Essen wirklich eine Metallhülle mit einer Nachricht versteckt war, weil man einfach wissen wollte, wie es dem Vater geht. Was sollte man sonst machen, wenn jeder direkte Besuch verboten war? Aber es gelang nie, mit ihm Kontakt aufzunehmen.

Einmal bekamen sie sogar die Mitteilung, dass sie ihm nichts mehr bringen dürften. Es hieß, er habe bei einem auswärtigen Arbeitseinsatz einen Fluchtversuch gemacht, worauf er wohl in verschärfte Haft genommen wurde.

Im Dezember kam aus dem Städtischen Krankenhaus in der Bremserstraße die Nachricht, dass der Vater eingeliefert worden sei, er könne dort besucht werden. Die Mutter eilte hin. Als sie heimkam, brach sie zusammen. Sie hatte ihren Mann gesehen: Der Vater sah aus, wie man sich einen Verhungerten vorstellt, er war nur noch ein Skelett und konnte nicht mehr sprechen. Er starb am 21. Dezember 1945. Dass er unterernährt war, war offensichtlich und wurde als Todesursache genannt. Eine Untersuchung auf Verletzungen durch äußere Einwirkungen, wie Schläge, Tritte oder anderes, wurde nicht vorgenommen.

Es war das erste Weihnachten im Frieden und für die Familie trauriger als alle Weihnachtsfeste im Krieg zuvor. Sie beerdigten ihren Vater »zwischen den Jahren« und wussten nicht, wie es weitergehen sollte.

Ulrich war nicht nur traurig, sondern auch wütend und dachte täglich darüber nach, was er tun konnte, um die Verantwortlichen zur Rechenschaft zu ziehen. Der französischen Besatzungsmacht konnte er leider nicht beikommen, aber ein Mitverantwortlicher war greifbar: Herr Klinger, früherer Freund seines Vaters, früherer Parteigenosse und früherer Luftschutzwart, der seinen Vater bei den Franzosen verleumdet hatte. Seine Mutter hatte ihm erzählt, dass dieser Herr Klinger früher mal um sie geworben hatte und sie hatte seinen Vater vorgezogen und schließlich geheiratet. Und jetzt sah es so aus, als ob der Verschmähte sich gerächt hätte. Was konnte er da machen, wie kam er an diesen Mann heran, um ihn für seine Schuld büßen zu lassen?

Es passierte zu der Zeit sehr oft, dass es Unglücke gab in den Ruinengrundstücken. Die Menschen, die dort gewohnt hatten, suchten nach Resten ihrer Habe, nach Dingen, die sie noch gebrauchen konnten, vielleicht nach Wertvollem, vielleicht aber auch nur nach Erinnerungsstücken an die heile Welt von gestern, Sachen, die nur für sie wertvoll waren. Andere suchten dort in ihrer Not, in ihrer Abenteuerlust oder aus beiden und anderen Gründen nach irgendetwas, das sie gebrauchen konnten, und wenn es nur für den Tauschhandel war. Und es gab Kinder, die diese Grundstücke als Abenteuerspielplatz benutzten, keine künstlichen, wie sie später einmal gebaut werden sollten, sondern einen, den der Krieg für sie geschaffen hatte. Natürlich war das nicht erlaubt, und es stand auch vereinzelt da, mehr oder weniger groß geschrieben: »Betreten verboten! Lebensgefahr!« Aber wen störte schon so ein Schild? So kamen viele zu Schaden: Wenn ein morscher Balken endgültig brach, der eine Kellerdecke eben gerade noch gestützt hatte; wenn durch die Tritte des Eindringlings Erschütterungen ausgelöst wurden und die Wand einstürzen ließen, die gerade noch aufrecht gestanden hatte; wenn man durch verdeckte oder unvermutete Löcher in der Ruine in die Tiefe stürzte und sich das Bein, den Arm oder gar das Genick brach. Es gab unendlich viele Möglichkeiten.

Gäbe es nicht auch die Möglichkeit, den lieben Herrn Klinger, diesen Verräter, diesen Denunzianten, diesen Verbrecher, in Schatzgräberlaune zu versetzen und ihn unvorsichtig zu machen? Ihm mitzuteilen, dass er, Ulrich, in einer Ruine etwas wahrscheinlich sehr Wertvolles entdeckt habe, vielleicht Silberbesteck oder Meißner oder Frankenthaler Porzellan, und dass er Unterstützung brauche bei der Bergung? Und ihn dann vorgehen zu lassen in die Ruine, in die Tiefe, in die Gefahr. Wer sich in Gefahr bringt, kann darin umkommen und Ruinen können vollends einstürzen. Es gäbe einen weiteren bedauerlichen Unfall. Herr Klinger war viel zu unvorsichtig gewesen, würde es heißen. Ulrich könnte dafür nichts, es wäre Schicksal. Der »arme Herr Klinger« wäre dann nicht mehr und sein Verrat an Ulrichs Vater wäre gerächt. Ulrich labte sich an solchen Racheträumen, immer wieder.

Aber es war auch zu bedenken: Stimmte eigentlich die Aussage des Gefängnisbeamten, dass der Herr Klinger seinen Vater »ans Messer« geliefert hatte? Oder verfolgte dieser Beamte vielleicht auch nur ein bestimmtes Ziel, nämlich Klinger anzuschwärzen und ihn damit der »Rache« der Familie auszuliefern. Klinger bestritt nämlich, den Vater angezeigt zu haben.

Letztlich blieben diese Racheträume Träume, Ulrich führte sie nicht aus.

Das Ziel der Familie und vor allem des »Familienvorstands«, der Mutter, war nicht Rache, sie wollte nur ihre Kinder »durchbringen«. Das Leben musste weitergehen, man musste essen, trinken, wohnen und dafür brauchte man Geld. Von Rache kann man nicht leben, aber auch nicht von einer kleinen Witwen- und Waisenrente, die irgendwann beantragt und bewilligt wurde. Und von der »Wohlfahrt«, wie die Sozialhilfe damals hieß, wollte die Familie nicht leben.

Ulrich erklärte sich bereit, ins Saargebiet zu gehen, um in einem Bergwerk zu arbeiten. Im Saargebiet kannte er sich jetzt ein bisschen aus. Und so kam es, und er schickte Geld nach Hause, soviel er konnte.

Auch seine Mutter suchte Arbeit und fand sie: Morgens früh ging sie zum Ausladen von Südfrüchten in eine benachbarte Großhandlung und tagsüber verrichtete sie Reinigungsarbeiten in einer Gaststätte.

Ute bekam durch die Vermittlung einer Tante eine Stelle in der Küche der BASF. Dort lernte sie auch ihren späteren Mann kennen.

Berti wurde endlich eingeschult, als die Schulen wieder »in Betrieb gingen«. Er musste auf den kleinen Horst aufpassen, wenn niemand sonst da war.

Das Jahr 1945 ist beendet und damit auch diese Geschichte.

Epilog

Die Hintergründe der Verhaftung des Vaters, die Gründe dafür und wer Denunziant war, wurden niemals richtig geklärt, ebenso wenig die Haftumstände, die letztlich zu seinem Tod führten. Alle Nachforschungen waren vergeblich.

Es bleibt noch, kurz zu erzählen, was aus dieser Familie im Laufe der Jahre wurde. Es ist ja eine reale Familie, die 1945 bis ins Mark getroffen wurde und den Vater verlor, als alle schon gerettet schienen:

Die Mutter starb nach einem erfüllten Leben mit neunzig Jahren in ihrer Wohnung im Haus ihres jüngsten Sohnes. Der Tod ihres Mannes wurde – allerdings erst 1953 – als Kriegsfolge anerkannt, sie bekam dann auch eine »Kriegerwitwenrente«. Ihrem Mann blieb sie immer treu; sie sprach davon, dass sie bei diesen ganzen Geschehnissen Selbstständigkeit gelernt hatte und diese nicht mehr aufgeben wollte. Sie war nach ihren Erfahrungen in zwei Weltkriegen, zwei Geldentwertungen und großer Arbeitslosigkeit zufrieden und glücklich, dass ihre vier Kinder alle von sicheren Stellungen profitierten: bei der Post, damals noch Staatsbetrieb, bei den Verkehrsbetrieben der Stadt, bei der Stadtverwaltung und bei der BASF. Bis zuletzt war sie Herr ihrer Sinne, hatte den Kontostand ihres Bankkontos auswendig im Kopf, und war nur ganz zuletzt bettlägerig.

Ulrich lernte Elektroinstallateur bei einer Elektrofirma, als die Familie es sich leisten konnte, dass er endlich eine Ausbildung machte. Er wurde später technischer Beamter bei der Bundespost, hatte drei Kinder und wurde 78 Jahre alt. Sein Wunsch, nach Kanada auszuwandern, erfüllte sich nicht, Frauen und Kinder kamen dazwischen. Sein Fernweh erschöpfte sich darin, dass er mit seiner zweiten Frau oft in Südfrankreich Urlaub machte. Er liebte das Wandern, Bücher und einen guten Rotwein. Zuletzt machten ihm seine Enkel viel Freude.

Ute, die zwei Kinder hat und inzwischen über achtzig Jahre alt ist, lebt noch gesund und munter zusammen mit ihrem Mann, einem BASF-Ingenieur, in ihrem Haus in Ludwigshafen. Sie hat zwei Kinder und drei Enkel. Die kleine quirlige Enkelin, die sie öfter hütet, ist ihr Jungbrunnen.

Berti, der vier Kinder hatte und sich zeit seines Lebens über seine durch den Krieg und die Nachkriegszeit lückenhafte Schulbildung beklagte, war ehrgeizig und fand seine berufliche Erfüllung bei den Verkehrsbetrieben. Mit Leib und Seele war er dem Öffentlichen Personennahverkehr (ÖPNV) verbunden, zuletzt als Fahrdienstleiter bei den Verkehrsbetrieben Ludwigshafen. Er starb mit siebzig Jahren, nachdem er kurz vorher noch – todkrank – vier Stunden lang ein riesiges Chortreffen von Betriebschören moderiert hatte. Sein Chor, dem er seit Jahren vorstand, hatte Jubiläum und das wollte er noch als Hauptverantwortlicher so »durchziehen«, wie er es für richtig hielt. Das charakterisiert ihn.

Und das jüngste Mitglied der Familie machte auch seinen Weg. Er schrieb unter anderem dieses Buch.

Nachwort

Ich wollte etwas erzählen von einer schlimmen Zeit, die gar nicht so lange zurück liegt: von den letzten Monaten des Zweiten Weltkrieges im Jahre 1945. Es war die Zeit, als in Deutschland niemand seines Lebens und seiner körperlichen Unversehrtheit sicher sein konnte. Niemand! Ob Soldat oder Zivilperson, Frau, Mann, Kind oder Greis, ob schuldig oder unschuldig, das war vollkommen gleich. Der Grund war: Der Zweite Weltkrieg war ein totaler Krieg geworden, er erfasste jeden, ob er wollte oder nicht. Nicht nur in Deutschland, aber auch in Deutschland. Es war nicht so wie im Ersten Weltkrieg, als ganz wenige Kriegshandlungen deutschen Boden berührt hatten.

Diese Totalität war so auch von der nationalsozialistischen Führung des »Dritten Reiches« gewollt. Goebbels fragte am 18. Februar 1943 im Sportpalast in Berlin die fanatisierte Menge vor ihm im Saal: »Wollt ihr den totalen Krieg?« Und das Mikrofon, das den Ton des Filmes über diese Versammlung aufnahm, klirrte, als die Menge ihm darauf ohrenbetäubend schreiend antwortete: »Ja!«

Natürlich war diese Menge nicht »das Volk«, natürlich wollten diesen totalen Krieg viele nicht, aber sie wagten nicht, etwas zu sagen, oder man hörte sie nicht, wenn sie etwas sagten. Der »Führer des Reiches«, Adolf Hitler, auf den es vor allem ankam, sah es so: Wenn das deutsche Volk nicht in der Lage ist, diesen Krieg unter seiner »genialen« Führung siegreich zu beenden, dann ist dieses Volk nicht gut genug, dann hat es den Sieg nicht verdient, vor allem haben sie ihn, Hitler, nicht verdient. Das hieß: Durchhalten bis zum Sieg oder bis zur völligen Niederlage, die Auslöschung vieler Menschen und auch Deutschlands bewusst in Kauf nehmend. Diese menschenverachtende, ja, kranke Auffassung einer völkischen Idee galt bis zum Kriegsende im Mai 1945, der »Führer« hatte sich schon am 30. April 1945 seiner Verantwortung durch Selbstmord entzogen.

Ich habe einiges gelesen, was die Historiker dazu zu sagen hatten, die das Ganze in seiner Entwicklung darstellten und kommentierten. Der Historiker Hagen Schulze spricht davon, dass Hitler eigentlich ein »Sektengründer« gewesen sei, »er setzte auf den Glauben seiner Anhänger, er allein war Künder der Wahrheit«. Das ist eine gute Beschreibung, finde ich: Hitler als »Sektenführer«, der gleichzeitig auch so eine Art »Messias« in dieser »völkischen Religion« war. Diese »Religion« erfasste viele, freiwillig oder unfreiwillig. Es ist aus heutiger Sicht unfassbar und unglaublich, wie es so weit kommen konnte, wie weit sich ein Volk im 20. Jahrhundert, das sich Kulturvolk nennt und auf seine Dichter und Denker stolz ist, von Hitler und seinen »Propheten« verführen, herabwürdigen, verbiegen, beherrschen und bis zur physischen Vernichtung von anderen und sich selbst missbrauchen ließ.

Die Gründe dafür sind komplex, ein wichtiger Punkt dabei ist sicher die Obrigkeitsgläubigkeit vieler Deutscher, anerzogen in jahrhundertealter Übung. Dazu passt die in dem Buch »Das Ende« von Ian Kershaw genannte Aussage eines Beamten auf die Frage an ihn bei Kriegsende, warum er so hart weitergearbeitet habe, als schon alles verloren war und für Leute, deren Ziele er nicht teilte: »Ich war als alter Beamter zur Treue gegen den Staat verpflichtet«. Diese Einstellung war wohl symptomatisch für die »alte« Beamtenschaft, die loyal war gegenüber ihren »Oberen«, ob das der Kaiser war oder der »Führer«, nur bei den demokratischen »Oberen« in der Weimarer Republik schwankten sie manchmal.

Hätte doch nur jemand Hitlers Buch »Mein Kampf« vollständig gelesen! Darin steht nämlich auch: »Wenn ein Mensch durch die regierende Gewalt zur Zerstörung geleitet wird, dann ist die Rebellion für jedes Mitglied einer solchen Nation nicht nur ein Recht, sondern eine Pflicht.« Es waren wenige Deutsche, die diese Rebellion gegen Hitler wagten, als Pflicht betrachteten, und sie waren leider alle nicht erfolgreich.

Am Schluss des Krieges war Deutschland als Ergebnis nur zwölf Jahre nationalsozialistischer Herrschaft seit 1933 am moralischen, kulturellen und wirtschaftlichen Tiefpunkt seiner Geschichte angelangt. Es war ähnlich verwüstet, wie es nach dem Dreißigjährigen Krieg von 1618 bis 1648 gewesen war, es war »total zerstampft« (Hagen Schulze), und es wurde beschnitten und geteilt.

Ich wollte auch erzählen von dem Leben nach Kriegsende in diesem Jahr 1945, in Trümmern und Not. Alles, woran viele glaubten, ist zusammengebrochen, die Menschen sind verzweifelt und verstört. Es herrscht Chaos, es herrscht Anarchie, es gibt Willkür der Sieger, es geht wieder nur ums Überleben – wie im Krieg.

Aber das sind ja alles theoretische Beschreibungen. Wie soll man sich diese »schlimme Zeit«, wie soll man sich »Krieg« und die unmittelbare Zeit danach plastisch vorstellen? Wie sah der Alltag in Deutschland 1945 aus? Das wollte ich mit diesem Buch »illustrieren«.

Ich bin Jahrgang 1944. Natürlich habe ich keine persönlichen Erinnerungen an den Krieg, ich war damals noch ein Säugling. Ich habe den Erzählungen der Alten oder Älteren zugehört, meinem Großvater, meiner Mutter, meinem Bruder, der sechzehn Jahre älter war als ich, meiner Schwester, die vierzehn Jahre älter ist als ich. Natürlich war es nicht uninteressant, wie die Familie durchgekommen ist in dieser Zeit, in der auch mein Vater starb.

Ich kann es nur als jugendliche Ignoranz bezeichnen, dass ich so spät darauf kam, dass das, was in unserer Familie erzählt wurde, lebendige Geschichte ist, erlebte Geschichte. Geschichte, aus der man genauso gut oder besser lernen kann (oder nicht lernen will) wie aus Geschichtsbüchern, Geschichte, die genauso interessant sein kann wie ein Krimi. Geschichte dieser Art verschwindet, verliert sich, stirbt mit den handelnden Personen, wenn sie nicht aufgezeichnet wird.

Ich habe mich bei dieser Gelegenheit auch in Teile der einschlägigen Literatur vertieft, die Zeitzeugen erzählen lässt, und daraus viele Anregungen erhalten. Auch das Internet war eine große Hilfe, sowohl bei den reinen Fakten wie auch mit Erlebnisberichten. Ich muss bei dem rein lexikalischen Wissen insbesondere Wikipedia loben, wenngleich die Texte dort manchmal etwas sehr »spröde« sind. Sie haben mir beim »Wörterbuch« gute Dienste geleistet, aber auch das Internet-Stichwortverzeichnis des »Deutschen Historisches Museums«.

Es war sehr interessant, sogar spannend, im Internet wie auch in Büchern Berichte der Betroffenen zu lesen, die in manchem so verwandt sind den Erzählungen meiner Verwandten. Es war eine oft erschütternde und zu Tränen rührende Reise in die Vergangenheit der Bombennächte, der Flucht in die Fremde, der Entbehrungen und des Chaos.

Ich verstehe jetzt, warum man so beeindruckt war von diesen Geschehnissen, dass man sie erzählen wollte, vielleicht erzählend verarbeiten wollte vor einem mehr oder minder dankbaren und aufnahmebereiten Publikum.

Erzählen wollte ich nun auch, ich wollte, mehr und mehr begeistert, aus diesen ganzen Quellen, Eindrücken und Einschätzungen schöpfend einen »Erlebnisbericht« verfassen.

Das Buch soll eine einigermaßen spannende Geschichte aus der Historie erzählen. Die Geschichte ist zu einem großen Teil dokumentarisch, also dem damaligen realen Geschehen nacherzählt. Ich habe aber Lücken fiktiv geschlossen, genauso bei gewissen Einzelheiten versucht, sie so zu erzählen, wie sie damals hätten stattfinden können. Ich habe nach bestem Wissen und Gewissen »rekonstruiert«, wo die Fakten fehlten. Darum ist es kein Tatsachenbericht, sondern ein Roman, allerdings bestehend aus vielen Fakten und wenig Fiktion. Vollständig authentisch sind die zitierten Briefe und die Flugblätter. Die Namen der Personen in der Familie sind verändert, die Namen außerhalb der Familie sind fiktiv, außer natürlich den zeitgeschichtlich bekannten Namen.

Das Erzählte ist sicher nicht »politisch korrekt«, es berücksichtigt nicht die Ursachen des Ganzen, berichtet nicht vom Leid anderer, sondern von dem, was die handelnden Personen damals dachten, wahrnahmen, erlitten, erlebten und taten. Ein solcher Roman hat ein anderes Ziel als politische Korrektheit. Der Historiker Wendt schreibt in diesem Zusammenhang: »Es gebietet die menschliche Würde, dass man den vielen Millionen Opfern dieses Krieges, gleich welcher Herkunft und Nationalität, wenn sie von ihrer individuellen Leidenszeit berichten, mit Respekt begegnet, auf sie eingeht und mit ihnen fühlt.« Dem ist nichts hinzuzufügen. Wenn man aus dem Erzählten den Schluss zieht, dass so etwas nie mehr passieren darf und entsprechend denkt und handelt, dann wäre mit diesem Roman schon viel erreicht.

Beim Schreiben ist mir auch aufgefallen, wie schnell sich eine Stadt verändert, mit Krieg und ohne Krieg: Straßen, die hier auftauchen, wurden umbenannt und verändert, aus der Siegfriedstraße ist die Jakob-Binder-Straße geworden, aus der Ostmarkstraße die Leuschnerstraße, aus der Humboldtstraße die Bürgermeister-Grünzweig-Straße. Die Firma Grünzweig & Hartmann hat in dieser Straße nur noch Bürotürme, der riesige Korkturm ist in den 1970er-Jahren gefallen und hat zusammen mit dem Fabrikgelände einer Wohnbebauung und dem Friedenspark Platz gemacht.

Der Bahnhof ist verlegt worden, das Viadukt über die Gleise des Bahnhofs, früher innenstadtbestimmend und nach Meinung der Nachkriegsplaner in höchstem Maße »verkehrshemmend«, wurde abgebaut, heute sind da Rathaus-Center, Hochstraße und Parkplatz. Die ganze Struktur dieses Viertels, auch der Straßen, hat sich dadurch gewandelt. Die Kleine Frankenthaler Straße gibt es aus diesem Grund nicht mehr.

Das gilt auch für das Haus in der Humboldtstraße, jetzt Bürgermeister-Grünzweig-Straße, das zwei Weltkriege überstanden hatte und lange Heim der Familie gewesen war, von der ich in diesem Roman erzähle: Das Haus steht nicht mehr. Nach einem kleinen Brand im Dachstuhl 1969 wurde es für unbewohnbar erklärt und fiel der Verkehrsplanung zum Opfer. Heute fährt die

Straßenbahn-Linie 10 auf ihrem Weg zwischen Hauptbahnhof und Friesenheim über das Grundstück.

Nach dem Krieg wollte man vieles anders machen, auch baulich. Die »autogerechte Stadt« spielte dabei eine große Rolle. Aber vielleicht ist dieser Wandel in Ludwigshafen besonders stark, weil der Traditionsgedanke in dieser jungen Stadt als Gesamtstadt nur schwach ausgebildet ist, er ist stärker in einigen Stadtteilen.

Dies zur Erklärung dafür, dass einige Orte, von denen in diesem Buch die Rede ist, nicht mehr zu finden sind.

Abschließend möchte ich Danke sagen

- an meinen ältesten Bruder, der mit seinem spannenden Erzählen kurz vor seinem Tod den Anstoß zum Schreiben gegeben hat, er hätte sicher noch viel erzählen können,
- an meine Schwester für ihre stete Bereitwilligkeit, so vieles aus ihrem guten Gedächtnis an Stoff beizusteuern, aber auch an meinen Schwager für manch wertvollen Hinweis,
- an Herrn Dr. Mörz vom Stadtarchiv Ludwigshafen am Rhein für seine überaus freundliche fachliche Unterstützung,
- an Herrn Wellhöfer, meinen Verleger, der wieder an mich glaubt,
- und nicht zuletzt an meine Frau Doris für ihre Ratschläge und ihre mehrmalige Durchsicht des Manuskripts.

Nachfolgend nenne ich einige Veröffentlichungen, die beim Schreiben des Romans hilfreich waren, mich beeinflusst haben und mir Inspiration gegeben haben:

Romane:

Friedrich, Sabine: Wer wir sind, Deutscher Taschenbuch Verlag, München, 2012

Lattmann, Dieter: Die Brüder, S. Fischer Verlag, Frankfurt am Main, 1985

Ledig, Gert: Vergeltung, Suhrkamp-Verlag 1999

Liepman, Heinz: Das Vaterland – Ein Tatsachenroman aus Deutschland, 1933, »Bibliothek der verbrannten Bücher«, Konkret Literatur Verlag, 1979

Surminski, Arno: Vaterland ohne Väter, Ullstein-Verlag, Berlin

Sachbücher:

Benz, Wolfgang: Geschichte des Dritten Reiches, C.H. Beck-Verlag, München, 2000 (auch bei dtv 2003)

Deutschland im Luftkrieg – Geschichte und Erinnerung, hrsg. von Dietmar Suess, Oldenbourg Verlag, München 2007. Darin die »Mutter-Definition« von Gertrud von Willich, Ausbilderin an der Reichsluftschule Berlin, in dem Artikel »Luftschutz – Dienstpflicht der Frau, in »Die Sirene« Mai 1935

Dörr, Margarete: Durchkommen und Überleben – Frauenerfahrungen in der Kriegs- und Nachkriegszeit, Campus Verlag, Frankfurt am Main, 1998

Friedrich, Jörg: Der Brand, Propyläen-Verlag, München, 2002

Frühjahr 45 – Die Stunde Null in einer pfälzischen Region, Institut für pfälzische Geschichte und Volkskunde, Kaiserslautern, 1995

Geschichte der Stadt Ludwigshafen am Rhein, Stadtarchiv Ludwigshafen am Rhein, 2003

Geschichte der Stadt Mannheim, Band 3, 1914 - 2007, Verlag Regionalkultur Ubstadt-Weiher, 2009

Kershaw, Ian: Das Ende (Kampf bis in den Untergang – NS-Deutschland 1944/45), Deutsche Verlagsanstalt, 2012

Klemperer, Victor: LTI – Die Sprache des Nationalsozialismus, Reclam-Verlag Leipzig, 1975

Der Nationalsozialismus – Dokumente 1933 - 1945; Hrsg. Walther Hofer, Fischer-Bücherei, 1957

Die Pfalz im 20. Jahrhundert, Hrsg. Theo Schwarzmüller und Michael Garthe, Rheinpfalz-Buch, 1999

Schulze, Hagen, Weimar – Deutschland 1917 - 1933, Band 4 von »Die Deutschen und ihre Nation«, Siedler-Verlag, München, 1982

Schwarz, Helene: Was vom Leben bleibt, sind Bilder und Erinnerungen – Kindheit und Jugend von 1929 bis 1946 in Rheingönheim und Ludwigshafen, Ludwigshafen-Rheingönheim, 1998

Wendt, Bernd Jürgen: Deutschland 1933 – 1945: Das Dritte Reich – Handbuch zur Geschichte, Fackelträger-Verlag 1995

Fernseh-Dokumentationen:

»Als Feuer vom Himmel fiel«, Bombenkrieg im 2. Weltkrieg, SPIEGEL-Dokumentation, 2010, VOX

»1945 – Als die Franzosen Deutschland besetzten«, von Christine Rütten, aus der Reihe »Geschichte im Ersten«, SWR-Sendung am 21.08.2012

Internet- Beiträge:

»Jetzt kann ich sterben« Begegnungen mit ehemaligen Göttinger Zwangsarbeitern und Zwangsarbeiterinnen, Vortrag von Dr. Cordula Tollmien an der Universität Göttingen vom 24. Oktober 2003, überarbeitet im August 2011

Mitteilungen Heft 53/November 2010 des Dokumentationszentrums Oberer Kuhberg Ulm e.V. zur Ausstellung »Zwangsarbeit«

Wichtig erscheint mir auch, spezielle Begriffe, die »Terminologie« dieser Zeit, zu erklären, die in diesem Buch verwendet werden. Sie sind vielen Menschen heute nicht mehr verständlich, auch und besonders die damals gebräuchlichen Abkürzungen. Darum anschließend (in alphabetischer Reihenfolge) das

Wörterbuch zur Zeit:

Ahnenpass: Der Nachweis der »arischen Abstammung« war im Nationalsozialismus durch verschiedene Gesetze vorgeschrieben. Deshalb wurde 1933, kurz nach der »Machtergreifung«, der Ahnenpass eingeführt.

Dem Ahnenpass lag die Vorstellung der Zugehörigkeit zu einem »Volk« durch Abstammung statt aufgrund kultureller Merkmale zugrunde. Um innerhalb der Bevölkerung nach rassistischen Kriterien die Angehörigen der »deutschen Volksgemeinschaft« von den rassisch unerwünschten Minderheiten wie Juden, Roma und Sinti unterscheiden zu können, war es notwendig, ihnen einen entsprechenden »Ausweis« zu geben. Dazu diente der Ahnenpass. Zwar war der Besitz eines Ahnenpasses keine Pflicht, er wurde aber doch jedermann nahegelegt. Für bestimmte Personengruppen war er vorgeschrieben.

Den Ahnenpass zu erstellen, war aufwendig, weil Angaben nur aufgrund von Originalurkunden bzw. beglaubigten Abschriften anerkannt wurden. Er enthielt Vordrucke zur Bescheinigung von Geburt, Taufe, Heirat und Tod des Inhabers und seiner Vorfahren bis zur fünften Generation (Ur-ururgroßeltern, auch: Altgroßeltern) nach Vorlage entsprechender Urkunden.

Die **Entnazifizierung** nach dem Zweiten Weltkrieg hatte das Ziel, die deutsche und österreichische Gesellschaft, Kultur, Presse, Ökonomie, Jurisdiktion und Politik von allen Einflüssen des Nationalsozialismus zu befreien. Dies sollte nach den Vorstellungen der Siegermächte im Zusammenhang mit einer umfassenden Demokratisierung und Entmilitarisierung geschehen. Sie richtete sich vor allem gegen Personen, also ehemalige Nationalsozialisten, die in fünf Kategorien eingeteilt wurden:

Hauptschuldige (Kriegsverbrecher)
Belastete (Aktivisten, Militaristen, Nutznießer)
Minderbelastete
Mitläufer
Entlastete.

In den drei Westzonen wurde in eigener Verantwortung der jeweiligen Besatzungsmächte über die 2,5 Millionen Deutschen, deren Verfahren bis 31. Dezember 1949 durch die Spruchkammern entschieden war, wie folgt geurteilt:

1,4 % Hauptschuldige und Belastete.
54 % Mitläufer,
bei 34,6 % wurde das Verfahren eingestellt,
0,6 % wurden als NS-Gegner anerkannt

Unter **Evakuierung** werden alle Maßnahmen der Umquartierung der Zivilbevölkerung verstanden. Die umfangreichen Evakuierungen des Zweiten Weltkrieges gewannen erst Mitte 1943 an Bedeutung. Umquartierung und eine Versorgung der Umquartierten waren schon zu Anfang des Krieges vorgesehen worden, auch waren Evakuierungen bis dahin schon vorgekommen, aber erst die Steigerung des Luftkriegs und seiner Zerstörungsfolgen führte zu Evakuierungen größeren Ausmaßes. Als im Jahre 1943 die Luftangriffe größer und wuchtiger wurden und ganze Wohnviertel in Schutt und Asche sanken, schwollen sie zu einem großen Menschenstrom an. Immer mehr Menschen entflohen den deutschen Städten, allzu oft ohne alle Habe, vielfach nur mit dem Nötigsten bekleidet. Noch 1947 betrug die Zahl der Evakuierten wenigstens 3,4 Millionen. Nach Schätzungen haben vier bis fünf Millionen Menschen eine Evakuierung auf sich nehmen müssen.

Fremdarbeiter war in der Zeit des Zweiten Weltkrieges die offizielle Bezeichnung für Arbeitskräfte nichtdeutscher Volkszugehörigkeit. Die Zahl dürfte bis Kriegsende 10 Millionen (manche sprechen von 12 oder 14 Millionen) betragen haben. Sie wurden hauptsächlich in Betrieben der Rüstungsindustrie und Landwirtschaft und im Wohnungsbau eingesetzt, um den kriegsbedingten Mangel an deutschen Arbeitskräften auszugleichen. Die wenigsten von ihnen waren Freiwillige, die meisten waren zwangsweise nach Deutschland deportiert worden. Behandlung, Löhne, Lebensmittelrationen, Unterbringung und Art der Beschäftigung waren abgestuft nach Nationalität und »rassischen« Prinzipien. Grundsätzlich standen alle deutschen wie auch die west- und nordeuropäischen Arbeitskräfte weit über den Ostarbeitern aus der Sowjetunion, die als »slawische Untermenschen« in der Hierarchie am weitesten unten standen und besonders unter dem Lagersystem und unter Entbehrungen zu leiden hatten. Die »Ostarbeitererlasse« von 1942 enthielten u.a. folgende Bestimmungen:
  - Verbote, den Arbeitsplatz zu verlassen, Geld und Wertgegenstände zu besitzen,

- Kennzeichnungspflicht: ein Stoffstreifen mit der Aufschrift »Ost« musste gut sichtbar auf jedem Kleidungsstück befestigt werden,
- schlechtere Verpflegung und weniger Lohn als Deutsche, Verbot jeglichen Kontakts mit Deutschen, selbst gemeinsamer Kirchenbesuch, gesonderte Unterbringung, nach Geschlechtern getrennt,
- strenges Verbot des Geschlechtsverkehrs mit Deutschen, darauf stand zwingend die Todesstrafe.

Die Betriebsführer und Vorarbeiter besaßen ein Züchtigungsrecht. Bei Nichtbefolgen von Arbeitsanweisungen bzw. Widersetzlichkeiten drohte die Einweisung in ein Arbeitserziehungslager.

Nach ihrer Befreiung durch die Alliierten im Jahr 1945 wurden die meisten Ostarbeiter als sogenannte Displaced Persons (DPs) zunächst in DP-Lagern untergebracht. Auf sowjetischen Druck hin repatriierten die West-Alliierten sie in die Sowjetunion. Dort wurden viele von ihnen nach Sibirien in den GULag verschleppt, weil man sie wegen ihres Aufenthaltes in Deutschland der Spionage beschuldigte.

Heimatfront: Der Begriff fand in Deutschland vor allem während des Zweiten Weltkriegs Verwendung. Hier war die deutsche Zivilbevölkerung durch militärische Produktion und Logistik stark beansprucht, und wurde über Luftangriffe in Kampfhandlungen einbezogen, lange bevor die eigentliche Front ihre Wohngebiete erreicht hatte. Der Begriff wurde in dieser Zeit propagandistisch genutzt, um dem deutschen Volk zu suggerieren, dass die Kooperation auch von Zivilisten für den Kriegserfolg entscheidend wäre, und um die Anstrengungen der Bevölkerung als militärisch bedeutsam darzustellen. Die Mobilisierung im Deutschen Reich erfasste propagandistisch alle Lebensbereiche. Dies kommt in der von Joseph Goebbels geprägten Bezeichnung des »totalen Kriegs« zum Ausdruck. Die Einbeziehung von Frauen in die Rüstung und deren Mobilmachung war aber, aufgrund ideologischer Vorbehalte sowie der Zwangsarbeit von KZ-Häftlingen und Kriegsgefangene in Deutschland und den besetzten Gebieten deutlich weniger umfangreich als etwa in Großbritannien und den USA unter dem Stichwort Home Front. Dies trug nicht unwesentlich zum Sieg der Alliierten im Zweiten Weltkrieg bei.

Luftkrieg: Die Führung des Luftkriegs richtete sich im Zweiten Weltkrieg erstmals in großem Umfang gegen die Zivilbevölkerung, meist die in Städten lebende Zivilbevölkerung.

Die ersten Städte, die durch den Luftkrieg beschädigt oder zerstört wurden, waren die polnischen Städte Frampol, Wieluń und Warschau. Am 14. Mai 1940 brannte die Altstadt von Rotterdam infolge eines Luftangriffs ab. In Großbritannien richtete sich der Luftkrieg in den ersten Monaten noch gegen militärische Ziele wie Panzer, Schiffe und Stützpunkte. Das Klima radikalisierte sich Anfang September 1940, als die deutsche Luftwaffe einen ersten Angriff auf eine britische Stadt (London) flog (The Blitz). Allerdings griff die Royal Air Force seit Mai 1940 vermehrt deutsche Städte an, während die deutsche Luftwaffe sich noch ausschließlich auf militärische Ziele konzentrierte. Insgesamt kosteten die Luftangriffe, die gegen Städte geflogen wurden, 60.595 britische und zwischen 305.000 und 600.000 deutsche Zivilisten das Leben.

Die völkerrechtliche Bewertung von Luftangriffen auf Städte zur Zeit des Zweiten Weltkriegs ist umstritten. Moralisch hingegen wurden Angriffe auf die Zivilbevölkerung zu jeder Zeit – auch während des Krieges – »geächtet und diskutiert«. Die Alliierten versicherten in ihrer Propaganda, dass sich die Luftangriffe ausschließlich gegen Industrien richteten, aber sie betrieben Flächenbombardements (»moral bombings«). Die nationalsozialistische Propaganda erklärte, die deutschen Luftangriffe seien »nur« Vergeltungsmaßnahmen; man hätte von sich aus den Kampf niemals auf Nichtkampfgebiet ausgedehnt.

Luftwaffenhelfer (abgekürzt LwH) war die offizielle Bezeichnung für 15- bis 17-jährige Schüler, später auch Lehrlinge der Jahrgänge 1926 bis 1928, die als Flakhelfer seit Februar 1943 im Rahmen des Kriegshilfsdienstes bei der Reichsverteidigung im Luftkrieg eingesetzt waren.

Luftwaffenhelfer hatten nicht den Status von Soldaten. Sie erfüllten zwar wie Soldaten Aufgaben an Geschützen und Geräten und lebten in den Flakstellungen wie sie, waren jedoch gleichzeitig Schüler, die von ihren Lehrern unterrichtet wurden. Freiwillige Meldungen waren nicht möglich, die Schüler wurden klassenweise und innerhalb der Schulklassen jahrgangsweise zum Einsatz abgeordnet.

Die Luftwaffenhelfer sollten Ersatz für fronttaugliche Soldaten schaffen, die aus den Flakstellungen abgezogen und an die Front geschickt wurden, um dort die Verluste zu ersetzen. Jeweils 100 Luftwaffenhelfer ersetzten 70 für die Front freigestellte Soldaten.

In den Jahren 1943 bis 1945 dürften insgesamt 200.000 Luftwaffenhelfer und Marinehelfer im Einsatz gewesen sein. Genaue Daten über Verluste unter den Luftwaffenhelfern existieren nicht, doch lassen Berichte von zahlreichen Volltreffern in Flakstellungen hohe Opferzahlen vermuten.

Reichsarbeitsdienst (RAD): Seit 1935 war im Deutschen Reich der halbjährige, dem Wehrdienst vorausgehende Reichsarbeitsdienst für männliche Jugendliche zwischen 18 und 25 Jahren obligatorisch, für weibliche freiwillig. Unter dem Motto »Mit Spaten und Ähre« zogen diese Arbeitskolonnen durch Deutschland. sie legten Moore trocken, kultivierten neues Ackerland oder wirkten beim Bau der Reichsautobahnen und des Westwalls mit. Der RAD diente ursprünglich der Bewältigung der Arbeitslosigkeit. Die kaum über dem Arbeitslosengeld liegende Bezahlung des Dienstes machte deutlich, dass es sich bei diesen Einsätzen im wesentlichen um einen »Ehrendienst am deutschen Volke« handelte. Der Arbeitsdienst und das Leben im Arbeitslager mit militärischer Ausbildung waren »nationalsozialistische Erziehungsarbeit«, die im Sinne der Volksgemeinschaft Standesunterschiede beseitigen und die Gesinnung fördern sollten, es war aber auch Bestandteil der Wirtschaft im nationalsozialistischen Deutschland. Nach Beginn des Zweiten Weltkriegs wurde die Arbeitsdienstpflicht auch für weibliche Jugendliche eingeführt, die als »Arbeitsmaiden« karitative Aufgaben übernahmen, Mütter im Haushalt entlasteten oder zu Einsätzen in der Landwirtschaft herangezogen wurden.

Standgerichte: Am 15. Februar 1945 wurde eine vom Reichsminister der Justiz, Otto Thierack, unterzeichnete »Verordnung über die Errichtung von Standgerichten« erlassen. In allen »feindbedrohten Reichsverteidigungsbezirken« sollten Standgerichte geschaffen werden. Zuständig waren die Standgerichte für alle Straftaten, »durch die die deutsche Kampfkraft und Kampfentschlossenheit gefährdet« wurde. Damit waren nicht mehr allein Militärpersonen, sondern auch alle Zivilisten dem Urteil des Standgerichtes unterworfen.

Der örtlich zuständige Reichsverteidigungskommissar ernannte die drei Mitglieder des Gerichts und den zuständigen Staatsanwalt; als Vorsitzender musste ein Strafrichter ernannt werden, die beiden weiteren Mitglieder des Gerichts waren je ein politischer Leiter oder Gliederungsführer der NSDAP und ein Offizier der Wehrmacht, der Waffen-SS oder der Polizei. Auf das Verfahren fanden die ordentlichen Prozessvorschriften lediglich »sinngemäß« Anwendung. Als Urteile kamen nur in Frage Todesstrafe, Freispruch oder Überweisung an ein ordentliches Strafgericht.

Der Volksempfänger (Preis für das Modell DKE38 im Jahre 1938: 35 Reichsmark) war ein einfacher Radioapparat (erhältlich seit 1933) und sollte es jeder Familie ermöglichen, Rundfunk zu hören, um so für die NS-Propaganda erreichbar zu sein. Insgesamt wurden in den verschiedenen Varianten mehrere Millionen Exemplare der Volksempfänger verkauft. Signifikante Zunahmen der Hörerzahlen waren 1937 als Ergebnis intensiver Hörerwerbung durch das Reichsministerium für Volksaufklärung und Propaganda und ab 1939 wegen des Kriegsausbruches zu verzeichnen. Der Radio wurde im Volksmund nach dem Propagandaminister »Goebbelsschnauze« genannt.

Der **Volkssturm** war ein militärischer Verband im Deutschen Reich für alle »waffenfähigen Männer im Alter von 16 bis 60 Jahren«, um den »Heimatboden« des Deutschen Reiches zu verteidigen. Ziel des Bildung des Volkssturm ab Oktober 1944 war es, die Truppen der Wehrmacht zu verstärken.

Das Aufgabengebiet des Volksturmes umfasste in erster Linie Bau- und Schanzarbeiten, Sicherungsaufgaben und die Verteidigung von Ortschaften, zumeist in unmittelbarer Heimatgegend. Der Volkssturm war nicht Teil der Wehrmacht.

Nach der deutschen Bevölkerungsstatistik wären etwa sechs Millionen Männer volkssturmpflichtig gewesen. Dem standen jedoch die Erfordernisse der Kriegswirtschaft entgegen. Einbrüche im Produktionsvolumen sollten weitgehend vermieden werden.

Da die Wehrmacht nicht ausreichend Uniformen zur Verfügung stellen konnte, trugen zahlreiche Volkssturmangehörige »Phantasieuniformen«, so etwa diejenige der Reichsbahn, umgefärbte Partei- oder HJ-Uniformen, alte Uniformen des kaiserlichen Heeres oder gewöhnliche zivile Anzüge. Eine Armbinde mit der Aufschrift »Deutscher Volkssturm – Wehrmacht« machte seine Angehörigen als Kombattanten (zur Teilnahme an Kriegshandlungen Berechtigter nach der Genfer Konvention) kenntlich, auch wenn sie in der Uniform der Hitlerjugend oder in Zivilkleidung kämpften. Im Durcheinander des Kriegsendes ist anzunehmen, dass nicht immer die Armbinde verteilt wurde.

Waffen-SS war ab 1939 die Bezeichnung für die schon früher gegründeten militärischen Verbände der nationalsozialistischen Parteitruppe SS (SchutzStaffel). Seit

Mitte 1940 war sie organisatorisch eigenständig und unterstand dem direkten Oberbefehl des Reichsführers-SS Heinrich Himmler. Ihr gehörten sowohl Kampfverbände als auch die Wachmannschaften der Konzentrationslager an.

Die Waffen-SS bestand zunächst überwiegend aus Freiwilligen, ab 1943 auch aus unter Zwang rekrutierten Soldaten. Seit 1941 warb die Waffen-SS zunehmend ausländische Freiwillige an. Ab 1944 betrug deren Anteil mehr als die Hälfte.

Einheiten der Waffen-SS wurden an der Front und zur Sicherung besetzter Gebiete eingesetzt und waren für zahlreiche Kriegsverbrechen verantwortlich. Nach dem gescheiterten Attentat vom 20. Juli 1944 auf Hitler, an dem Wehrmachtsoffiziere maßgeblich beteiligt waren, wurden der Waffen-SS weitere bis dahin der Wehrmacht zustehende Kompetenzen übertragen; so erhielt Himmler den Befehl über das Ersatzheer und die Abwehr.

Die NS-Propaganda stellte die Waffen-SS als Elitetruppe mit dem Nimbus der Unbesiegbarkeit dar. Sie tat sich aber vor allem durch besondere Härte und Grausamkeit, insbesondere gegen die Zivilbevölkerung hervor. Mit der SS wurde die Waffen-SS im Nürnberger Prozess gegen die Hauptkriegsverbrecher 1946 als verbrecherische Organisation verboten.

Der **Westwall** (auch »Siegfriedlinie« genannt) war eine 630 km lange Grenzbefestigung im Westen Deutschlands und reichte von Kleve am Niederrhein bis Basel an der Schweizer Grenze. Die Anlagen wurden von 1937 bis 1940 als offizielles Gegenstück zur französischen Maginotlinie errichtet. Etwa die Hälfte des heutigen Saarlandes war zur NS-Zeit von Westwallanlagen überzogen. Rund 4.100 Bunker, 340 Minenfelder, 100 km Panzergräben und 60 Kilometer Höckerlinien im saarländischen Abschnitt des Westwalles bildeten hier die militärische Befestigung der Westgrenze des Reiches. Der saarländische Bauabschnitt war der am dichtesten mit Befestigungswerken bestückte des gesamten Westwalles – allein ein Viertel aller Westwallbauten befand sich hier.

Haus Humboldtstraße 59, später Bürgermeister-Grünzweig-Str. 59

Rathausplatz (früher Bahnhofsplatz) mit zerstörter Reichsdirektion und Hauptpost, 10. Juni 1948

Ratskeller in der Bismarckstraße, um 1930

Heimkehrer vor den Ruinen der Heinig- und Bahnhofstraße (damals Haardtstraße) mit Blick auf den Westendblock, 1945

Zerstörtes Haus in der Rohrlachstraße Nr. 113 nach dem Fliegerangriff 16./17.04.1943

Viadukt und Stadthaus Nord, um 1930

Ruine mit provisorischer Kellerwohnung in der Lagerhausstraße

Unternehmen Grünzweig & Hartmann, um 1948

Gesprengte Rheinbrücke, 1945

Das Offizierslager des Gefangenenlagers Rheingönheim mit 3500 deutschen Offizieren, 28. Mai 1945 mit Schnee

Bahndirektion, 1925

Hauptpost mit Werbung für Winterhilfswerk, 1936

Luftbild von Westen über zerstörte Innenstadt mit Wredestraße, im Hintergrund Mannheim und zerstörte Rheinbrücke, 1945

Hauptbahnhof mit Blick von der Jägerstraße, 1938

Blick über die zerstörte Stadtmitte zur Bismarckstraße mit Ludwigskirche und Gymnasium, ca. 1947

Zerstörte Rheinbrücke, Blick von Mannheim 1945

Manfred H. Schmitt im Wellhöfer Verlag

Tod im Seminar

Ludwigshafen: Schock bei der Stadtverwaltung.

Ein Seminar endet mit einer Leiche. War es Mord? Wer kommt als Täter in Frage? Kommissar Bosch ermittelt, aber auch Abteilungsleiter Becker vom Personalamt erkennt seltsame Zusammenhänge. Eines wird immer klarer: Hinter der Fassade einer korrekten Verwaltung tun sich Abgründe auf, über die früher höchstens gemunkelt wurde. Der Täterkreis ist größer als zunächst vermutet.

Manfred H. Schmitt, Jahrgang 1944, war städtischer Personalleiter und kennt die fachlichen und menschlichen Zusammenhänge in der Verwaltung bestens. Die Abgründe, die er beschreibt, haben mit der Realität im Rathaus allerdings nichts zu tun, versichert er mit einem Lächeln: „Die Mitarbeiter der Stadtverwaltung haben Wichtigeres und Besseres zu tun, als sich in der Art wie in meinem Roman zu betätigen."

250 Seiten, 9,80 Euro
ISBN 978-3-939540-18-2